L'EUROPE DES LUMIÈRES
sous la direction de Michel Delon, Jacques Berchtold
et Christophe Martin
55

L'Homme-clavecin, une analogie diderotienne

Ouvrage publié avec le soutien
du Centre d'étude de la langue et des littératures françaises (CELLF-UMR8599)
et de l'École doctorale de littératures françaises et comparée
de l'université Paris-Sorbonne

Philippe Sarrasin Robichaud

L'Homme-clavecin, une analogie diderotienne

PARIS
CLASSIQUES GARNIER
2017

Philippe Sarrasin Robichaud rédige actuellement une thèse sous la direction de Marc-André Bernier et de Jean-Christophe Abramovici.

ISBN 978-2-406-07443-4 (livre broché)
ISBN 978-2-406-07444-1 (livre relié)
ISSN 2104-6395

Au Magister Musicae.

En effet, à tout mouvement de l'âme correspond en quelque sorte naturellement son expression de physionomie, son accent et son geste propres, et tout le corps de l'homme, toute sa physionomie, tous ses accents vibrent, comme les cordes d'une lyre, selon le mouvement de l'âme qui les met en branle. Oui, la voix est comme une corde tendue, rendant, sous la main qui la touche, des sons aigus, graves, rapides, lents, forts, faibles, sans compter, dans chaque genre, entre ces extrêmes, toutes les nuances intermédiaires. La preuve en est que, de ces intonations, en découlent beaucoup d'autres, douces, rudes, précipitées, espacées, tenues ou piquées, entrecoupées, saccadées, enflées ou affaiblies par la modification du volume du son. Il n'est aucune de ces inflexions dont la voix ne soit réglée par l'art : ce sont, pour l'orateur, comme les couleurs dont le peintre dispose pour rendre les nuances.

CICÉRON, *De l'Orateur*, livre III, v. 216-217, p. 90.

PRÉLUDE

UN AIR DU TEMPS

> Enfin [excepté les paroles,] il n'y a aucune de nos actions extérieures, qui puisse assurer ceux qui les examinent, que notre corps n'est pas seulement une machine qui se remue de soi-même, mais qu'il y a aussi en lui une âme qui a des pensées[1].

> L'action de la *Musique* sur les hommes est si forte, & surtout si *sensible*, qu'il paroît absolument superflu d'entasser des preuves pour en constater la possibilité[2].

Dans de nombreux écrits philosophiques sur la musique au début du XVIIIe siècle français, la voix humaine jouit d'une supériorité de statut sans doute imméritée par rapport aux instruments de musique[3].

1 R. Descartes, « Lettre au marquis de Newcastle », p. 1255. Les références renvoient aux éditions citées dans la bibliographie.

2 J.-J. Ménuret de Chambaud, art. « Musique, effets de la (*Méd. Diète, Gymnast. Thérapeut.*) », *Encyclopédie ou dictionnaire raisonné des sciences, des arts et des métiers*, t. X, p. 903. Italiques de l'édition consultée.

3 Pour citer un exemple célèbre, Rousseau, dans son *Essai sur l'origine des langues*, dénonce le caractère artificiel de l'instrument, pâle émule des infinies inflexions naturelles de la voix. « Tous les peuples qui ont des instruments à cordes sont forcés de les accorder par des consonances ; mais ceux qui n'en ont pas ont dans leurs chants des inflexions que nous nommons fausses parce qu'elles n'entrent pas dans notre système et que nous ne pouvons les noter. C'est ce qu'on a remarqué sur les chants des sauvages de l'Amérique, et c'est ce qu'on aurait dû remarquer aussi sur divers intervalles de la

Faute de preuves que les succinctes connaissances de l'époque en ethnomusicologie préhellénique n'auraient su fournir, l'antériorité du chant n'est pas remise en question[4] : la musique est un cadeau divin fait à la voix avant d'être transposée vers les instruments. Or les causes efficientes de la musique tant instrumentale que vocale, tout comme l'âme avec lesquelles elles sont souvent comparées, restent elles-mêmes des impensés, des beautés insondables que les Lumières naissantes ne sont que trop pressées d'expliquer par le biais du même système d'expressions que celui de la physique. Un mémoire de 1703 – qui fait toujours autorité lorsqu'il est modérément critiqué un demi-siècle plus tard par Rousseau[5] – défend l'idée que l'on doive, quelle qu'elle soit, « regarder philosophiquement comme un miracle[6] » la cause première du chant. Son auteur, le médecin et botaniste Denis Dodart, attribue « tous ces mouvements si délicats » de la voix à « une intelligence créée qui ne connoît pas ces mouvements[7] ». Pour lui, les seuls mouvements d'ouverture et de fermeture de la glotte suffisent à expliquer les variations et les inflexions multiples de l'appareil vocal. Sous sa plume, cela tient d'une « merveille » tout à l'honneur de « l'ouvrage du Créateur[8] ». Si Dodart, par le biais d'une réflexion sur la voix, aborde des questions de « théologie naturelle » avec des explications issues du domaine médical, il donne encore le souffle divin comme la cause première des mouvements de la voix humaine. Préférant ne pas sonder plus avant la *machine* humaine, il se contente de préciser que ses « réflexions » minutieuses sur « l'Instrument de la voix » deviendraient « très-utiles » si elles devaient entrer dans

musique des Grecs, si l'on eût étudié cette musique avec moins de prévention pour la nôtre. » Voir B. Didier, *La Musique des Lumières*, p. 261 : « Les Philosophes se sont peut-être davantage intéressés à la voix qu'aux instruments ; c'est du moins l'impression qui ressort de cette masse de textes issus des querelles musicales diverses, et qui privilégie le chant, surtout celui de l'opéra, aux dépens de la musique instrumentale qui lui est opposée [...]. »

4 En 1762 dans son *Origine des Sciences*, parlant de la « Musique des Égyptiens », Jean-Philippe Rameau n'envisage qu'une seule réponse à la question, d'ailleurs rhétorique : « D'où leur est venue l'idée de la Musique, si ce n'est de ce qu'ils ont entendu chanter, & qu'ils ont chanté eux-mêmes ? », p. 2.

5 Voir J.-J. Rousseau, art. « Voix », *Dictionnaire de musique*. Cet article est inspiré, mais non recopié des articles « Voix (*Physiologie*) » et « Voix (*Musique*) » de l'*Encyclopédie, ou dictionnaire raisonné des sciences, des arts et des métiers*.

6 D. Dodart, *Mémoire sur les causes de la voix de l'homme et ses différents sons*, p. 272.

7 *Ibid.*, p. 273.

8 *Ibid.*, p. 274.

l'esprit de « tout homme attentif[9] ». C'est un appel que ne rateront pas nombre de penseurs parmi lesquels figure notamment un autre « Denis » : Diderot.

Après s'être heurté à cette difficulté, le début du siècle – la période des observations de Dodart mais aussi celle du flûteur de Vaucanson[10] et d'une certaine vogue pour les figures de style musicales évoquant les symptômes et effets physiques de l'émotion esthétique[11] – trouve finalement une lueur d'espoir rationaliste dans les expériences qu'Antoine Ferrein[12] présente à l'Académie royale des Sciences. En évoquant d'étranges « cordes vocales », il fait de la voix « un instrument à corde et à vent, mais beaucoup plus à corde qu'à vent[13] ». Ni souffle divin, ni pompe d'automate, la voix est possiblement un phénomène *vibratoire* : il est alors possible de rattacher l'étude des sons qu'elle produit à celle de la « résonance du corps sonore[14] ».

Quelques années après les expériences de Ferrein, dans le creuset de l'*Encyclopédie*, l'article « Âme » rapporte l'histoire d'un « Musicien célèbre, grand compositeur » qui, gravement malade, fut promptement guéri après seulement « dix jours de Musique ».

> M. Dodart rapporte ce fait, après l'avoir vérifié. Il ne prétend pas qu'il puisse servir d'exemple ni de regle : mais il est assez curieux de voir comment dans un homme dont la Musique étoit, pour ainsi dire, devenue l'*ame* par une

9 *Ibid.*, p. 273.

10 Il s'agit du célèbre automate flûteur de Jacques Vaucanson (1737). Les matérialistes se réjouissent de son invention. Voir J.-O. de La Mettrie, *L'Homme-machine*, p. 101 : « S'il a fallu plus d'art à Vaucanson pour faire son *flûteur* que pour faire son *canard*, il eût dû en employer encore davantage pour faire un *Parleur* ; machine qui ne peut plus être regardée comme impossible, surtout entre les mains d'un nouveau Prométhée ».

11 Par exemple : F. Cartaud de La Vilate, *Essai historique et philosophique sur le goût* [1736], p. 280, lorsqu'il aborde la question des accents : « S'il est néanmoins quelque mélodie dans les langues, elle naît de leur prononciation. [...] Nous sommes des espéces de clavecins, qui frémissent à de certains bruits, ou qui s'ébranlent harmonieusement quand on consulte les accords de leur jeu. Si on observoit bien tous ses mouvements dans un concert, peut-être trouveroit-on que nous nous montons aussi à l'unisson comme des clavecins. »

12 Voir *infra* la section : « *Un bruit d'une espèce nouvelle* : la singulière polyphonie des *Bijoux* ».

13 *Histoire de l'Académie royale des Sciences*, 1741, t. I, p. 70.

14 Voir la magistrale étude d'André Charrak, *Raison et perception. Fonder l'harmonie au* XVIII*e siècle.* Dès l'introduction, Charrak place l'ensemble de la théorie musicale du siècle des Lumières sous le signe d'une étude de la « résonance du corps sonore » : Sauveur lance le bal, suivi par Dortous de Mairan, Bernouilli, Rameau, Euler et D'Alembert.

> longue & continuelle habitude, les concerts ont rendu peu à peu aux esprits leur cours naturel[15].

L'article en question interroge la nature de l'âme à savoir si, selon l'alternative classique, elle est une « qualité » ou une « substance ». Or, incapable de prendre parti, le développement parvient à une impasse et s'achève par un rapprochement analogique suggérant que *la musique soit devenue l'âme* d'un homme. Moyen de rendre caduque l'ancien dualisme que discute l'article, la musique convient mieux à exprimer l'action de l'âme dont la « qualité » dépend toujours d'un corps physique, mais dont la « substance » seule ne saurait résumer à elle seule.

Toujours dans la fabrique encyclopédique, Ménuret de Chambaud, médecin vitaliste, établit à son tour un rapprochement explicite entre le corps humain et les instruments de musique :

> À ne considérer le corps humain que comme un assemblage de fibres plus ou moins tendues, & de liqueurs de différente nature, abstraction faite de leur sensibilité, de leur vie & de leur mouvement, on concevra sans peine que la *Musique* doit faire le même effet sur les fibres qu'elle fait sur les cordes des instrumens voisins ; que toutes les fibres du corps humain seront mises en mouvement ; que celles qui sont plus tendues, plus fines & plus deliees en seront plutôt émûes, & que celles qui sont à l'unisson le conserveront plus long-tems [...][16].

Lorsqu'il ne considère que la « mécanique » du corps – son « assemblage de fibres [...] et de liqueurs » – Ménuret de Chambaud hasarde que la musique « doit » faire effet de la même manière que les cordes tendues d'un instrument s'affectent par résonance harmonique. Or, qu'en est-il de ce dont il fait abstraction, c'est-à-dire la sensibilité, la vie et le mouvement ? C'est là l'obscurité qui le pousse vers un dualisme qu'il espère provisoire, faute de pouvoir articuler une identité physique entre matière et esprit.

---

15 Diderot, art. « Ame (*Ord. Encycl. Entend. Rais. Philos. ou Science des Esprits, de Dieu, des Anges, de l'Ame*) », *Encyclopédie*, t. I, p. 343.

16 Ménuret de Chambaud, art. « Musique, effets de la (*Méd. Diète, Gymnast. Thérapeut.*) ». Le rapprochement est, pour l'époque, d'autant plus facile à faire que les cordes elles-mêmes des instruments de musique sont faites de boyaux, c'est-à-dire de tripes. D'ailleurs, c'est Diderot qui signe les articles très détaillés « Corderie » et « Corde (*ouvrage du cordier*) », articles qui décrivent entre autres les processus de fabrication de « cordes à boyau propres à la lutherie » depuis l'éviscération des moutons jusqu'à l'accordage.

Sommairement, voilà le contexte dans lequel s'inscrit la réflexion qui nous intéresse chez Diderot. Non seulement Diderot était un lecteur avide de Ménuret, mais, à l'inverse, ce dernier avait « une connaissance de l'œuvre pré-encyclopédique de Diderot [...] qu'il appréci[ait][17] ». Pour ces deux collègues, « l'âme n'est qu'un nom pour baptiser la difficulté[18] » qu'il y a à expliquer le mouvement vital. Comment s'anime, comment pense, comment se rappelle, comment communique un corps pensant ? Comment expliquer en termes matérialistes le fonctionnement d'un organisme aussi complexe qu'imprévisible ?

Si certaines époques, certaines tendances philosophiques révèlent des préférences dans leurs choix d'analogies, la deuxième moitié du XVIIIe siècle français raffole manifestement de l'analogie entre le corps humain et les instruments à cordes. Il s'agit d'un objet de pensée historique[19] qui se retrouve à la conjonction de débats de médecine, de physique et, bien entendu, d'esthétique tant rhétorique que musicale. En cela, son existence multiple et pluriforme souligne le « problème épistémologique » d'un langage figuré qui ne saurait dégager d'« essences » pures et clairement définies. Le rêve cartésien d'un langage cristallin composé de mots monosémiques se retrouve confronté à la perception sensible du sujet qui doit *lire* les signes de ce langage. En effet, les sciences produisent des « systèmes d'expressions qu'on ne peut rendre pleinement explicites qu'en utilisant d'autres ressources [...] que celles qui sont utilisées à l'intérieur du corps de la science elle-même[20] ». Autrement dit, la quête scientifique d'objectivation « totale » par le langage néglige les exigences du sujet qui doit y prendre part. Les systèmes scientifiques se replient alors sur le langage figuré pour acquérir un poids sémantique. C'est dans ce mouvement d'explication que les migrations discursives ont lieu. Ainsi un Rameau peut expliciter ses rapports harmoniques en parlant de *corps sonore*, un Haller tenir compte de ses observations sur le corps humain en se référant à la *matière fibrillaire* et un Diderot

17 C. Duflo, « Diderot et Ménuret de Chambaud », p. 26.

18 *Ibid.*, p. 28.

19 Au sens où l'entend H. Blumenberg : « [Les métaphores] ont une histoire dans un sens encore plus radical que les concepts, parce que la mutation historique d'une métaphore fait apparaître la métacinétique des horizons de sens et des manières de voir historiquement déterminées à l'intérieur desquels les concepts connaissent des modifications », *Paradigmes pour une métaphorologie*, p. 12.

20 J. T. Desanti, *La Philosophie silencieuse*, p. 112.

exprimer son matérialisme en parlant de *clavecin-philosophe.* Aux antipodes épistémiques, analogies et purs signes scientifiques se retrouvent néanmoins dépendants les uns les autres dans une plus large économie du savoir. L'étude des métaphores dans leur contexte d'énonciation permet de rendre intelligible les mouvements de cette économie, sans toutefois les y réduire : en cela, elle s'arrête, comme l'a remarqué Hans Blumenberg, « aux abords de la compréhension, pour rendre justice à la simple perception[21]. »

Les diverses instances de l'analogie entre corps et clavecin forment un rets de chemins au sein duquel une excursion ne saurait qu'aider à percevoir avec plus d'acuité le paysage intellectuel de Diderot. Colas Duflo encense sa valeur heuristique lorsqu'il dit qu'« une recherche serait à faire sur toutes les apparitions de la comparaison de l'homme avec un instrument de musique (qui est assez répandue chez divers auteurs)[22] ». En prenant l'œuvre de Diderot comme point de convergence, c'est le travail que nous avons mené, oreilles tendues et sans prétendre à l'exhaustivité.

Afin de donner un centre de gravité à cette « nébuleuse aux contours flous[23] » qu'est l'œuvre diderotienne, avançons à l'instar de Béatrice Didier[24] que Diderot exprime le plus élégamment notre analogie dans le *Rêve de D'Alembert* :

> L'instrument philosophe est sensible; il est en même temps le musicien et l'instrument. Comme sensible, il a la conscience momentanée du son qu'il rend; comme animal, il en a la mémoire; cette faculté organique, en liant les sons lui-même [l'animal], y produit et conserve la mélodie. Supposez au clavecin de la sensibilité et de la mémoire, et dites-moi s'il ne saura pas, s'il ne se répétera pas de lui-même, les airs que vous aurez exécutés sur ses touches. Nous sommes des instruments doués de sensibilité et de mémoire. Nos sens sont autant de touches qui sont pincées par la nature qui nous environne, et qui se pincent souvent elles-mêmes[25].

21 H. Blumenberg, *La lisibilité du monde*, p. 10.

22 C. Duflo, *op. cit.*, p. 42.

23 G. Dulac, « Un *Diderot électronique* associé à l'édition DPV des *Œuvres complètes* », p. 181.

24 Voir B. Didier, *La Musique des Lumières*, p. 290 : « L'imaginaire de l'instrument chez Diderot culmine certainement dans le mythe (car il s'agit de plus qu'une image, de tout un mythe organisé) du clavecin philosophe, dont l'expression la plus belle se trouve dans le *Rêve de D'Alembert.* »

25 Diderot, *Le Rêve de D'Alembert*, p. 351-352. À moins d'une indication contraire, l'édition d'une œuvre citée sera toujours la plus récente présente dans la bibliographie. En l'occurrence, il s'agit ici de l'édition du *Rêve* de 2010 dans la Bibliothèque de la Pléiade. De plus, toute référence à cette œuvre sera désormais indiquée par le mot « *Rêve* ».

Or, l'on s'en doute, s'il en raffine l'expression, l'analogie elle-même n'est pas sortie *ex nihilo* de la tête de l'ami Denis. Sous sa propre plume, ce passage du *Rêve* est même loin d'en être la première occurrence. Avant d'en arriver à une formulation si frappante, le rapprochement entre corps et instruments à cordes a connu un parcours pour le moins mouvementé ; plus généralement, les analogies liant corps et « cordes vibrantes » sont aussi développées que récurrentes dans l'œuvre du philosophe. Jacques Chouillet, dans *Diderot, poète de l'énergie*[26], en date la première trace vers 1745, lors de la traduction de *An Inquiry Concerning Virtue and Merit.* Par la suite, Diderot développe et retravaille l'analogie tout au long de sa vie – jusqu'à s'en distancier dans la *Lettre sur les sourds et muets* – jusqu'aux inachevés *Éléments de physiologie* dont la rédaction débute en 1765 et qui reste encore en friche à sa mort, en 1784. Cette longévité, comme le propose Chouillet, traduit « une préoccupation permanente[27] » du philosophe pour l'analogie en question, surtout concernant la propriété sympathique des cordes vibrantes à susciter la vibration d'autres cordes. Puisque le mouvement s'y trouve communiqué d'une manière non-mécanique, la sympathie harmonique aide à réfuter l'idée selon laquelle le corps et l'âme sont deux substances distinctes[28] ; on trouvera ainsi presqu'automatiquement des cordes vibrantes partout où le philosophe discute de dualisme. Barbara de Negroni suggère d'ailleurs que la corde vibrante du *Rêve* est une « machine de guerre » contre « toute séparation de la matière et de la vie[29] ». Celui qui a suivi les cours de chimie de Rouelle s'interroge avec une candeur portée par l'air du temps : « Pourquoi ne pas regarder la sensibilité, la vie, le mouvement, comme autant de propriétés de la matière[30] ? »

Au-delà de la forme et du sens du texte, les analogies ont chez Diderot « un pouvoir de création ; elles sont la force productive de l'idée même[31]. »

26 J. Chouillet, *Diderot, poète de l'énergie*, p. 245-246.

27 *Ibid.*, p. 246.

28 Plus Diderot vieillit, plus son rejet du dualisme cartésien devient explicite. En voici un exemple. Sans le nommer, Diderot cite ironiquement le début du livre d'« un habile homme », Jean-Paul Marat : « "L'homme, comme tout animal est composé de deux substances distinctes, l'*Âme*, et le *Corps* : si quelqu'un nie cette proposition, ce n'est pas pour lui, que j'écris." » Il réfute ensuite son idée avec humour : « J'ai pensé fermer le livre [...]. », *Éléments de physiologie*, p. 416 de l'édition Pléiade.

29 B. de Negroni, « Notice », p. 1213. La section est intitulée : « Les cordes vibrantes : matière inerte, matière sensible ».

30 *Éléments de physiologie*, p. 417.

31 A. Ibrahim, « Matière des métaphores, métaphores de la matière », p. 127.

Si la sympathie harmonique rend les idées solidaires des corps, l'analogie – c'est-à-dire la perception formelle des « liaisons entre les objets et les parties d'un objet[32] » – est l'étincelle qui engage leur mouvement. Kant exaltera plus tard dans la *Critique de la faculté de juger* la métaphore en tant que « principe vivifiant de l'esprit » qui donne « bien plus à penser que ce qui peut être compris dans un concept déterminé[33] ».

C'est cette « force productive » de l'analogie diderotienne que la première partie de ce travail propose d'interpeller *in situ*, à même le discours du philosophe. Cette partie a pour dessein de réinscrire le raisonnement par analogie propre à Diderot sous le signe de la rhétorique, pratique discursive qui suppose à tout discours un auditoire[34]. Plus particulièrement, le discours diderotien participe d'une philosophie dite « lyrique » au sens où l'entend la philosophe Jan Zwicky, c'est-à-dire qui privilégie l'expression du sujet sensible et non une prétendue objectivation de la sensibilité. Dans la traduction qu'il fait de Shaftesbury et qu'il dédie à son frère Didier-Pierre, Diderot donne une première dimension sympathique à l'analogie qui nous intéresse. Il y récupère le phénomène de résonance des cordes entre *instruments de constitution semblable* afin de penser la forme d'intersubjectivité qu'il espère établir avec son texte. Implicitement, il est question d'inciter son frère, un *humain de constitution semblable* qui s'apprêtait alors à prendre les ordres, à repenser son entrée en religion. En s'adressant à son frère dans le cadre d'une conversation réelle, Diderot réconcilie par le fait même l'abstraction de la métaphore textuelle en la rattachant au monde qui la contient : en filigrane, le récit familial donne alors « du corps, de la forme, de la réalité de l'idée au bruit successif [des] accents [du langage], en y appliquant des sensations éprouvées[35] ».

Par la suite, nous posons l'hypothèse que la meilleure façon de lire et de donner sens à la métaphore du « clavecin de la sensibilité » est d'établir un programme de lecture heuristique à partir d'un réseau d'œuvres avec lesquelles elle entretient un rapport de résonance. Il s'agira de déployer la métaphore en composant un réseau *inter*- puis *intra*-textuel. Ainsi pensons-nous qu'il sera fécond de diviser le cœur du travail en deux

32 Diderot, *Éléments de physiologie*, p. 427.

33 E. Kant, *Critique de la faculté de juger*, p. 214.

34 C. Perelman et L. Olbrechts-Tyteca, *Traité de l'argumentation*, p. 8 : « Tout discours s'adresse à un auditoire et on oublie trop souvent qu'il est de même pour tout écrit. »

35 *Rêve*, p. 401.

parties : d'une part en évoquant des textes dans lesquels Diderot est susceptible d'avoir glané la comparaison (sa bibliothèque), puis d'autre part, en soulignant les emplois les plus achevés qu'il en fait dans les textes qui sont incontestablement siens (sa table de travail) ; ce sont les deux sens d'une rivière dont le courant alterne au gré des marées. De la sorte, nous cherchons à répertorier, dans un corpus aux contours poreux composé tant des lectures de Diderot que de ses écrits, des moments de ce « bien plus » kantien que l'analogie donne à penser.

Le second chapitre – l'*inter*-textuel – abordera les écrits d'auteurs qui ont influencé Diderot à différentes périodes de sa vie, principalement le Père Louis Bertrand Castel, les médecins vitalistes et Jean-Philippe Rameau. Chez eux, l'analogie à l'étude revient sous différentes formes comme un de leurs « moyens de preuve utilisés pour obtenir l'adhésion[36] » préférés, permettant de représenter des phénomènes tant langagiers qu'esthétiques, tant musicaux que physiologiques. Le clavecin oculaire du Père Castel, la main pourvue d'ouïe du neveu d'Herman Boerhaave, les fibres sensibles d'Albrecht von Haller, puis le système de Rameau fondé sur la résonance du corps sonore participent tous de la formation d'un imaginaire du philosophe-clavecin.

Un troisième chapitre *intra*-textuel abordera le complexe parcours que connaît l'analogie au sein de l'œuvre même de Diderot. Si Jacques Chouillet parle d'un trope qui « révèle une préoccupation permanente[37] » chez Diderot, il est néanmoins difficile de tracer des lignes nettes qui délimiteraient des périodes précises dans la pensée du philosophe et qui permettraient de dresser une typologie raisonnée des emplois du trope. Un mouvement général de condensation peut néanmoins être observé depuis les comparaisons de la traduction de Shaftesbury (L'homme est *comme...*) jusqu'aux métaphores assumées du *Rêve de D'Alembert* (L'homme *est...*). Nous postulons qu'il s'opère alors une « fusion[38] » des termes de l'analogie. Les *Bijoux indiscrets* dédoublent l'appareil expressif au sein d'un même corps ; l'*Encyclopédie* « s'organise » et accorde en une seule

36 C. Perelman et L. Olbrechts-Tyteca, *op. cit.*, p. 1.

37 J. Chouillet, *Diderot, poète de l'énergie*, p. 246.

38 Au sens où l'entendent Perelman et Olbrechts-Tyteca : « Nous ne pourrions mieux, en ce moment, décrire la métaphore qu'en la concevant [...] comme une analogie condensée, résultant de la fusion d'un élément du phore [les cordes du clavecin, par exemple] avec un élément du thème [les nerfs du corps, par exemple]. » Perelman et Olbrechts-Tyteca, *op. cit.*, p. 535.

œuvre un nombre faramineux de voix diverses. Enfin, le *Rêve* pose une relation d'équivalence entre les termes de l'analogie : le corps vibre tout comme l'instrument doté de mémoire est sensible.

Comment, ensuite, penser l'acte de transmission du savoir ? Un quatrième chapitre s'attardera à la pédagogie originale d'une œuvre trop peu étudiée : les *Leçons de clavecin et Principes d'harmonie* que Diderot écrit de concert avec Anton Bemetzrieder, maître de clavecin de sa fille Angélique. À l'instar de Thomas Christensen[39], avançons que Diderot, dans les *Leçons*, entre en dialogue avec la « démarche rationnelle[40] » que Rameau présente dans son monumental *Traité de l'harmonie* pour favoriser une approche instinctuelle dans laquelle le corps physique occupe une place de choix dans le discours lié à l'acte pédagogique. Sans délaisser la théorie, l'« Élève » est continuellement encouragée à « ressentir » la musique, perçue comme réalité matérielle.

Une brève *coda* abordera deux résonances majeures – et, en quelque sorte, liées – de « l'homme-clavecin » au XXe siècle : son emploi par Lénine dans son *Matérialisme et empiriocriticisme*, puis par le surréaliste René Crevel dans son petit opus *Le Clavecin de Diderot*. Les deux reprennent la séduisante analogie de l'homme-clavecin à leur compte, remotivant son sens jusqu'à transformer leur auteur original en *camarade Diderot*.

TENIR COMPTE DU TRAVAIL DE L'ABEILLE

Les revirements constants de l'oiseau-Diderot dans son « diable de ramage[41] » tout comme la générosité de sa plume puis sa propension à l'anonymat ont d'ailleurs posé problème aux éditeurs successifs de son œuvre qui ne savaient qu'y inclure ou qu'en rejeter[42]. Idem pour nous : ainsi, il nous a paru intéressant d'adopter une démarche qui retient et étudie des développements notables de l'analogie, plutôt qu'une qui

39 T. Christensen, « Bemetzrider's Dream : Diderot and the Pathology of Tonal Sensibility in the *Leçons de clavecin* », p. 39-56.

40 *Ibid.*, p. 41.

41 Voir J. Starobinski, *Diderot. Un diable de ramage.*

42 Voir G. Dulac, « La complétude comme convention : les *Œuvres complètes* de Diderot », p. 68.

viserait l'exhaustivité et la recension totale de toute analogie de près ou de loin *corps-clavecinante*. De plus, pour le choix des œuvres avec lesquelles faire dialoguer le corpus diderotien, nous nous revendiquons d'une liberté suffisamment grande pour que certains de nos auteurs puissent surprendre la critique diderotienne plus canonique. Jan Zwicky est un bon exemple de ce genre d'auteur : penseuse contemporaine issue de la philosophe analytique, son œuvre peut sembler périphérique par rapport à la pensée des Lumières. Toutefois, sa conceptualisation de la « résonance » offre les outils théoriques robustes pour penser notre analogie à même son propre imaginaire. Par devers un souci d'autorité intellectuelle, l'intégration de telles voix à première vue marginales à la réflexion semble une démarche adéquate à l'étude d'un philosophe qui propose à chaque penseur de se faire une philosophie « particuliere & domestique qui lui appartienne[43] ».

Or, après l'élection des voix, il nous reste tout de même à les organiser. En ce qui concerne l'œuvre de Diderot, quelle approche serait la plus idoine afin de répartir et de rendre intelligible l'ensemble de ses moments d'énonciation ? Une approche par « genres », qui situerait les usages de l'analogie dans les romans, les traités, dans la correspondance, etc. ? Une approche par « thèmes », qui se proposerait ici à commenter l'empirisme, là à représenter la transmission de langage, là encore à donner une explication du mouvement vital ? Les deux approches sont rendues caduques pour une même raison : aucune des catégorisations qu'elles établissent ne convient pour disséquer nettement les ambiguïtés du texte puis des lectures de Diderot. Chaque « genre » en contient d'autres, comme chaque « thème » se construit en cultivant ses propres ambivalences. Ce « défaut » dans la confusion du style diderotien a d'ailleurs le revers d'être une des principales caractéristiques de l'analogie à l'étude. Ainsi, délaissant les typologies factices, l'approche la plus juste qui nous est venue à l'esprit fut chronologique.

Explicitons cette approche chronologique qui pose des balises temporelles essentielles aux chapitres de ce travail. S'il faut choisir un principal événement dans la vie intellectuelle du philosophe, tant par son ampleur que par sa postérité, il serait difficile de désigner autre chose que l'*Encyclopédie*. Encore faut-il considérer cette titanesque entreprise

43 D. Diderot, art. « Eclectisme (*Hist. de la Philosophie anc. & mod.*) », *Encyclopédie*, t. V, p. 270.

à laquelle Diderot dit avoir « travaillé près de trente ans[44] » comme un seul « événement ». Ne serait-il pas plus heureux de l'envisager en tant que « processus » ? Parce que nous nous refusons, dans le cadre d'un si court travail, à présenter la pensée de Diderot en éclatement ou sans dessus-dessous[45], nous emploierons une tripartition certes un peu rudimentaire, mais chère à un Ancien qui reçut tardivement le suffrage de Diderot. Dans la 84e lettre à Lucilius, Sénèque propose une méthode d'étude dont les trois temps sont ceux du travail des abeilles :

> Nous devons, comme on dit, imiter les abeilles, qui se répandent dans les campagnes pour tirer le suc des fleurs propres à faire le miel, et pour disposer ensuite avec ordre, dans les rayons, le butin qu'elles ont apporté ; « elles amassent, dit Virgile, le miel liquide, et garnissent leurs ruches de ce nectar si doux[46]. »

La vie même de Diderot s'accorde à merveille avec cette description : tout d'abord, le butinage des années de jeunesse ; ensuite, la disposition « avec ordre, dans les rayons » de l'*Encyclopédie*, du butin amassé ; enfin, la mellification à laquelle parviennent ses œuvres tardives. Ni fourmi empirique, ni araignée dogmatique, l'abeille « tient le milieu » ; elle recueille et transforme[47]. Diderot lui-même reconnaît en l'insecte un modèle pour le travail intellectuel :

---

44 Diderot, « Diderot et Catherine II », correspondance rassemblée par J. Assézat et M. Tourneux. Cité dans l'exposition permanente de la Maison des Lumières Denis Diderot à Langres, France.

45 Voir l'admirable biographie de M. Delon, *Diderot cul par-dessus tête.* En entrevue sur le site de l'éditeur, Delon évoque le problème de la chronologie chez Diderot : « c'est quelqu'un qui pense de manière complexe ; donc, la naissance ne vient pas forcément au début. [...] *Hier* n'est pas simplement *ce qui est avant* ; *hier*, c'est parallèle à *aujourd'hui.* » Nos italiques.

46 Sénèque, *Œuvres de Séneque* [*sic*] *le philosophe, traduites en françois par feu M. La Grange*, t. II, p. 115. Bien entendu, il s'agit de la même édition dont le 7e tome est publié sous le titre de l'*Essai sur les règnes de Claude et de Néron et sur les mœurs et les écrits de Sénèque, pour servir à l'introduction de ce philosophe* de Diderot.

47 Voir F. Bacon, *Novum Organum*, Livre I, § 95, p. 51 : « Les empiriques, semblables aux fourmis ; ne savent qu'amasser et user : les rationalistes [plus tôt, il parle de "dogmatiques"], semblables aux araignées, font des toiles qu'ils tirent d'eux-mêmes ; le procédé de l'abeille tient le milieu entre ces deux : elle recueille ses matériaux sur les fleurs des jardins et des champs ; mais elle les transforme et les distille par une vertu qui lui est propre : c'est l'image du véritable travail de la philosophie, qui ne se fie pas aux seules forces de l'esprit humain et n'y prend même pas son principal appui ; qui ne se contente pas non plus de déposer dans la mémoire ; sans y rien changer ; des matériaux recueillis dans l'histoire naturelle et les arts mécaniques ; mais les porte jusque dans l'esprit modifiés et transformés. »

> Les hommes en sont à peine à sentir combien les lois de l'investigation de la vérité sont sévères, et combien le nombre de nos moyens est borné. Tout se réduit à revenir des sens à la réflexion, et de la réflexion aux sens : rentrer en soi et en sortir sans cesse. C'est le travail de l'abeille. On a battu bien du terrain en vain, si on ne rentre pas dans la ruche chargée de cire. On a fait bien des amas de cire inutile, si on ne sait pas en former des rayons[48].

D'ailleurs – et c'est ce dont nous traiterons au troisième chapitre –, nous croyons que chacune de ces « périodes » entretient un rapport sommairement différent avec notre analogie. La première, celles des traductions du « modèle anglais[49] » et d'œuvres comme les *Bijoux indiscrets*, en fait un usage folâtre, parfois désavoué, parfois presque honteux. La seconde, celle des articles de l'*Encyclopédie*, mais aussi du début de la rédaction du *Neveu*, commence tranquillement à s'intéresser à l'effet que l'analogie produit sur différents auditoires. La troisième, celle du *Rêve*, opère une réconciliation créatrice avec l'analogie, en particulier avec celle du corps-clavecin comme en général avec le langage figuré[50]. Quant au « miel » lui-même, osons penser qu'une des personnes à qui le philosophe en a fait part fut la petite Angélique, autour de ses leçons de clavecin. À ce moment-là, l'enfant n'a peut-être pas entendu grand-chose de plus aux étranges discours de son père que le personnage de Julie de L'Espinasse n'en entendait à ceux d'un D'Alembert somniloquant.

---

48 Diderot, *Pensées sur l'interprétation de la nature*, DPV, t. IX, p. 34. Cité dans P. Pimenta, « Diderot et l'histoire naturelle ou la science de l'abeille », p. 86. Les références à l'édition des *Œuvres complètes* de Diderot lancée par H. Dieckmann, J. Proust et J. Varloot seront dorénavant désignées par le sigle habituel : « DPV ».

49 D'après le titre du premier volume de l'édition « DPV » des *Œuvres complètes* de Diderot.

50 À une autre époque, un philosophe aurait dit que cela témoigne des trois métamorphoses de l'esprit, soit « comment l'esprit devient chameau, comment le chameau devient lion, et comment enfin le lion devient enfant. » La première est placée sous le signe du devoir-butinage, la seconde sous celle de la volonté-organisatrice, la tierce, sous celui du jeu : le miel. Voir F. Nietzsche, *Ainsi parlait Zarathoustra*, p. 33.

ÉTAT DE LA RECHERCHE

Depuis qu'il existe un authentique[51] corpus critique autour du *Rêve de D'Alembert*, il existe un sous-corpus de lectures de l'emploi du langage analogique musical dans l'œuvre[52]. Inévitablement, celles-ci abordent le philosophe-clavecin, son analogie centrale. D'ailleurs, presque toutes les études portant sur l'œuvre de Diderot ou même de manière générale sur les écrits musicaux au XVIIIe siècle[53] font mention – souvent très rapidement – de cette singulière analogie. Quelques grands axes méthodologiques se dégagent de l'ensemble.

Certains situent l'analogie dans l'œuvre de Diderot en dressant une chronologie de ses diverses occurrences : le chapitre de Jacques Chouillet intitulé « Le clavecin-philosophe » accomplit ceci avec le plus d'efficacité.

51 Le qualificatif « authentique » est évidemment inconfortable. Nous souhaitons simplement désigner des études critiques sommairement probes et non des écrits à la Barbey D'Aurevilly.

52 Afin d'élargir la perspective ici esquissée, on consultera la bibliographie du présent travail. Outre les études déjà citées plus haut, rajoutons encore celles-ci : (1932) P. Trahard, « La sensibilité musicale de Diderot » ; (1969) G. Daniel, « Autour du *Rêve de D'Alembert* : réflexions sur l'esthétique de Diderot » ; (1973) H. Dieckmann, « The Metaphoric Stucture of the *Rêve de D'Alembert* » ; (1975) Y. Belaval, « Trois lectures du *Rêve de D'Alembert* » ; (1981) E. de Fontenay, *Diderot ou le matérialisme enchanté* ; (1984) J. Chouillet, *Diderot, poète de l'énergie*, p. 245-278 (chapitre intitulé « Le clavecin-philosophe ») ; (1994 et 1990) B. Durand-Sendrail, *La Musique de Diderot. Essais sur le hiéroglyphe musical* et « Sur quelques métaphores musicales dans la pensée de Diderot » ; (1994) G. Poitry, « Dans le labyrinthe. Le clavecin de Diderot » ; (1994) F. Dion-Sigoda, « L'homme-clavecin. Évolution d'une image » ; (1994) S. Lojkine, « Le Matérialisme biologique du *Rêve de D'Alembert* » (Surtout la section « II. Modèle acoustique ») ; (1995) J. Proust, « Source et portée de la théorie de la sensibilité généralisée dans le *Rêve de D'Alembert* » ; (2000) H. Nakagawa, « Genèse d'une idée diderotienne. La sensibilité comme propriété générale de la matière » ; (2000) A. Cernuschi, *Penser la musique dans l'*Encyclopédie, chap. 4, 9 et 10 ; (2002) M. Delon, « Le *Rêve de D'Alembert*, métaphore, conjecture, hypothèse » ; (2002) C. Duflo, « Introduction » et « Notes » [surtout les notes 29 à 33] de l'édition GF Flammarion du *Rêve de D'Alembert* ; (2003) A. B. Maurseth, « La règle de trois : l'analogie dans le *Rêve de D'Alembert* » ; (2009) C. Jacot Grapa, *Dans le vif du sujet : Diderot, corps et âme*, p. 267-290 ; (2008) A. H. Clark, *Diderot's Part*, p. 189-193 ; (2010) B. de Negroni, « Les cordes vibrantes : matière inerte, matière sensible », p. 1212-1216 de la notice de l'édition Pléiade du *Rêve de D'Alembert.*

53 Voir par exemple B. Didier, *La Musique des Lumières*, p. 289-291 ; B. Cannone, *Musique et littérature au XVIIIe siècle*, p. 76-85 ; M. Wåhlberg, *La Scène de musique dans le roman du XVIIIe siècle*, « La comparaison entre l'homme et le clavecin », p. 386-390.

Françoise Dion-Sigoda fournit un outil bibliographique d'une grande valeur avec son court article dans lequel elle cite de nombreux cas de l'analogie dans l'œuvre du philosophe[54].

D'autres s'appliquent à faire une démonstration de l'originalité de l'analogie par rapport aux débats philosophiques dans lesquels elle s'inscrit : comme par exemple Stéphane Lojkine dans un riche article sur « Le matérialisme biologique du *Rêve de D'Alembert* ». Il propose l'idée selon laquelle le clavecin-philosophe fonde un nouveau « modèle acoustique » qui pallie les lacunes du modèle mécaniste.

D'autres encore font des lectures stylistiques ou philosophiques détaillées de l'analogie, lectures dont la fonction première est surtout explicative ou encore anecdotique. Il s'agit souvent de brèves mentions en notes ou en introduction d'éditions du *Rêve de D'Alembert*, de brefs passages au sein d'un plus long développement ou encore d'articles originaux, mais sans suites. Par exemple, les quelques pages qu'Andrew Herrick Clark consacre à l'analogie cherchent à démontrer qu'elle résout un problème posé par Condillac en parvenant à exprimer « la simultanéité avec la succession[55] ». Les pages qu'Élisabeth de Fontenay lui dédie en font une forme de plaisir qui « enchante » l'expression du matérialisme de Diderot. L'article de Hiwayasu Nakagawa en fait le sommet expressif de la sensibilité chez Diderot. Un article de Jacques Proust trace un lien fascinant entre l'analogie de l'homme-clavecin et les notes que le jésuite Du Halde ramène sur la médecine chinoise qui supposait « que le corps est [...] comme une espèce de luth ou d'instrument harmonique[56] ».

Enfin, une approche a particulièrement retenu notre attention, puisqu'elle permettait de tenir compte de tous ces travaux à la fois : celle découlant de l'idée que l'analogie à l'étude soit pourvue d'une dimension heuristique qu'il nous serait nécessaire de cartographier. C'est une approche qu'adopte Corinna Gepner lorsqu'elle l'applique

---

54 Toutefois, dans ses dernières pages, elle rapproche l'homme-clavecin de l'idée d'*harmonie sociale* du « corps politique », un rapprochement auquel nous ne saurions adhérer. L'homme-clavecin n'est pas, du moins dans l'œuvre de Diderot, le citoyen d'une cité harmonieuse idéale ; il n'occupe pas de fonction proprement politique. Voir F. Dion-Sigoda, « L'homme-clavecin : évolution d'une image », p. 226-228.

55 A. H. Clark, *Diderot's Part*, p. 189 : « *achieve simultaneity with succession* ». Notre traduction.

56 J.-B. Du Halde, *Description géographique, historique, chronologique, politique et physique de l'Empire de la Chine*, p. 380. Cité dans J. Proust, « Source et portée de la théorie de la sensibilité généralisée dans le *Rêve de D'Alembert* », p. 434.

au clavecin oculaire du Père Castel[57]. Dans le cas de Diderot, ce sont notamment les recherches que mène Caroline Jacot Grapa avec *Dans le vif du sujet. Diderot corps et âme* qui l'exemplifient. Son lumineux chapitre « Corps sonore, instrument sensible (acoustique et anatomie) » permet d'approfondir la compréhension de l'analogie à l'étude en la rattachant à des textes traitant de facture d'instrument, de la voix humaine, de systèmes musicaux, de plaisir esthétique, de sensibilité musicale, d'acoustique, de la physique des cordes vibrantes, d'anatomie et de physiologie : enfin, de développer le sens de l'analogie en restituant le réseau d'idées qui la nourrissent. En cela, nous ne prétendons pas innover, mais plutôt apporter des prolongements à la réflexion qu'elle a déjà brillamment amorcée.

57 Voir C. Gepner, *Le Père Castel et le clavecin oculaire : carrefour de l'esthétique et des savoirs dans la première moitié du XVIIIe siècle.* Gepner évoque d'ailleurs l'analogie du *Rêve* de Diderot dans une section de son ouvrage qui traite des « Effets de la musique : le corps et les passions », p. 98-101.

PORTRAIT D'UN TROPE

LES DIDEROT, LES ÉTINCELLES ET LA RÉSONANCE

> *Étincelle d'esprit*, (avoir une). Si les Grecs avoient eu une étincelle de l'esprit qui animoit leurs ancêtres, ils auroient pû recouvrer leur liberté premiere[1].

LA PREMIÈRE OCCURRENCE

En 1745, la traduction du *An Inquiry Concerning Virtue and Merit* de Shaftesbury par Diderot paraît à Amsterdam sous le titre : *Principes de la philosophie morale ou Essai de M. S*** sur le mérite et la vertu.* Assis à la table de travail dans sa relative jeunesse, le philosophe langrois connait une *étincelle*, un moment d'illumination alors qu'il veille à cette traduction. Le *Discours préliminaire* de l'œuvre déborde d'ailleurs d'une inspiration que le traducteur aurait connue à la tâche. Il vante l'attention accordée à l'ouvrage : « [j]e l'ai lu et relu : je me suis rempli de son esprit[2] ». Aucune affable posture dédicatoire ou déontologique n'engage le traducteur à faire état d'un tel zèle : la formule semble plutôt liée à l'expression d'une sincère affinité avec l'œuvre elle-même.

D'ailleurs, Diderot ne se représente pas en tant que vulgaire copiste de Shaftesbury : ce dernier est au contraire un maître dont les préceptes

1 P.-A. Alletz, art. « Étincelle d'esprit », *Dictionnaire des richesses de la langue française*, p. 163. Il s'agit d'une citation de l'*Histoire de Grèce* que Diderot traduit en 1743 de l'original *The Grecian History* de Temple Stanyan.

2 Diderot, « Discours préliminaire », *Essai sur le mérite et la vertu*, DPV, t. I, p. 300.

parviennent à exciter nombre d'idées en son élève. De la sorte, évitant d'encenser grossièrement l'œuvre anglaise, le traducteur précise qu'il a « pour ainsi dire, fermé son livre, lorsqu['il a] pris la plume[3] ». À leur tour, Paolo Casini et John Spink nuancent cette démonstration de distance qui a « souvent donné lieu à l'impression inexacte que le traducteur n'avait fait qu'une libre adaptation[4] » de Shaftesbury. Une collation attentive[5] des deux textes révèle que les libertés que Diderot dit prendre ne sont pas tant dans la traduction elle-même – hormis quelques omissions et détournements qu'on devine motivés par la peur bien réelle de l'emprisonnement – que dans l'ajout d'une constellation de notes personnelles[6], c'est-à-dire de commentaires paratextuels à la première personne. Entre les paragraphes d'une traduction sommairement probe, Diderot introduit ses suppléments à l'aide de l'astérisque – la *petite étoile* pour en restituer l'étymologie grecque (ἀστερίσκος) –, le même signe typographique qui sera sa signature pendant les années de l'*Encyclopédie*.

Ainsi, un passage et sa note retiennent notre attention. Au début de l'extrait à traduire, Shaftesbury écrit : « *Upon the whole, it may be said properly to be the same with the affections or passions in an animal constitution as with the cords or strings of a musical instrument*[7] », ce que Diderot traduit par : « Enfin on peut dire que les affections sont dans la constitution animale, ce que sont les cordes sur un instrument de musique[8]. » En ce qui concerne la fidélité à l'original, si le style du langrois est moins précieux que celui de l'aristocrate anglais, l'esprit du texte est respecté. En plus de la construction des phrases elles-mêmes, dans l'ensemble, la progression des idées d'une phrase à l'autre est également préservée. D'ailleurs, à la lumière des licences citées dans les rares[9] avis formulés

3 *Ibid.*

4 P. Casini et J. S. Spink, « Introduction », DPV, t. I, p. 269.

5 Dans notre cas, entre l'édition française de la DPV et l'édition de Shaftesbury citée en bibliographie.

6 Nombre des notes sont même écrites à la première personne. Par exemple, soulignant son aversion pour l'ascétisme en se faisant « pauvre *mondain* », il s'adresse à un « divin anachorète », pour lui crier que « c'est à mon aisance, religieux fanatique, que vous devez le pain que votre quêteur vous apporte. »

7 A. A.-C. Shaftesbury, « An Inquiry Concerning Virtue or Merit », p. 199.

8 Diderot, *Essai sur le mérite et la vertu*, p. 373.

9 Comme le détaille l'étude de G. Mounin, *Les Belles infidèles*, l'essentiel des débats en traduction au XVIIIe siècle français (pensons à la très discutée introduction qu'Anne

par les contemporains de Diderot par rapport aux traductions de l'anglais vers le français[10], nous pourrions même les dire rigoureusement analogues. Malgré sa longueur, il est intéressant de reproduire ici le passage et sa note en leur entièreté puisqu'il s'agit de la première occurrence de l'analogie entre corps humains et instruments de musique à cordes dans les écrits connus de Diderot.

> Enfin, on peut dire que les affections sont dans la constitution animale, ce que sont les cordes sur un instrument de musique. Les cordes ont beau garder entre elles les proportions requises, si la tension est trop grande, l'instrument est mal monté, et son harmonie est éteinte. Mais si tandis que les unes sont au ton qui convient, les autres ne sont pas montées en proportion ; la lyre ou le luth est mal accordé, et l'on n'exécuta rien qui vaille. Les différents systèmes de créatures, répondent aux différentes espèces d'instruments ; et dans le même genre d'instruments, ainsi que dans le même système de créatures, tous ne sont pas égaux, et ne portent pas les mêmes cordes. La tension qui convient à l'un briserait les cordes de l'autre, et peut-être l'instrument même. Le ton qui fait sortir toute l'harmonie de celui-ci, rend sourd ou fait crier celui-là. Entre les hommes, ceux qui ont le sentiment vif et délicat, ou que les plaisirs et les peines affectent aisément, doivent pour le maintien de cette balance intérieure sans laquelle la créature mal disposée à remplir ses fonctions troublerait le concert de la société, posséder les autres affections, telles que la douceur, la commisération, la tendresse et l'affabilité, dans un degré fort élevé. Ceux, au contraire, qui sont froids, et dont le tempérament est placé sur un ton plus bas, n'ont pas besoin d'un accompagnement si marqué. Aussi la nature ne les a-t-elle pas destinés ou à ressentir ou à exprimer les mouvements tendres et passionnés, au même point que les précédents[11].*

Dacier donne à sa traduction de *L'Illiade*) se concentrait sur la « traduisibilité » des langues anciennes vers les langues modernes, surtout en déplorant l'incapacité du français à rendre la vigueur des poètes anciens. Mounin évoque d'ailleurs la mise en place d'une « véritable théorie de l'édulcoration du texte original, au nom de la délicatesse du français du XVIIIe siècle » (p. 22). Au sujet de la rareté des opinions concernant la traduction de l'anglais vers le français, voir par exemple A. F. T., Lord Woodhouselee, *Essay on the Principles of Translation* [1790], p. 2-3 : "*But it is a singular consideration, that […] so little has been done towards the improvement of [the art of translation]. Unless a very short essay, published by* M. *D'Alembert, in his* Mélanges de littérature, d'Histoire, &c. […] *and some remarks on translation by the Abbé Batteux, in his* Principes de la Littérature, *I have met with nothing that has been written professedly upon the subject.*"

10 Voir J. L. R. D'Alembert, « Observations sur l'art de traduire en général », dans *Mélanges de littérature, d'histoire, et de philosophie*, p. 3-32. Pour D'Alembert, mieux vaut mettre à profit les richesses d'une langue d'arrivée que d'essayer de rester fidèle au texte de la langue source.

11 Diderot, *Essai*. L'original de Shaftesbury, au même endroit que cité précédemment : "*Upon the whole, it may be said properly to be the same with the affections or passions in*

En une rapide succession d'images saisissantes, l'analogie permet de penser à la fois la variété et la singularité dans la « constitution animale », les énergies changeantes de ces formes diverses du vivant, puis la communicabilité des « affections » (c'est-à-dire du *sentiment* ; Diderot conservait le terme anglais *affections* de Shaftesbury) entre celles-ci par la raison de leur seule organisation. La note qui y répond livre la marque d'une authentique résonance : le jeune traducteur exprime son enthousiasme au point d'en faire un projet d'écriture, laissant présager que « cette comparaison pourrait être poussée bien loin » :

> *Nous ressemblons à de vrais instruments dont les passions sont des cordes. Dans le fou, elles sont trop hautes, l'instrument crie ; elles sont trop basses dans le stupide, l'instrument est sourd. Un homme sans passions est donc un instrument dont on a coupé les cordes ou qui n'en eut jamais. C'est ce qu'on a déjà dit. Mais il y a plus. Si quand un instrument est d'accord vous en pincez une corde, le son qu'elle rend occasionne des frémissements et dans les instruments voisins si leurs cordes ont une tension proportionnellement harmonique avec la corde pincée ; et dans ses voisines sur le même instrument, si elles gardent avec elle la même proportion. Image parfaite de l'affinité, des rapports et de la conspiration mutuelle de certaines affections dans le même caractère, et des impressions gracieuses et du doux frémissement que les belles actions excitent dans les autres, surtout lorsqu'ils sont vertueux. Cette comparaison pourrait être poussée bien loin, car le son excité est toujours analogue à celui qui l'excite[12].

Diderot est lisiblement ému au sens strict du terme : *emovere*, mis en mouvement. Du reste, son plaisir est manifeste ; la trace écrite que laisse

---

an animal constitution as with the cords or strings of a musical instrument. If these, though in ever so just proportion to one another, are strained beyond a certain degree, it is more than the instrument can bear : the lute or the lyre is abused, and its effect lost. On the other hand, if, while some of the strings are duly strained, others are not wound up to their due proportion, then is the instrument still in disorder and its part ill performed. The several species of creatures are like different sorts of instruments. And, even in the same species, as in the same sort of instrument, one is not entirely like the other nor will the same strings fit each. The same degree of strength which winds up one and fits the several strings to a just harmony and consort may in another burst both the strings and instrument itself. Thus, men who have the liveliest sense and are the easiest affected with pain or pleasure have need of the strongest influence or force of other affections, such as tenderness, love, sociableness, compassion, in order to preserve a right balance within and to maintain them in their duty and in the just performance of their part, while others, who are of a cooler blood or lower key, need not the same alloy or counterpart nor are made by nature to feel those tender and endearing affections in so exquisite a degree."

12 Diderot, *Essai*, p. 373-374.

sa note témoigne d'une sorte de révélation. Or, l'intérêt de Diderot pour l'œuvre de Shaftesbury ne saurait être d'une curiosité purement individuelle ou encore esthétique : comme cela est signalé dans une brève note à la tête de l'ouvrage, l'*Essai* est tout premièrement adressé à son frère.

L'austère Didier-Pierre Diderot, futur chanoine de Langres, s'apprêtait, en 1745, à prendre les ordres. Son frère philosophe, qui « doit toujours s'adresser à quelqu'un dans ses écrits[13] », ne cache pas qu'il cherche à lui faire repenser son choix de profession. Concédant en bon diplomate que la « religion bien entendue et pratiquée [...] ne peut manquer d'élever les vertus morales[14] », Denis évoque toutefois à l'intention de Didier-Pierre, par l'entremise d'une citation des *Essais* de Montaigne[15], les « terreurs paniques » provoquées par les guerres de religion. « [R]appelez-vous l'histoire de nos troubles civils, » ajoute-t-il, « et vous verrez la moitié de la nation, se baigner dans le sang de l'autre moitié, et violer, pour soutenir la cause de Dieu, les premiers sentiments de l'humanité[16] ». Sans répudier la pratique d'une religion tempérée, la philosophie de Shaftesbury devait ainsi servir à convaincre le futur chanoine de l'existence d'« affections naturelles[17] » émanant de quelque harmonieuse constitution plutôt que d'un dogme abstrait menant trop facilement vers le fanatisme. En d'autres mots, Denis tente de persuader Didier-Pierre d'une origine terrestre et non divine du bien moral. De là, il avance le corollaire que la religion n'est qu'un ensemble d'activités surajoutées à ce qu'ils recherchent tous deux véritablement, soit le bonheur par l'entremise de la vertu. « Point de vertu, sans religion ; point de bonheur sans vertu : ce sont deux vérités que vous trouverez approfondies dans ces réflexions que notre *utilité commune* m'a fait écrire[18]. » Denis tente donc de susciter une étincelle dans l'esprit de Didier-Pierre par la démonstration rhétorique d'une utilité commune aux occupations *a priori* distinctes des frères. Le trope du clavecin n'est pas étranger à ce processus : « si, quand un instrument est d'accord vous en pincez une corde, le son qu'elle rend occasionne des frémissements et dans les

13 H. Dieckmann, *Cinq leçons sur Diderot*, p. 24.

14 Diderot, *op. cit.*, p. 289. La dédicace s'intitule « À mon frère ».

15 Diderot cite un passage des *Essais* de Montaigne, « De la liberté de conscience », l. II, chap. XIX.

16 Diderot, *op. cit.*, p. 290.

17 C'est-à-dire les « *natural affections* » du texte de Shaftesbury.

18 *Ibid.*, p. 291. Italiques de l'édition originale.

instruments voisins si leurs cordes ont une tension proportionnellement harmonique avec la corde pincée » : autant dire « si vous n'êtes pas plus ou moins stupide ou fou que moi, vous devriez pouvoir m'entendre. » Denis tente d'établir une proportion avec la *corde qu'il pince* et celle de l'*instrument voisin* qu'est son frère, chez qui il veut éveiller une *harmonique* menant à une *conspiration mutuelle.*

Il s'agit toutefois de distinguer cette *conspiration mutuelle* d'une pure sympathie, telle que celle décrite notamment par Adam Smith[19]. L'état que Diderot cherche à provoquer chez son interlocuteur n'est pas qu'une pâle copie de ses propres sentiments. Il espère plutôt exciter un nouveau mouvement dans la pensée de son frère. En d'autres mots, ne pas lui montrer que ce qui peut le *convaincre* (et, par le fait même, lui indiquer *quoi* penser), mais lui dire ce qui peut mettre sa pensée en mouvement, c'est-à-dire ce qui peut le *faire* penser. Si Smith parle de ressentir les sentiments sympathiques *à plus petite échelle* que celui ou celle qui les a réellement vécus, les harmoniques du clavecin de Shaftesbury-Diderot supposent que « le son excité est toujours analogue à celui qui l'excite ». Peut-être entendrait-on une différence de timbre entre les instruments, mais l'intensité de l'harmonique ne serait pas diminuée.

Les deux différentes parties de l'introduction de l'*Essai* montrent bien que Diderot plaide davantage en faveur des émotions que de la logique ; elles témoignent de son intérêt pour une argumentation à caractère expressif plutôt qu'une démonstration systématique faisant appel à l'évidence. Suite au ton chaleureux et invitant de la dédicace familiale titrée « À mon frère », le ton d'un « Discours préliminaire » fait volte-face et lance un « défi » à la figure d'un autre, un « lecteur encore inconnu[20] ». Ce lecteur, s'il « n'a pas la force ou le courage de suivre un raisonnement étendu, peut se dispenser d'en [c'est-à-dire l'*Essai*] commencer la lecture ; c'est pour d'autres que j'ai travaillé[21]. »

19 *The Theory of Moral Sentiments* (1759) de Smith définit la « *sympathy* » comme l'effet qui est produit lorsque nous imaginons que les circonstances d'une autre personne sont les nôtres propres, et que nous trouvons que leur réaction à ces circonstances est raisonnable. Ce faisant, nous répondons à leur état en faisant expérience, à plus petite échelle, de leurs sentiments. Cela se rapproche d'un esprit de compassion fraternelle (« *fellow-feeling* »).

20 Dieckmann, *op. cit.*, p. 25.

21 Diderot, *op. cit.*, p. 300. Le ton farouche de ce « Discours préliminaire » n'est pas sans rappeler le fameux *piscis hic non est omnium* – « ce poisson n'est pas pour tous » – en exergue des *Pensées philosophiques* de 1746.

Herbert Dieckmann lit d'ailleurs la réserve, l'exclusivité et l'appel à un groupe restreint de sujets réfléchis et philosophes comme un « mouvement de dépit et de hauteur[22] ». Son avis, toutefois, ne tient pas compte du ton opposé de la dédicace faite à Didier-Pierre : n'est-ce pas là une contradiction d'inviter, puis de repousser son lectorat ? Plutôt que de trancher en faveur d'une opinion univoque, ne serait-il pas plus intéressant d'envisager l'ensemble de cette préface comme étant en tension entre les deux tons discordants ? Tentons de mieux synthétiser le sujet de cet exorde bicéphale, cette structure dédicatoire binaire qui invite autant qu'elle défie son lecteur de plonger dans ce livre qui demande une certaine « contention d'esprit[23] ».

Une piste d'explication de cette apparente contradiction se trouve dans la conception diderotienne du langage, souvent rapproché de la musique. Le « modèle du musicien » est aussi celui de la « langue de la nature[24] ». L'effet de la succession des tons de cette double préface est comparable à celui, en musique tonale, d'un accord consonant suivi d'un accord dissonant. Le premier fonde le lieu du discours musical. Le second écarte l'oreille – ou l'esprit – du premier lieu, le foyer tonal, ce qui aiguise l'organe, le rend attentif et le prédispose à la recherche active d'un heureux retour : dans sa plus simple expression, il s'agit de la cadence parfaite I – V^7 – I. Plusieurs années après la traduction de cet *Essai*, les *Leçons de clavecin* stipuleront que :

> La mélodie et l'harmonie ne nous offrent sans cesse qu'un enchaînement d'écarts plus ou moins longs, qu'une suite de petits chocs plus ou moins durs, qu'une répétition d'appels plus ou moins énergiques à la nature que nous regrettons tout en la quittant, et que nous ne quittons que pour la retrouver avec plus de plaisir[25].

---

22 Dieckmann, *loc. cit.*

23 Diderot, *op. cit.*, p. 300.

24 Diderot, *Salon de 1767*, DPV, t. XVI, p. 220. Le passage en question est d'une rare beauté : « [D]eux parleurs qui ont dit la même chose dans les mêmes mots ; les deux poètes qui ont fait les deux mêmes vers sur un même sujet, n'ont eu aucune sensation commune [...] La quantité des mots est bornée. Celle des accents est infinie. C'est ainsi que chacun a sa langue propre, individuelle, et parle comme il sent, est froid, ou chaud, rapide ou tranquille, est lui et n'est pas lui, tandis qu'à l'idée et à l'expression il paraît ressembler à un autre. [...] C'est la langue de la nature. C'est le modèle du musicien. C'est la source vraie du grand symphoniste. Je ne sais quel auteur a dit, *musices seminarium accentus...* ».

25 A. Bemetzrieder et Diderot, *Leçons de clavecin et principes d'harmonie*, p. 358.

Cette dynamique d'interdépendance tonale marque l'importance de tenir compte de *tout* ce dont l'esprit peut être touché : il est vain de rejeter ou d'acclamer tel passage sans considérer l'effet de l'ensemble de l'œuvre. Si, contrairement à un système fermé, *tout* agit, c'est que « dans la science, ainsi que dans la nature, tout tient ; et qu'une idée stérile, et un phénomène isolé, sont deux impossibilités[26]. » Le « choc » de la dissonance n'est en lui-même ni bon ni mauvais, la nature est exempte de jugement moral. Idem pour le texte : telle partie de l'*Essai* est-elle compassionnée ou sardonique, telle autre hautaine ou rassembleuse ? Son sens ne pourra être dégagé qu'en considérant sa fonction par rapport à l'ensemble. Diderot n'est pas incohérent dans la différence des tons de son introduction : il forme plutôt une séquence dont le sens est formé au fur et à mesure que son lecteur parcourt le texte. Tout concourt à éveiller l'esprit de l'interlocuteur : les voix consonantes comme les voix dissonantes ; « en effet, n'est-ce pas une puérilité que de nier ce dont on est évidemment soi-même affecté[27] ? »

Or, dans le cas de l'*Essai*, la « fonction » du texte n'est pas une abstraction : il s'agit très concrètement de marquer, d'affecter l'esprit de Didier-Pierre, convaincu que l'homme ne peut atteindre le bien moral sans le secours de la religion. « Cet ouvrage sera donc, si vous voulez, un antidote destiné à réparer en moi un tempérament affaibli, et à entretenir en vous des forces encore entières[28] », écrit Denis à son petit frère. Cela étant dit, la compréhension réciproque reste une affaire de confiance. À elle seule, aucune capacité d'agir chez l'énonciateur ou de réceptivité chez l'interlocuteur ne pourra réaliser l'étincelle de *conspiration mutuelle* que le texte tente de provoquer. Puisqu'il « n'y a pas de règles, pas d'algorithmes qui facilitent la perception humaine d'une gestalt », il ne nous reste que la possibilité de « pointer et espérer[29] ».

JAN ZWICKY ET LA RÉSONANCE

La forme d'intersubjectivité avant la lettre que suppose la traduction de l'*Essai sur le mérite et la vertu*, empreinte de sensibilité aux effets

26 Diderot, *Salon de 1767*, p. 222.

27 Diderot, *Essai*, p. 321. Il s'agit d'une note personnelle de Diderot.

28 *Ibid.*, p. 291.

29 J. Zwicky, *Wisdom & Metaphor*, § 117. « *Other than pointing and hoping, there are no rules, no algorithms by which human perception of a gestalt may be facilitated.* » Cette œuvre sera désormais désignée par le sigle « W&M ». Par ailleurs, les livres cités de Zwicky ne sont pas paginés, mais plutôt divisés en sections ; nous utiliserons le caractère § pour les désigner.

rhétoriques du discours (leurs « fonctions »), trouve une articulation particulièrement juste dans la pensée de la philosophe, poétesse et musicienne Jan Zwicky, notamment par son concept de « résonance ». À l'instar du phénomène harmonique du même nom, la résonance zwickéenne se réfère à la génération de « vibrations sympathiques d'intensités variables[30] », une mise en mouvement de la pensée. La résonance n'est pas pour elle romantique, ancrée dans un « épanchement d'émotion subjective » ou dans la célébration de « l'égo individuel ». À l'inverse, sa résonance n'est pas pour autant une dissolution des sujets au sein des rapports qui les relient ; elle n'annule pas les singularités qui les distinguent : il n'y a pas « d'unité de substance, mais une unité de relation[31] ». Sa résonance s'ancre dans une recherche de clarté et surtout de cohérence formelle au sein des croisements qui les rapprochent, articulée en tant qu'« amour attentionné envers les plus infimes détails de la différence[32] ».

Le propre d'une relation analogique comme celle que l'*Essai* suppose entre les frères Diderot, *humains ou instruments de constitution semblable* – tout comme celle supposée entre tel hiéroglyphe, l'idée qu'il excite et le sujet qui la conçoit –, est de relier par l'écoute attentive, et non de confondre par l'assimilation. Parlant lui aussi de « résonance », Yves Citton suppose que Spinoza aurait été du même avis quant à l'importance équivalente de la parole et de l'écoute. Cette même *disposition à résonner* est désignée par « amour » ou « attention » chez Zwicky : c'est la « bonté de votre cœur[33] » que Denis invoque chez Didier-Pierre[34]. En soi, cette relation dépend de l'étincelle qui raccordera le sujet à son réseau, puis du « mouvement vibratoire » qui l'y maintiendra. Mais pour que cette étincelle puisse jaillir, cependant, il faut, à part égale, le pouvoir *actif*

30 J. Zwicky, *Lyric Philosophy*, § 33. Cette œuvre sera désormais désignée par le sigle « LP ».

31 *LP*, § 69.

32 *Ibid.* « *Outpouring of subjective emotion* », « *individual ego* », « *love that attends to the most minute details of difference* ».

33 Diderot, *Essai sur le mérite et la vertu*, p. 291.

34 C'est aussi une idée partagée par un célèbre lecteur de Diderot et, à plus forte raison, de Leibniz : le philosophe Johann Gottfried Herder. Une formulation explicite se trouve dans son *Du connaître et du sentir de l'âme humaine*, p. 50 de l'édition citée, qu'il rédige entre 1774 et 1778 : « l'*amour* est le connaître le plus noble, comme la sensation la plus noble. [...] Regarde la nature dans son ensemble, contemple la grande analogie de la création. [...] Chaque corde vibre au son qui lui correspond, chaque fibre s'entremêle avec sa camarade de jeu, l'animal sent avec l'animal ; pourquoi est-ce que l'être humain ne sentirait pas avec l'être humain ? »

de persuasion de l'auteur et le « pouvoir de réception » *passif.* Il s'agit d'un « pouvoir-d'être-affecté[35] ».

Si l'on choisit de faire une lecture linéaire de l'œuvre fragmentaire et éclatée de Jan Zwicky, l'incipit de *Wisdom & Metaphor* pose d'emblée le fondement de l'enquête de son auteur : il s'agit d'un phénomène ponctuel, le « voir-ainsi[36] », qui génère un état plus durable, celui de « résonance ». Développant son propos, l'auteur dit qu'elle « s'intéresse au phénomène du voir-ainsi parce qu'il contient le mystère du sens[37]. » Pour Zwicky, le « voir-ainsi » est un « moment de reconnaissance » lors duquel, comme le préfixe « re- » le suggère, l'expérience passée du sujet est appelée à se (re)composer « différemment » afin de former un « sens nouveau ». Fortement influencée par la théorie de la Gestalt, Zwicky explique le « voir-ainsi » wittgensteinien comme « l'intégration » d'une compréhension simultanée des énoncés « X est Y » *et* « X n'est pas Y[38] ». Afin de mieux illustrer, remplaçons la valeur de X par « pied » et celle d'Y par « table » : le sujet pour qui l'expression « pied de table » accède soudainement à un sens aura distingué des concepts indépendants pour « pied », puis pour « table », mais aura aussi su dégager la similitude formelle des deux idées distinctes initiales pour les assembler en un nouvel objet. Plus qu'une compréhension mécanique qui associe des phonèmes arbitraires (mots) à une forme tangible (choses), il s'agit d'un moment de rupture dans la conscience du sujet, l'amenant à « voir »

35 Voir Y. Citton, « Le réseau comme résonance : présence ambigüe du spinonizsme dans l'espace intellectuel des Lumières », p. 16. Citton emploie l'image de la « corde résonante » comme arrière-plan de son propos.

36 Traduction de l'allemand de Wittgenstein : « *sehen-als* ». Voir L. Wittgenstein, *Recherches philosophiques*, p. 290. Si la traduction parle du « concept du voir-ainsi », elle semble toutefois hésiter en ce qu'elle multipliant également les instances de l'expression « voir comme ».

37 *W&M*, § 1. Les citations suivantes seront extraites du même passage. "*I am interested in the phenomenon of 'seeing-as' because it encapsulates the mystery of meaning. The moment of recognition happens as if by magic; and yet, when we reflect on it, we see – its very name tells us this – that it is impossible without prior experience. What becomes puzzling then is the phenomenon of insight, the creation (apparently) of new meaning. Here, we forget that to recognize can mean to rethink, as in* think through differently. *It need not always signify mere repetition of a former cognition. We say in such cases not only that we recognize x (as y), but that we* realize *x* is *y*."

38 *W&M*, § 5. *Cf.* P. Grenet, *Les Origines de l'analogie philosophique dans les dialogues de Platon*, p. 10 : « Ce qui fait l'originalité de l'analogie et ce qui la distingue d'une identité partielle, c'est-à-dire de la notion un peu banale de ressemblance, c'est qu'au lieu d'être un *rapport de ressemblance* elle est une *ressemblance de rapport.* Et ce n'est pas là un simple jeu de mots ; le type le plus pur de l'analogie se trouve dans une *proportion mathématique.* »

l'implicite d'un langage analogique. Autrement formulé, il s'agit du mouvement depuis l'instant de captation d'un rapport nouveau, sa *préhension*, jusqu'à l'établissement d'une « tension dans la fonction relationnelle de la copule : entre l'identité et la différence dans le jeu de la ressemblance[39] », la *compréhension*. Cette étincelle, ce coup qui fait tinter une cloche plonge alors le sujet dans une disposition plus étendue, celle de « résonance ».

Ce phénomène, le « voir-ainsi » qui devient « résonance » chez Zwicky, agit en tant que socle expérientiel de la pensée analogique. Par souci de clarté, il importe d'expliciter ici la relation que nous concevons entre les termes « analogie », « comparaison » et « métaphore ». « Analogie » désigne l'établissement d'une similitude formelle entre deux phénomènes, par ailleurs de différentes natures ou classes. Une analogie explicite (X est comme Y) est une comparaison, tandis qu'une analogie implicite (X est Y) est une métaphore. Ce qui intéresse la philosophe, c'est le passage de la différence à la comparaison, puis de la comparaison à la métaphore. Ce changement d'état ontologique n'est possible que par une attention soutenue aux particularités formelles des termes à rapprocher dans une relation analogique.

Dans le langage, ce rapprochement laisse une trace notable : celle du verbe *être*. Comme le propose Ricœur, « le "lieu" de la métaphore, son lieu le plus intime et le plus ultime [*sic*], n'est ni le nom, ni la phrase, ni même le discours, mais la copule du verbe être. Le "est" métaphorique signifie à la fois "n'est pas" et "est comme[40]" ». Par sa relation au verbe « être », la métaphore délimite ainsi un lieu distinct : celui d'un abandon du sujet à la possibilité d'une forme nouvelle. Toute situation dans laquelle se trouve un sujet donné informe et modifie forcément la réception et le degré d'adhésion à la métaphore en question. Une bonne métaphore – une *métaphore vive* – établira des liens analogiques seyants avec une stratification complexe et originale des expériences sensibles du sujet. En ce sens, elle constituera un moyen de connaître.

Lorsque Diderot, traducteur, file dans sa note la métaphore du texte source, il sait bien qu'il ne s'agit que d'une « image » de l'affinité possible entre deux êtres, puis que l'homme « fou » et l'homme « stupide » ne *sont* pas des instruments à cordes. Or, dans l'esprit du sujet qui en fait

39 P. Ricœur, *La Métaphore vive*, p. 311.

40 *Ibid.*, p. 11.

l'expérience, l'analogie empêche également de *nier* que l'homme soit un instrument. L'unique état de connaissance « X est Y » – où il serait compris que l'homme et l'instrument sont une seule et même chose – relève d'une hallucination synesthésique ou du registre du merveilleux. Au contraire, l'unique situation « X n'est pas Y » – où l'homme et l'instrument sont absolument distincts l'un de l'autre – équivaut à un vacuum de sens dans lequel il ne serait possible d'établir aucune relation interne entre les deux formes conceptuelles. Permettant de relier sans pour autant annuler les deux propositions, l'horizon épistémologique auquel l'analogie fait accéder est ce à quoi se réfère la « résonance ». La « philosophie lyrique » telle que Zwicky l'envisage entend réhabiliter la résonance comme un des moyens légitimes « dont dispose l'être humain de percevoir ou de comprendre clairement quelque chose[41]. »

Zwicky pose qu'à l'instar d'instruments musicaux, l'analogie comme toute « structure polydimensionnelle[42] » peut être dite forme résonante à condition qu'elle soit composée de pièces capables de se transmettre un mouvement. Donnons l'exemple d'une structure-violon composée d'une table, d'une caisse, d'un manche, de cordes, d'un archet, d'un chevalet, etc.[43]. À première vue, l'assemblage comporte un ensemble de pièces « additionnées », insulaires les unes par rapport aux autres. Celles-ci doivent être « intégrées » l'une à l'autre par le biais d'une organisation donnée, de sorte que leur structure puisse former une nouvelle unité. Cela n'est pas pour autant une mécanisation du processus communicatif : dans une perspective zwickéenne, la propagation d'un geste donné ne se limite pas aux raccords *contigus* de la pièce instigatrice. À l'opposé d'une telle perspective purement mécaniste, la « résonance » suppose que l'espace du corps résonant forme un tout *continu*.

> La résonance est ici une métaphore fondamentale. D'émettre un énoncé dans une structure de pensée résonante équivaut à, parmi d'autres choses, produire des vibrations sympathiques d'intensités variables – de causer la

41 *LP*, § 45. « *Emotional resonance is one among several ways a human being has of coming clearly to understand or perceive something.* » Sauf mention contraire, les traductions seront toujours les nôtres.

42 *Ibid.*, § 5. « *Polydimensional structure* ».

43 Notons au passage que la petite pièce d'épicéa qui garde la caisse de résonance d'un violon en tension s'appelle « l'âme ». L'âme a principalement deux fonctions : transmettre les vibrations des cordes au fond de l'instrument et permettre à la table de résister à l'importante pression des cordes.

> mise en son d'autres énoncés, certains moins faiblement, d'autres davantage que le premier[44].

Ainsi, le meilleur *violon ontologique* sera celui dont les cordes frottées par l'archet pourront retransmettre leur inflexion à l'ensemble des pièces de la structure-violon avec le plus d'harmonie, formant un *tout* résonant dont aucune pièce ne serait inutile ou inefficace. Un bon violon est « intégratif » ; un mauvais – quitte à dire « un amalgame ayant la forme d'un violon » – serait plutôt « additif[45] ».

Sachant tenir compte à la fois de la nature composite des objets de pensée et de leur unité épistémologique, la notion zwickéenne de résonance semble ainsi répondre à la même difficulté que l'homme-clavecin de Diderot. Lorsque ce dernier reprend et file la métaphore dans la *Suite d'un entretien entre M. D'Alembert et M. Diderot*[46], il est question de répondre à une objection issue des *Éléments de philosophie* du D'Alembert réel. Le raisonnement du *Rêve* tente de montrer que l'hypothèse de la sensibilité de la matière est admissible. Toutefois, il reste toujours à soutenir en quoi elle est préférable à l'hypothèse dualiste, c'est-à-dire en quoi elle fournit des explications que l'hypothèse cartésienne de l'intangibilité de l'âme rendrait inintelligibles. La difficulté est la suivante : si l'âme est spirituelle, elle est une substance simple donc sans parties, parce que seul ce qui est matériel est divisible. Cependant, en tant que substance simple, comment serait-il possible qu'elle conçoive plusieurs idées simultanément ? La proposition est à réconcilier avec l'idée que tout jugement – par exemple, « le clavecin est un instrument » – suppose d'avoir présentes à l'esprit au moins deux idées, soit celle du sujet (clavecin) et celle du prédicat (instrument). D'Alembert formule ceci dans son *Essai* :

> Ce principe [comparer deux idées dans le jugement] suppose un fait aussi certain qu'inexplicable, c'est que notre esprit peut non seulement avoir plusieurs idées à la fois, mais encore apercevoir à la fois l'union ou la discordance de ces idées. C'est un des mystères de la métaphysique, que cette

44 *Ibid.*, § 33. « *Resonance here is a root metaphor. To sound an utterance in a resonant thought-structure is, among other things, to produce sympathetic vibrations of varying intensities throughout – to cause other utterances to sound, some less faintly, some more.* »

45 *Ibid.*, § 4. « *Integrative* » et « *additive* ».

46 C'est-à-dire la première des trois parties du *Rêve de D'Alembert* qui, rappelons-le, *débute* par une « Suite ».

> multiplicité instantanée d'opérations dans une substance aussi simple que la substance pensante[47].

Ce que le mathématicien relègue à la métaphysique la plus obscure, le matérialiste vitaliste le conçoit avec une clarté qui frôle l'évidence. Comme l'affirme Colas Duflo, contrairement à D'Alembert, « pour Diderot, il n'y a pas de *mystère* mais bien plutôt la preuve que l'esprit n'est pas une substance simple : son substrat matériel est constitué de différentes fibres, d'où la comparaison célèbre avec un clavecin sensible[48]. » Le trope réconcilie ainsi l'indivisibilité de la pensée avec la multiplicité de la matière par l'unité vibratoire de la « résonance ».

Ce faisant, l'étincelle que connaît Diderot en 1745 se résume à être l'expérience *émouvante* d'une *bonne* analogie – rien de plus qu'une « métaphore vive » qui a bien résonné, dirait sans doute Ricœur. Il a voulu communiquer cet éveil à son frère mais, comme en témoigne la situation du futur administrateur de deux écoles chrétiennes de Langres[49], ce sera en vain. Comme nous le verrons dans les chapitres suivants, ce n'est toutefois pas ce qui arrêtera la maturation de l'analogie dans la pensée de Diderot.

UN CLAVECIN QUI NE SAURAIT ÊTRE « RÉDUIT À UN MÊME PRINCIPE »
L'analogie musicale et son rapport au langage

LA MUSIQUE ET L'INDICIBLE

Dans sa plus élémentaire expression, l'homme-clavecin est une analogie entre un corps humain et un clavecin. Or, à l'époque de Diderot, le corps humain, son âme, son mouvement et son langage restent un

47 J. L. R. D'Alembert, *Essai sur les éléments de philosophie*, p. 34.

48 C. Duflo, « Notes », *Le Rêve de D'Alembert*, n. 29. Italiques de Duflo. Il s'agit de l'édition Folio.

49 Voir L. Marcel, *Le Frère de Diderot : Didier-Pierre Diderot, chanoine de la cathédrale et grand-archidiacre du diocèse, fondateur des écoles chrétiennes de Langres*, Paris, Champion, 1913. Illustrant la verve religieuse de *l'autre* Diderot, Marcel remarque que Didier-Pierre a lui-même fondé par « pur don charitable » les deux écoles qu'il administrait.

obscur abîme ; l'homme scientifique vient tout juste de s'enhardir à en entamer l'éclairage. Comme le soutient Leo Spitzer, depuis les travaux de Pythagore, il est possible de lire les analogies entre des phénomènes qui dépassent l'entendement et des instruments de musique comme des tentatives d'adaptation des connaissances musicales de l'heure aux enjeux intellectuels qui leurs sont contemporains. Ces analogies se trouvent d'ailleurs ravivées partout où il y a trace de l'influence de Pythagore : Spitzer mentionne par exemple Platon, Ptolémée, Cicéron, Kepler, Kircher et Leibniz. Nous rajouterons Diderot à cette liste après avoir rappelé une part de l'histoire intellectuelle qui la compose.

Dans la Grèce antique, la secte orphique des pythagoriciens des Ve et VIe siècles avant l'ère chrétienne « observait la merveilleuse régularité du mouvement des étoiles » et pensait l'ordre cosmique[50] en fonction d'une harmonie musicale : les « sept planètes » de l'époque étaient comparables aux « sept cordes de l'heptacorde de Terpandre[51] » et les « sons présumés de la révolution concentrique des sphères à différentes distances correspondant aux divers intervalles du luth ; les distances entre les sphères étaient elles-mêmes appelées "tons[52]" ». Les lois de l'harmonie céleste, inaccessibles à l'entendement humain, étaient ainsi expliquées par le biais de l'harmonie musicale, art réductible à des rapports mathématiques qui devenait donc le médiateur entre le ciel et la raison humaine. Plus qu'une fable imagée, l'analogie musicale était avant tout un geste de rationalisation du céleste, de mise en relation d'événements par la même opération intellectuelle que celle qu'illustre le théorème de Thalès[53].

---

50 Le grec ancien κόσμος se réfère à la fois à « l'ordre », le « bon ordre », le « monde », « l'univers », mais aussi à un « ornement », un « embellissement », une « décoration ». Voir par exemple : B. Prévost, « Cosmique cosmétique. Pour une cosmologie de la parure », Thomas Gelsenne (dir.), *Images re-vues*, n. 10 « Inactualité de l'ornement », 2012.

51 Τέρπανδρος. Musicien et poète natif de Lesbos, qui vécut vers le milieu du VIIe siècle av. J.-C.

52 L. Spitzer, *Classical and Christian Ideas of World Harmony*, p. 8. "*The seven planets were comparable to the seven strings of the heptacord of Terpander* (ca. 644 B.C.) *and the (assumed) sounds of the spheres revolving around the center at different distances to the seven intervals of this lute : the distances between the spheres themselves were 'tones'.*" D'ailleurs, le terme « τόνος » – du verbe « τείνω », tendre – désigne tout ligament tendu ou pouvant se tendre (cordes, cordages, sangles, fils, muscles, tendons) tout comme l'action de tendre (la tension des cordes ; l'intensité, la force, la vigueur, l'énergie d'un chose ; en musique, le mode ou la hauteur (aigu ou grave) ; en métrique, le rythme ou la mesure d'un vers ; en grammaire, l'accentuation ou l'accent tonique.

53 Délaissant la référence historique, il est plus commun d'entendre aujourd'hui « quatrième proportionnelle ».

Or, si l'analogie « harmonie céleste / harmonie musicale » découle, historiquement parlant, de l'observation du fonctionnement d'un instrument musical réel appliqué à l'interprétation de phénomènes célestes, les pythagoriciens « inversent l'ordre » en proposant par exemple que le luth de Terpandre, « tel qu'imaginé dans les mains du dieu Apollon », était lui-même une imitation de la « musique des étoiles ». L'activité humaine se retrouve ainsi modelée d'après une activité divine, idéalisée, immuable. Il incombe à « l'art humain » et à son langage d'être subordonnés à ceux d'une « nature raisonnable » ; ils étaient voués à n'être qu'« imitation des dieux[54] ».

Comme l'avance Derrida : « La métaphysique a effacé en elle-même la scène fabuleuse qui l'a produite et qui reste néanmoins, active, remuante, inscrite à l'encre blanche du dessin invisible et recouvert dans le palimpseste[55]. » Délaissant le trope musical/auditif au profit du trope visuel, Derrida relit Aristote en relevant « l'ellipse du soleil » présente dans toute métaphore. Puisqu'on ne peut jamais « atteindre » les caractéristiques sensibles de l'astre solaire afin de le « connaître », le soleil « n'est jamais présent en propre dans le discours[56]. » Ce fonctionnement *in absentia*, cette fécondité discursive de « l'héliotrope » fondée sur l'explicitation souhaitée du non-être est, pour lui, la force vitale de la philosophie métaphysique[57]. En renfort, il cite la définition de la métaphore que donne Dumarsais :

> Quand on dit *lumière de l'esprit*, ce mot de *lumière* est pris métaphoriquement ; car, comme la lumière dans le sens propre nous fait voir des objets corporels, de même la faculté de connaître et d'apercevoir éclaire l'esprit, et le met en état de porter des jugements sains. La métaphore est donc une espèce de Trope ; le mot dont on se sert dans la métaphore est pris dans un autre sens que dans le sens propre : *il est*, pour ainsi dire, *dans une demeure empruntée*, dit un ancien ; ce qui est commun et essentiel à tous les tropes[58].

La particularité de ce passage est de souligner à la fois la faille et la force de la métaphore lumineuse : ce qui est employé pour « signifier *la*

54 L. Spitzer, *op. cit.*, p. 9.

55 J. Derrida, « La mythologie blanche (la métaphore dans le texte philosophique) », p. 4.

56 *Ibid.*, p. 36.

57 Voir aussi P. de Man, « The Epistemology of Metaphor ». Ce dernier fait également du trope lumineux le fondement de la métaphysique.

58 C. C. Dumarsais, *Traité des tropes*, chap. II, X, cité dans J. Derrida, « Mythologie blanche », p. 37-38.

métaphore », c'est une *autre* métaphore – la « métamétaphore » –, celle de la « demeure empruntée[59] ». L'articulation de la métaphore à un concept un ou un énoncé purement logique est impossible ; son irréductibilité et donc son autonomie sont démontrées par le fait qu'on ne peut tenir compte d'une figure que par une *autre* figure, un emprunt langagier provisoire.

Pour en revenir au trope musical, si les Grecs peuvent expliquer le mouvement des astres en *logeant temporairement* ce phénomène dans la « demeure » des cordes vibrantes, serait-il possible de procéder pareillement afin d'expliquer un phénomène à la fois terrestre, mais mal compris comme le langage ? Le rapprochement analogique permettrait notamment une mise en relation du langage avec un autre mode d'expression : la musique.

Dans sa *Rhétorique*, Aristote n'oublie pas la dimension phonique du langage lorsqu'il en éclaire le fonctionnement analogique en reprenant l'exemple héraclitéen de l'arc et de la lyre[60]. Or, il n'est pas anodin que ce dernier trope (« l'arc est une lyre ») met en relation deux objets à échelle humaine. En cela, il représente le langage par le biais de réalités *sensibles* et non, comme dans le cas de la lumière de Dumarsais, *intangibles*. Cette distinction est fondamentale en ce qui concerne l'emploi de tropes musicaux, à savoir s'ils se réfèrent soit à un registre physique (arc et lyre, objets sensibles dont il est aisé de prendre la mesure) ou métaphysique (lumière ou sphères célestes, abstractions pour les Grecs).

Or, au XVIIIe siècle, nombre d'avancées scientifiques en astronomie, en acoustique ou encore en théorie de l'harmonie font vaciller le « statut », pour ainsi dire, de certaines « réalités » sensibles. Forte de nouveau systèmes théoriques et d'observations imputables à la méthode expérimentale de l'époque, la musique (et la lumière) ne sont plus considérées comme entièrement mystérieuses : les lois de leur fonctionnement se livrent à la compréhension du sujet pensant. Par extension, le « "destin" de la vérité se voit de plus en plus livré au jeu immanent des facultés du sujet », comme l'avance Blumenberg. « Même si dans le vocabulaire des

59 *Ibid.*, p. 38.

60 Ou de la phorminx, selon l'endroit du texte. « Les comparaisons sont en un sens [...] des métaphores ; car elles sont toujours formées de deux termes, comme la métaphore par analogie ; par exemple [...] l'arc est une phorminx... Ainsi ce que l'on dit n'est pas simple, mais appeler l'arc une lyre [...], c'est chose simple. » (*Rhétorique*, III, 11, 1412b34 – 1413a21). La référence est tirée d'un article de Pierre Sauzeau qui étudie le sens du trope dans le texte d'Aristote. L'article est si érudit qu'il s'en excuse et se justifie par la « noblesse intrinsèque du jeu de l'esprit ». Voir P. Sauzeau, « L'arc, une "lyre sans corde" ou bien "une lyre à une seule corde". À propos d'une énigme poétique grecque ».

Lumières “la force invincible de la vérité” joue un rôle, c'est davantage une formule de modestie derrière laquelle se dissimule la conscience de soi de l'esprit qui éclaire de sa propre lumière[61]. » À son tour, le sens de toute explication qui compare le langage à la musique s'en voit altéré.

LA QUERELLE DE L'INVERSION ET L'ORDRE NATUREL DU LANGAGE

De cette manière, le siècle de Diderot n'a pas procédé autrement que celui de Pythagore afin de s'attaquer à l'exploration de ses phénomènes inconnus. Chez les Lumières, le cas particulier de la querelle de l'inversion[62] verra nombre d'auteurs introduire dans un débat esthético-linguistique – peut-être à leur insu – le même genre de mysticisme que celui présent dans l'*harmonia mundi* des pythagoriciens. Résumons la question fondamentale de la querelle : si l'on admet qu'il existe un ordre fondamental du langage, faut-il considérer celui-ci « comme un ensemble de règles conventionnelles, souvent arbitraires, qui varient d'une langue à l'autre selon les caprices de l'usage » ou bien en tant qu'ensemble de « principes logiques, qui, par-delà des variations contingentes, sont ceux d'une grammaire générale[63] » ? Autrement dit : les diverses formes de langage obéissent-elles à un vaste nombre d'ententes particulières ou à une poignée de principes universaux ?

Des travaux comme ceux de Sylvain Auroux[64], de Bernard Tocanne[65] ou d'Ulrich Ricken[66] ont bien balisé les contingences spécifiques de ce

61 H. Blumenberg, *Paradigmes pour une métaphorologie*, p. 20.

62 Voir L. Le Laboureur, *Avantages de la langue françoise sur la langue latine* [1669]. Le titre de son œuvre énonce une proposition qui divisera pendant plus d'un siècle les rationalistes et les sensualistes.

63 B. de Negroni, « Notice » de la *Lettre sur les sourds et muets*, p. 1130.

64 À ce sujet, voir S. Auroux, *La Sémiotique des encyclopédistes : essai d'épistémologie historique des sciences du langage*, notamment p. 69 : « Ce qui caractérise les sciences du langage telles que l'historien les rencontre dans l'*Encyclopédie*, c'est la possibilité – jamais véritablement remise en question – de l'existence indépendante de chacun des trois termes mis en relation par la théorie de la signification [au XXe siècle]. L'idée a son lieu dans l'esprit ; l'objet existe dans le monde ; le son possède une existence physique dont on commence à entrevoir les lois. Le signe n'est pas l'individu constitué par la connexion de ces trois termes (ce qui au demeurant serait absurde), il est un concept vide appliqué à l'un des trois en vertu de cette connexion : le XVIIIe siècle ne conçoit pas toute l'importance du passage du son au mot, car si le mot est le signe d'une idée, en lui-même il n'est qu'un son. »

65 Voir B. Tocanne, *L'Idée de nature en France dans la seconde moitié du XVIIe siècle*, surtout p. 378-389.

66 Voir U. Ricken, « Die Kontreverse Du Marsais und Beauzée gegen Batteux, Condillac und Diderot. Ein kapitel der Auseinandersetzung zwischen Sensualismus und Rationalismus

débat qui oppose « la tradition rationaliste issue de Port-Royal et illustrée par Dumarsais » aux « thèses du sensualisme défendues par Condillac et l'abbé Batteux[67]. » Si les premiers défendent un ordre naturel découlant de « la syntaxe des vues de l'esprit[68] » – qui adopte plus ou moins consciemment l'ordre logique de la langue française comme étant celui d'un esprit universel –, les seconds prônent que « l'arrangement naturel des mots » est plutôt soumis à « une espèce de génération » depuis les sens jusqu'à l'esprit. Batteux inverse l'ordre platonicien : « Les choses font naître la pensée et lui donnent sa configuration ; la pensée à son tour produit l'expression, et lui prescrit un arrangement conforme à celui qu'elle a elle-même[69]. » Ainsi, entre ceux qui se rangent derrière le primat de la *ratio* et ceux qui se font les apôtres du *gustus*, il serait possible, à première vue, de lire une opposition claire.

Toutefois – et c'est ce que suggère Diderot dans la *Lettre sur les sourds et muets* – ces deux positions supposent des traitements de la question grammaticale qui cachent leurs assises dans l'indicible. Si l'ordre et l'harmonie des port-royalistes se replient vers une origine divine qui se critique facilement depuis la citadelle encyclopédiste, les thèses de Condillac et de Batteux, plus difficiles à réfuter, forment tout de même pour Diderot un sensualisme « acéphale ». C'est Naigeon qui le note : « Diderot appelait avec raison le livre de Batteux un livre *acéphale*, parce qu'en effet, après avoir réduit le grand principe de tous les beaux-arts à l'imitation de la belle nature, il n'explique en aucun endroit ce que c'est que la belle nature[70]. » Les impensés que constituent « la belle nature » puis le « goût » qu'il est nécessaire d'avoir pour en juger transposent à leur tour la question de l'ordre du langage dans le domaine d'un universel inaccessible, en faisant de lui une question de spécialistes plutôt que d'ordinaires profanes. Par cette opération intellectuelle, le langage devient un domaine indiscutable par des non-initiés, que les grammairiens

---

in der Sprachdiscussion des Aufklärung ». Au vu de nos lacunes en langue allemande, nous nous en reportons aux commentaires et aux extraits traduits par M.-A. Bernier dans son article « La *Lettre sur les sourds et muets* (1751) de Denis Diderot : une rhétorique du *punctum temporis* ».

67 M.-A. Bernier, *op. cit.*, p. 2.

68 C. C. Dumarsais, « Traité de l'inversion », *Œuvres de Du Marsais*, t. III, p. 361.

69 C. Batteux, *Principes de littérature*, t. V, p. 14. Ce premier chapitre du « Traité de la construction oratoire » s'intitule « Que l'Arrangement naturel des Mots est réglé par l'importance des objets ».

70 J.-A. Naigeon, *Mémoires historiques et philosophiques sur la vie et les ouvrages de Diderot*, p. 153.

voyaient de haut comme étant des « enfans de la populace » qui « n'ont que le temps d'échanger leur sueur contre leur pain[71]. »

De la sorte, même pour les sensualistes, il est question d'une forme d'universalisme : en subordonnant la vérité à un principe unique mais insondable (la sensibilité, l'esprit, le goût), ils ne font que relocaliser l'obscurité contre laquelle ils s'élevaient, tout en donnant un meilleur rôle aux sens humains. Dans *Les Beaux-arts réduits à un même principe*, si l'abbé Batteux propose un « modèle *substantialiste* », c'est tout de même afin que les arts soient unifiés autour d'une propriété essentielle, les soumettant ainsi à « l'Art[72] ». Condillac aussi, dans son *Essai sur l'origine des connaissances humaines*[73], tire profit du réductionnisme méthodologique qu'il opère en fuyant toujours l'explication de sa « première opération de l'âme » : la « liaison des idées[74] ». Garants de leurs « principes » inexplicables, ces sensualistes mystiques s'accaparent de surcroît un prestige sans précédent : le Beau n'est plus celui des Dieux, c'est celui que perçoivent les sens... en l'occurrence, les leurs. Le Goût est un nouveau Soleil.

Dans cette perspective, l'harmonie musicale est sollicitée non pas pour expliquer le mouvement des sphères célestes, mais pour comparer le mystérieux « plaisir » sensoriel que procure un discours prononcé dans « l'ordre naturel » à celui d'un air musical :

> Voulez-vous plaire par le rythme, par l'harmonie, c'est-à-dire, par une certaine convenance de syllabes, par la liaison, l'enchaînement, la proportion des mots entr'eux, de façon qu'il en résulte une cadence agréable pour l'oreille ? [...] Les mots les plus sonores, l'arrangement le plus harmonieux ne peuvent plaire que comme le feroit un instrument de musique mais

71 N. Beauzée, art. « Méthode », rubr. « Grammaire », *E*. Cité dans H. Meschonnic, *Critique du rythme*, p. 25. Meschonnic la cite lui-même depuis l'œuvre de J.-C. Chevalier, *La Notion de complément chez les grammairiens, Étude de grammaire française (1530-1750)*, p. 671. Pour éviter les distorsions dues à de telles citations « en poupées russes », nous avons vérifié qu'elle correspondait bien à la version d'ARTFL.

72 G. Di Liberti, « Denis Diderot : Le système des arts comme système des sens », p. 57. Italiques de Di Liberti.

73 Dont le sous-titre même évoque la visée de cet *ouvrage où l'on réduit à un seul principe tout ce qui concerne l'entendement humain.*

74 É. B. de Condillac, *Essai sur l'origine des connaissances humaines*, p. VIII, 51, 369, 372, etc. Il en découle logiquement une admiration de Condillac pour ce qu'il perçoit être un réductionnisme musical chez Jean-Philippe Rameau : « § 45 [...] M. Rameau est le premier qui ait vu l'origine de toute l'harmonie dans la résonance des corps sonore, & qui ait rappellé [*sic*] la théorie de cet art à un seul principe. », p. 229.

> alors ce n'est plus la parole qui est essentiellement la manifestation des pensées par la voix[75].

C'est dans ce contexte opposant rationalistes et sensualistes que la *Lettre sur les sourds et muets* (1751) ajoute sa voix à la querelle de l'inversion. Si la *Lettre* s'adresse à Batteux et le critique fortement, Diderot dit bien qu'il « aurai[t] pu s'adresser à M. l'abbé de Condillac, ou à M. Du Marsais ». Dans cette prétendue indifférence d'interlocuteur, Diderot laisse transparaître que son dessein est tout autre que de se ranger parmi les sectateurs qui « ont traité la matière des inversions[76] ».

Selon Marc-André Bernier, Diderot cherche à supplanter la « conception duelle de l'ordre autour de laquelle s'articulait jusqu'alors le débat[77] » en proposant un tiers ordre, qui à vrai dire n'en n'est pas un, mais bien une multitude d'ordres. Si la querelle initiale opposait un « "ordre didactique des idées", assimilable à la logique toute géométrique des "vues de l'esprit" » à un « "ordre d'institution", qui correspond à la syntaxe toute particulière de chaque langue », la *Lettre* avance autre chose. Elle détaille un « ordre naturel[78] » ironiquement nommé dont la description correspond à ce qu'oublient les autres ordres : la formation du langage. C'est donc

> un « ordre d'invention des mots », lui-même fondé sur la multitude confuse et simultanée des sensations, des idées et des mots – et susceptible, à ce titre, de renverser, voire de ruiner, toute la problématique de l'inversion[79].

Pour Diderot, le problème de l'inversion lui-même est mal conçu parce qu'il néglige la question de « comment les langues se sont formées[80] » : l'on réfléchit aux phénomènes du langage comme si les

---

75 N. Beauzée, art. « Inversion (*Grammaire*) », *Encyclopédie*, t. VIII, p. 853. On s'imagine aisément le rôle que cet appel au « plaisir » sensoriel tiendra dans le prestige que connaitront les figures de l'amateur, du connaisseur et du critique, dont les organes sont appelés à devenir les juges pour le raffinement de l'art. Comme l'écrit Marmontel à l'article « Critique (*Belles-lettres*) » de *l'Encyclopédie*, (t. IV, p. 492), si « la résonnance du corps sonore indique les proportions » de l'harmonie musicale, c'est à l'oreille du critique « à nous guider dans le mêlange des accords ».

76 Diderot, *Lettre sur les sourds et muets*, p. 203. Toute référence à cette œuvre sera désormais indiquée par le sigle « *LSM* ».

77 Bernier, *op. cit.*, p. 3.

78 *LSM*, p. 204.

79 Bernier, *ibid.*

80 *Ibid.*

mots avaient toujours été *là*, comme s'ils avaient toujours servi de la même façon à signifier le réel. Comme les Grecs qui oubliaient l'invention humaine et historique de la lyre, les grammairiens du XVIIIe siècle se fourvoient en oubliant le développement historique du langage humain, le prenant pour une entité naturelle préexistante à ses locuteurs. En quelque sorte, l'enjeu de la querelle lui-même forçait les positions possibles : il s'agissait donc de s'attaquer à la question plutôt que d'y répondre.

Dans la *Lettre*, Diderot joue en terrain strictement empiriste : de la sorte, il reprend les exemples et la méthode de Batteux afin de remettre en question les *critères du naturel* de ce dernier, soutenant plutôt une « pluralité des ordres de discours[81] ». Il donne l'exemple d'un sourd et muet qui pourrait tout bonnement former un système de langage en voyant le clavecin oculaire du Père Castel.

> Mon sourd s'imagina que ce génie inventeur était sourd et muet aussi ; que son clavecin servait à converser avec d'autres hommes ; que chaque nuance avait sur le clavier la valeur d'une des lettres de l'alphabet ; et qu'à l'aide des touches, et de l'agilité des doigts, il combinait ces lettres, en formait des mots, des phrases, enfin tout un discours en couleurs[82].

Le « sourd » n'est autre que Batteux et, à sa suite, tout philosophe systématique qui, même sourd, « crut tout d'un coup qu'il avait saisi ce que c'était que la musique et tous les instruments » et « crut que la musique était une façon particulière de communiquer la pensée, et que les instruments, les vielles, les violons, les trompettes étaient entre nos mains d'autres organes de la parole[83]. »

Ainsi, Diderot se positionne dans la querelle en proclamant l'impossibilité d'établir un ordre naturel du langage. Toutefois, évidemment, « on ne parle pas aussi distinctement avec un instrument qu'avec la bouche[84] » : impossible d'établir une équivalence parfaite entre parole et musique, comme entre la peinture et les autres beaux-arts. Cette fissure que relève Diderot ne l'amène non pas à établir une hiérarchie entre les modalités expressives propres aux divers sens, mais, réflexe étonnant, à étudier plutôt leurs « rapports » ou leurs « relations ».

81 B. de Negroni, « Notice de la *Lettre sur les sourds et muets* », p. 1133.
82 *LSM*, p. 211.
83 *Ibid.*
84 *Ibid.*

Cette attention particulière est commentée par Henri Meschonnic dans sa *Critique du rythme* :

> Le sens des sons hors du sens, discours direct du cosmos dans le langage, fait que le cosmos lui-même est le langage. Il n'a pas plus fini d'exprimer que le langage n'a fini de dire le hors langage. Diderot, avant le positivisme, indiquait la faillite inévitable, la non-intégration, passant à l'infini, de ce qui peut pas ne pas passer par le discours tout en étant autre que le discours, comme la peinture et la musique : « et si les sons ne peignent pas aussi nettement la pensée que le discours, encore disent-il quelque chose[85]. »

Diderot, qui avait déjà, à l'époque de la *Lettre*, publié des études sur l'acoustique[86], relie l'observation que les *sons* ne sont pas uniques – c'est-à-dire que chaque son renferme de nombreuses résonances harmoniques, la majorité d'entre lesquelles « nous échappe[n]t souvent par leur continuité[87] » – à l'idée que le *sens* ne l'est pas non plus. De cette façon, l'originalité de Diderot est de passer par l'illustration d'une surabondance de phénomènes dans le processus communicationnel pour conclure de leur insuffisance à déterminer un ordre fixe du langage. Cette démesure sensitive, l'auteur de la *Lettre* l'évoque avec deux tropes qui se retrouveront réunis dans l'homme-clavecin du *Rêve* : « C'est afin d'illustrer cette hypothèse d'une âme susceptible de s'occuper en même temps de plusieurs objets distincts que la *Lettre* recourt aux métaphores [...] du "clavecin oculaire" ou de "l'homme horloge[88]." »

Restons pour l'instant dans la *Lettre sur les sourds et muets.* En ce qui concerne le trope de l'homme-horloge, Diderot propose avec une pointe railleuse de mettre « ce système de l'entendement humain en relief » pour ceux qui n'ont « pas encore la facilité de saisir les idées abstraites ». Il dépeint une sorte d'homoncule musicien, une « petite figure » qu'il assimile à « l'âme », toujours à l'écoute du bon accord du corps-instrument.

> Monsieur, considérez l'homme automate comme une horloge ambulante : que le cœur en représente le grand ressort; et que les parties contenues dans la poitrine soient les autres pièces principales du mouvement. Imaginez dans la

85 H. Meschonnic, *Critique du rythme*, p. 635. Il cite *LSM*, p. 211 de notre édition. Le chapitre dans lequel se trouve la citation s'intitule d'ailleurs « L'imitation cosmique ».

86 Ses *Mémoires sur différents sujets de mathématiques*, publiés en 1748, contiennent les *Principes généraux d'acoustique* et l'*Examen d'un principe de mécanique sur la tension des cordes.*

87 *LSM*, p. 221.

88 Bernier, *op. cit.*, p. 4-5.

> tête un timbre garni de petits marteaux d'où partent une multitude infinie de fils qui se terminent à tous les points de la boîte. Élevez sur ce timbre une de ces petites figures dont nous ornons le haut de nos pendules ; qu'elle ait l'oreille penchée, comme un musicien qui écouterait si son instrument est bien accordé. Cette petite figure sera *l'âme*[89].

Notons que plus tard, cette « petite figure » est critiquée par Diderot sous la forme d'un « petit harpeur » dans la *Réfutation d'Hemsterhuis* : « [...] au lieu de l'*âme*, je dis *l'origine du faisceau* ou l'homme ; vous avez là un petit *harpeur*, inintelligible, qui n'est pas dans un lieu, qui n'a point d'organes, aucune sorte de toucher, et qui pince des cordes. Moi je m'en passe fort bien. » La *Réfutation* est rédigée vers 1773 ; un peu plus loin, on y retrouve également une réitération de l'homme-clavecin :

> Il faut considérer l'homme comme un instrument bien accordé ; des cordes trop aigues ou trop sourdes détruisent la mélodie et l'harmonie ; et la mélodie qui doit résulter des actions successives de l'homme, et l'harmonie qui doit résulter du concert de ses actions avec les êtres coexistants[90].

Plus que l'*Homme-machine* de La Mettrie pour qui le corps humain est aussi une « horloge », celui de Diderot se voit doté d'entendement par une propriété sonore. Les penseurs mécanistes déployaient leurs automates dans l'espace ; l'homme-horloge diderotien cherche à être pensé dans le temps, dans la « durée » :

> Il ne tiendrait qu'à moi de suivre ma comparaison plus loin, et d'ajouter que les sons rendus par le timbre ne s'éteignent pas sur-le-champ ; qu'ils ont de la durée ; qu'ils forment des accords avec ceux qui les suivent ; que la petite figure attentive les compare et les juge consonants ou dissonants ; que la mémoire actuelle, celle dont nous avons besoin pour juger et pour discourir, consiste dans la résonance du timbre ; le jugement dans la formation des accords, et le discours dans leur succession [...][91].

---

89 *LSM*, p. 220.

90 Diderot, *Observation sur la* Lettre sur l'homme et ses rapports *de Hemsterhuis*, DPV t. XXIV, p. 334 *sq.* Diderot autorise par le fait même une transposition de l'homme-clavecin dans le domaine du politique, le rattachant à l'idée d'harmonie sociale présente notamment chez Montesquieu. Toutefois, nous nous refusons, par souci de concision, d'élaborer davantage sur les tangentes politiques que pourraient prendre l'analogie. En revanche, F. Dion-Sigoda donne des pistes bibliographiques pour une telle lecture à la fin de son article « L'homme-clavecin : évolution d'une image », p. 224-228.

91 *LSM*, p. 221.

Diderot récupère ensuite la « loi de liaison » ramiste qui stipule qu'il doit, en musique tonale, y avoir, « entre un accord et celui qui le suit, au moins un son commun » pour proposer un parallèle logique : « ce son commun, à votre avis, ne ressemble-t-il pas beaucoup au moyen terme du syllogisme[92] [?] »

Diderot, essayant d'exprimer par l'analogie à l'étude cet *indicible* du langage, cette *impossibilité* d'en déterminer un ordre naturel, se laisse emporter au gré de sa plume dans une métaphore filée. Toutefois, il se rend abruptement compte de l'idéalisme illusionné vers lequel l'analogie pourrait mener si elle était prise au pied de la lettre ou si elle faisait l'objet d'applications abusives. Il s'arrête avant de succomber à une folie semblable à la « folie de Pythagore », à savoir la manie de tout ramener aux rapports mathématiques, considérés comme « la base de l'ordre universel, et le lien qui enchaîne les choses[93] ». Diderot est alors pris d'un certain vertige : il se méfie du langage figuré, tout en réalisant qu'il y est confiné. L'affrontement[94] de ce que Diderot appelle « l'idéalisme[95] » et de ce que Leibniz désigne par « matérialisme[96] » est désamorcé,

92 *Ibid.*

93 Diderot, art. « Pythagorisme ou Philosophie de Pythagore (*Histoire de la philosophie*) », *Encyclopédie*, t. XIII, p. 616.

94 À en croire Olivier Bloch, l'opposition que Diderot conçoit entre « matérialisme » et « idéalisme » est fidèle non seulement à une compréhension épicurienne du terme, mais aussi, projetant vers le XXe siècle, à une perspective marxiste-léniniste. Il s'agirait donc de la plus « claire » et la plus « ancienne » formulation de ce binôme. Si certains courants comme le spiritualisme du XIXe siècle français tentent de former d'autres oppositions (matérialisme/spiritualisme ou idéalisme/réalisme), Bloch n'y voit que « *parade* tendant à obscurcir l'enjeu du débat. » Voir O. Bloch, *Matière à histoires*, chap. 1 : « Sur les premières apparitions du mot "matérialiste" », p. 21-35.

95 D'après le *Trésor de la langue française*, la première attestation du sens moderne du mot provient d'ailleurs de la *Lettre sur les aveugles* (1749), p. 156 : « On appelle idéalistes, ces philosophes qui, n'ayant conscience que de leur existence et des sensations qui se succèdent au-dedans d'eux-mêmes, n'admettent pas autre chose. » Cela correspond au réflexe interprétatif des pythagoriciens qui croiraient que l'existence de la lyre humaine dépend de la préexistence de l'idée de celle-ci.

96 Selon Bloch, la première attestation française connue du mot provient de sa « Réplique aux réflexions de Bayle sur l'harmonie préétablie » (1702) dans un passage où il commentait la doctrine de l'harmonie préétablie : « [...] ce qui fait voir que ce qu'il y a de bon dans les hypothèses d'Épicure et de Platon, des plus grands matérialistes et des plus grands idéalistes, se réunit ici. » Toutefois, ce serait plutôt en 1668 dans les *Divine Dialogues* de l'Anglais Henry More que se serait fixé, par opposition, l'usage actuel du mot. More « s'en prend à l'ensemble des philosophies qui introduisent les cadres conceptuels nouveaux dans lesquels l'opposition entre matérialisme et idéalisme pourra apparaître claire et tranchée : c'est en considérant la tradition mécaniste, de Hobbes à Spinoza en passant par Descartes, comme formant bloc, que More est amené à inventer le mot de

dissout par le caractère éphémère des vibrations sonores. Toutefois, la force de l'analogie laisse pressentir l'instrumentalisation nébuleuse à laquelle pourrait se prêter cet « aperçu saisissant, mais dangereusement imprécis[97] » dans le contexte de la querelle de l'inversion.

Quelques décennies après la querelle, Jean-Baptiste Montmignon reprend à son compte l'image du clavecin dans le contexte de la formation d'un langage universel. Commentant les « têtes-parlantes » de l'abbé Mical, automates soi-disant capable d'imiter le langage humain, Montmignon suppose qu'il « n'est rien de plus facile que d'adapter à la machine parlant, un clavier composé d'autant de touches, que l'on compte dans la Langue, de sons & d'articulations. » Qu'appelle-t-il cette merveilleuse « invention » ? Un « clavecin vocal, qui éxécuteroit à volonté, des mots, de la même manière que nos clavecins ordinaires exécutent des sons musicaux[98]. »

Le projet de Montmignon enthousiasme grandement Rivarol, préoccupé dans les mêmes années par la formation d'une « langue universelle ». Il encense l'ouvrage de Montmignon avant même qu'il ne soit complété : si « le Clavecin de couleurs [*sic*], qui ne fut qu'un rêve inutile du père Castel, s'applique naturellement au beau problème de la langue universelle », c'est plutôt celui de Montmignon qui réussira à concilier « très-bien et très-simplement la langue écrite et la langue parlée[99] ». Or, Rivarol n'évite pas pour autant l'écueil de la prise de position fixe quant à l'ordre du langage que Diderot voyait déjà comme absurde. La langue française est supposément plus claire, ordonnée de manière plus « directe » ; elle est « contraire aux sensations » et aux « passions » qui ont « impérieusement gouverné » les langues de tous les autres peuples anciens et modernes. Outil politique, l'universalité de la langue française qu'il revendique se positionne en brandissant l'étendard de la raison, de l'ordre et du progrès. Qui plus est, pour Rivarol, « la syntaxe française est incorruptible[100]. » L'analogie du clavecin-langage sert alors à représenter le rêve d'un langage

"matérialiste" dans son sens moderne, parce que c'est avec et dans cette tradition que la "matière", comprise désormais comme "substance étendue", vient à s'identifier avec le "corps", et s'opposer comme telle à l'"esprit", dans la mesure où on considère celui-ci comme "substance pensante". » Voir O. Bloch, *Matière à histoires*, p. 33.

97 M. Dominicy, « La querelle de l'inversion », p. 109.

98 J.-B. Montmignon, *Systême de prononciation figurée applicable à toutes les langues*, p. 135.

99 A. de Rivarol, « Lettre à M. le président de *** sur le Globe aérostatique, sur les Têtes parlantes, et sur l'état présent de l'opinion publique à Paris », p. 503.

100 Rivarol, *Discours sur les causes de l'Universalité de la langue française*, p. 48-49.

normé, limité à un nombre fixe de signes : une merveilleuse machine linguistique « incorruptible » qu'il s'agira d'admirer[101]. Pour Rivarol, schématique, l'idéal d'une « irrévocable alliance de l'oreille et des yeux dans le langage[102] » s'accomplira dans la langue française écrite qui n'aura qu'à coucher sur papier l'ordonné « clavier dans la bouche[103] » de ses locuteurs.

Enfin, que ce soit en toute connaissance de cause ou non quant à l'universalisme linguistique qui se profilait déjà à l'horizon, Diderot préfère trancher tout de suite dans la *Lettre sur les sourds et muets*, ajoutant qu'il « laisse là ce langage figuré » qu'il emploierait « tout au plus pour récréer et fixer l'esprit volage d'un enfant » pour revenir « au ton de la philosophie à *qui il faut des raisons et non des comparaisons*[104]. »

L'idée composite, familière et plaisante d'un clavecin, utilisée comme l'un des deux termes d'une analogie, sert ainsi à illustrer des phénomènes de diverses natures, parfois même contradictoires, selon la particularité retenue dans la comparaison. Les instruments *de constitution semblable* aident à se figurer la conspiration mutuelle entre deux frères lorsqu'on se penche sur leur résonance harmonique. Le luth de Terpandre représente le mouvement des astres dans la mesure où l'on considère les proportions entre l'accord de ses cordes. L'ensemble de sons contenus dans la vibration d'une seule corde – sans rien dire de la multiplicité d'ensembles de sons que font une succession et une harmonie de notes – permettent de concevoir l'absurdité de la question fondamentale d'une querelle portant sur l'ordre naturel d'un langage en formation perpétuelle. Toutefois, à l'inverse, l'ordre en apparence clair et fini d'un clavier peut aussi illustrer l'idée d'une convention linguistique « universelle » figée. Si le clavecin, instrument précis et historiquement situé, ne saurait exprimer *n'importe quoi*, son intérêt métaphorique est tout de même inséparable de sa capacité à relier formellement un nombre impressionnant de phénomènes à priori disjoints. Autrement dit, il est aisément *instrumentalisé.*

---

101 Rappelons ici la citation des *Mémoires de Rivarol* (p. 92) qui sert de slogan au périodique d'extrême-droite fondé en 1951 justement intitulé *Rivarol* : « Quand les peuples cessent d'estimer, ils cessent d'obéir. »

102 Rivarol, *Discours*, p. 69. (Note de l'astérisque « L'airain vient de parler entre les mains d'un français* » à la p. 51.)

103 « Lettre à M. le président », n. 35.

104 *LSM*, p. 221. Italiques de la *Lettre.*

DANS LA BIBLIOTHÈQUE DE DIDEROT

LE CLAVECIN DU PÈRE CASTEL
L'instrument instrumentalisé

Pour la postérité comme pour son immédiate contemporanéité, l'adéquation entre Louis-Bertrand Castel et son clavecin oculaire – son « grand-œuvre » – est manifeste[1]. « Selon le public, mon clavecin est moi-même : on ne me connaît plus que sous son nom, on ne le connaît plus que sous le mien[2] », remarque-t-il. Passant rapidement sur l'œuvre considérablement étendue et variée du savant[3], la succincte notice nécrologique de Castel dans l'*Année littéraire* de Fréron, qui date sa mort du 11 janvier 1757, ne parle que d'un homme « connu par son Clavecin Oculaire qui l'a occupé une grande partie de sa vie & qu'il n'a jamais pû exécuter[4] ». Plus ample, l'*Éloge historique* que lui consacrent les *Mémoires de Trévoux*[5] peint l'image d'un éclectique érudit vivant dans son « réduit[6] » avec un « amas prodigieux de pièces de toutes valeurs[7] » ; un savant que, plus qu'autre chose, le « *Clavecin oculaire* acheva de rendre très-célèbre ».

1 Voir la célèbre caricature de Castel par Charles-Germain de Saint-Aubin.

2 L.-B. Castel, *Plan d'impression*, Bruxelles, Bibliothèque royale Albert 1er, Ms. 15747, publié dans R. Mortier (dir.), *Autour du Père Castel et du clavecin oculaire*, p. 156.

3 Outre son *Traité de physique sur la pesanteur universelle des corps* (1724) qui avait fait beaucoup de bruit à sa parution, l'on dénombre une foule d'ouvrages oubliés, inédits ou en friche, traitant de sujets aussi divers que la formation des coquillages, la sagesse du roi Salomon, la marine, les longitudes et l'imagination. Voir M. Couvreur, « Aperçus d'un naufrage : les ouvrages perdus ou inédits du père Castel », p. 109-127.

4 É. Fréron, « Mort du P. Castel », *Année littéraire*, janvier 1757, p. 117-118.

5 *Mémoires de Trévoux*, 1757, vol. II, p. 1100-1118.

6 La description des *Mémoires* fait penser à la gravure de Saint-Jérôme dans sa « cellule de savant » par Albrecht Dürer. Qui plus est, notons-le en passant : le mot « réduit » est une anagramme de « érudit ».

7 *Ibid.*, p. 1114.

S'ils sont notoirement liés à la composition de la *Lettre sur les sourds et muets*, le savant de Montpellier et son clavecin le sont aussi aux débuts de l'*Encyclopédie.* Aveu d'un intérêt particulier, l'article « Clavecin oculaire » est signé par Diderot lui-même ; ce dernier parle même d'avoir « fait mention honorable du Père Castel en plusieurs endroits[8] » de l'*Encyclopédie.* Les deux seules lettres qu'il nous reste de Diderot à Castel sont datées de 1751[9] ; elles font l'objet d'une vive sympathie du premier envers le second. Sans ironie apparente, dans l'esprit du directeur de l'*Encyclopédie*, Castel « va de pair avec les dieux[10]. »

ILS CROIENT NE DEMANDER QU'UN PONPON

Cependant, dans un petit texte non daté et à plus forte raison destiné à n'être jamais lu par quiconque sauf son auteur[11], Castel s'érige contre l'usage qu'il croyait – et sans doute n'avait-il pas entièrement tort – que les encyclopédistes voulaient faire de son « grand-œuvre ». À le croire, ils n'y voyaient qu'une pièce de cabinet de curiosité, bonne à exciter l'attention des badauds. Castel exprime aussi son manque de confiance dans le sens de l'entreprise de Diderot et D'Alembert. Traitant de manière désintéressée des choses du monde matériel, c'est un projet « décharné, désossé, sans corps, sans substance, sans forme même dans toutes les sortes de mondes physiques, moraux, théologiques, qu'enfante le bel esprit de mode ». Pour lui, « ce n'est qu'abstraction, généralité, possibilité, sentences, bons mots, mots, concetti, traits, frivolités, bagatelles, pantins, ponpons. » C'est pour cela, donc, que ces *faiseurs d'Encyclopédie* « veulent tant mon clavecin : ils croient ne demander qu'un ponpon, un joujou », sans se douter qu'il est une voie vers « l'universel », « un art tout entier et une nouvelle musique aussi étendue que la musique ordinaire[12] ». Sans nul doute, Castel force le trait : son orgueil froissé s'arme de grandiloquence pour se consoler de sa prétendue instrumentalisation par les encyclopédistes. Quoi qu'il en

8 Diderot, *Correspondance*, vol. 1 (1713-1753), p. 131. La lettre est du 2 juillet 1751, soit peu après la parution du premier volume. Elle est destinée à Jaucourt. Les références à l'édition de G. Roth de la *Correspondance* de Diderot seront désormais désignées par la lettre « *C.* ».

9 « Mi-mars 1751 », « 2 juillet 1751 ». Voir *C.*, vol. I, p. 115-116 et p. 130-131.

10 *C.*, vol. I, p. 131.

11 Le *Plan d'impression* mentionné ci-haut.

12 L.-B. Castel, *Plan d'impression*, p. 157.

soit, il reste fort intéressant de chercher à nuancer les idées reçues de Castel. Nous proposons l'hypothèse que le clavecin oculaire était pour les encyclopédistes davantage qu'une vulgaire enjolivure, davantage qu'un simple colifichet.

Pour Diderot, l'instrument du Révérend Père a indéniablement quelque chose d'irrésistible. Dans un numéro d'*Études sur le XVIII*e *siècle* consacré à Castel, Lucette Perol dit d'ailleurs que la métaphore du clavecin oculaire accompagne « la réflexion de Diderot tout au long de son œuvre [...], car ce sera une de ces métaphores dont on sait chez lui le rôle d'exposition et de recherche, et non pas seulement d'ornement[13]. » D'emblée, remarquons que ce clavecin, en tant qu'instrument « oculaire » mis en relation avec l'instrument dit « auriculaire[14] » du même nom, permet de représenter un rapport particulier des sens – et qui plus est du plaisir sensitif – aux mathématiques. L'abstraction de l'optique et de l'harmonie se font « donner corps » lorsqu'elles sont réunies dans un instrument qui revendique la récréation des sens. L'idée d'un clavecin capable de jouer avec des formes tant musicales que visuelles a « quelque chose de riant et de gracieux[15] » ; par le fait même, elle est intimement liée à une notion de plaisir. N'est-il pas possible de rapprocher cette démarche de celle des troubadours provençaux du XIVe siècle – et, plus tard, de Nietzsche – en la disant une forme de *gai saber*, de « gai savoir » ?

LE TRAIT POÉTIQUE

Avec Anne-Marie Chouillet, avançons que le « père Castel est un poète[16] ». Rajoutons même hardiment que son style saurait en faire un poète d'expression « lyrique ». Pour beaucoup de ses contemporains, Castel poursuit un projet irréalisable, qui ultimement, quand bien

13 L. Perol, « Diderot, le P. Castel et le clavecin oculaire », p. 83. Un exemple saute à l'esprit : lorsque Diderot parle de « [s]es petites idées sur la couleur » dans l'*Essai sur la peinture pour faire suite au Salon de 1765*, (DPV, t. XIV, p. 355) il dit que « L'arc-en-ciel est en peinture ce que la basse fondamentale est en musique ; et je doute qu'aucune peintre entende mieux cette partie qu'une femme un peu coquette ou une bouquetière qui sait son métier. »

14 Diderot, art. « Clavecin oculaire (*Musiq. & Opt.*) », *Encyclopédie*, t. III, p. 511. Diderot s'y amuse d'ailleurs à filer le contraste sensitif des deux instruments en jouant plus d'une fois sur le rapprochement phonétique *oculaire/auriculaire*.

15 L.-B. Castel, *Plan*, f° 49. Cité dans K. Van Hercke, « Le journal du clavecin oculaire : démonstration philosophique, esthétique, apologétique ou poétique ? », p. 20.

16 A.-M. Chouillet, « Le père Castel et son clavecin oculaire », p. 12.

même il produirait une machination quelconque, ne déboucherait sur rien. Le Révérend Père fait figure d'Orphée, épris de la beauté de son clavecin-Eurydice à jamais prisonnier de l'échec[17], chantant sa mélancolie à coup d'articles dans des périodiques jésuites. D'ailleurs, dans une lettre dont le ton est par ailleurs tout à fait sérieux, Castel offre une image exceptionnelle lorsqu'il exprime que « tout le but de ce Poëme que je ne finirai, que je ne ferai sans doute jamais, est de déduire mon clavecin de l'arc-en-ciel[18] ». Si, par extension, la réalisation matérielle du clavecin saurait se faire qualifier de « Poëme », l'œuvre de Castel pourrait également être dite « lyrique » d'après le *Dictionnaire de l'Académie française* : « On appelle *Poëte Lyrique*, celui qui compose [...] des Poësies propres à être mises en musique[19]. » Après tout, l'ultime ambition de son projet reste celle de créer un instrument capable de jouer de la musique, même « oculaire ». Son geste est créateur, *poïëtique*. Toutefois, le simple fait de remarquer le lyrisme de la poésie particulière du jésuite ne mènerait nulle part si ce dernier n'avait pas pris le temps d'étayer le rapport qu'il concevait entre « sçavoir » et « Poësie ».

Ainsi, dans un article qu'il fait paraître au *Mercure de France* et au *Journal de Trévoux*[20], Castel illustre la singulière importance qu'il accorde aux « traits poëtiques » de toute œuvre ; ces « traits » sont assimilés à « l'analogie ». Le « Poëte » conçoit des « rapports nouveaux », en procédant par « analogie », celle-ci étant « la Clef des découvertes ». Pour Castel, chaque découverte scientifique ou artistique est issue d'un moment de perception du Beau, d'un nouveau « rapport » menant vers la « vérité » : c'est « l'analogie qui rend les traits poëtiques féconds en découvertes[21] ». C'est ce rapport, cette expérience de la beauté, qui permet de lancer le mouvement de la pensée. Aussi, Castel propose une étonnante « méthode », une variante de la méthode hypothético-déductive fondée sur les « traits poëtiques ». Celle-ci est décrite comme sa « Régle » :

---

17 Ou encore, rappelant le mythe grec repris en 1748 par le célèbre opéra-ballet de Rameau, de *Pygmalion* épris de son clavecin-Galatée.

18 L.-B. Castel, *Lettres du P C J à Mr. le C D M. Démonstration théorico-pratique du clavecin oculaire*, Bruxelles, Bibliothèque royale Albert 1er, Ms. 15746, p. 51-r. Cité dans A.-M. Chouillet, *loc. cit.*

19 Art. « Lyrique », *Dictionnaire de l'Académie française*, 4e édition, 1762. ARTFL.

20 L.-B. Castel, « Reflexions sur la nature & la source du sublime dans le Discours, sur le vrai Philosophique du Discours poëtique, & sur l'Analogie qui est la clef des découvertes », paru dans le *Mercure de France* en juin 1733, puis dans le *Journal de Trévoux* en octobre 1733.

21 *Ibid.* (*Trévoux*), p. 1760.

> Lorsque je rencontre quelqu'un de ces traits poëtiques, ou autres concernant la Nature ou tout autre objet philosophique, & que ce trait me paroît beau & sublime, surtout s'il paroît tel au commun des Lecteurs; je commence selon la méthode de l'Analyse géométrique, par le supposer vrai & même littéralement vrai : ensuite par les conséquences que j'en tire, selon les règles du même Art, je le vérifie[22].

Il illustre ce processus à l'aide d'un exemple lié à l'optique. D'abord, un vers de Virgile que Castel trouve admirable décrit comment « la nuit ôte les couleurs aux choses[23] ». En réaction à la beauté – prétendue universelle – de l'image, il est possible de se ranger derrière les parasitaires « commentateurs de *Virgile* » qui attestent, sans plus, la présence du trope, et de convenir qu'il s'agit effectivement d'une belle phrase. Or, il veut creuser : qu'est-ce qui en fonde la « beauté » ? Si ce vers est « beau », c'est que, suivant la maxime de Boileau, « rien n'est beau que le vrai[24] ». Encore là, il est question d'un mot qu'il s'agit de définir : qu'est-ce qui décide du vrai ? Après tout, rien n'assure « si c'est du vrai [ou] si c'est du faux que *Virgile* nous donne là[25]. » Le Poète a frappé les sens, mais ce sera au Philosophe de ratifier la *vérité* de cette beauté en la confrontant à des réalités empiriques et des modèles mathématiques. Ainsi, aidé de sa loi de l'optique géométrique, « ce sera *Descartes* qui nous apprendra que, les couleurs n'étant qu'une lumiére modifée, la nuit en chassant la lumiére, a chassé les couleurs; & qu'ainsi la pensée de *Virgile* a tous les caractéres du sublime[26] ». Les vérités sont pour ainsi dire placées dans un « lieu sublime, escarpé, difficile à atteindre » qu'il est impossible de rejoindre « sans le secours du Poëte[27] ». Le Poète désigne le lieu de la vérité, puis le Philosophe-Mathématicien doit tracer le long chemin jusqu'à lui.

Cette « Régle » est un renversement presque parfait de l'analyse telle que l'entend Pascal, qui propose « tout définir » le plus nettement possible et de « tout prouver[28] » jusqu'à ce que l'esprit se bute à la limite des notions dicibles. Quant à lui, Castel suggère d'entamer le travail à

22 *Ibid.*, p. 1760-1761.
23 *Ibid.*, p. 1750. Avant de traduire lui-même, il cite : « *rebus nox abstulit atra colores* ».
24 N. Boileau-Despreaux, *Épîtres*, n. IX. Cité dans *ibid.*, p. 1749.
25 *Ibid.*, p. 1750.
26 *Ibid.*
27 *Ibid.*, p. 1751.
28 B. Pascal, « De l'esprit géométrique », § 1. ARTFL.

l'inverse : supposer que l'énoncé poétique qui relève d'une beauté inexplicable est « littéralement vrai », pour ensuite tenter de le démontrer tel. Autrement dit, si son esprit lui révèle que quelque trope est « sublime », il y a forcément une vérité empirique qui se cache derrière, puisqu'il n'y a que le vrai qui soit beau. Jusqu'à ce que celle-ci soit identifiée, le sujet qui la recherche accepte d'opérer à l'aveugle, uniquement guidé par le souvenir du « Beau » ressenti. C'est ainsi que Castel procède dans son *Optique des couleurs* lorsqu'il loue la beauté d'une analogie entre sons et couleurs, tout en avouant que sa portée lui échappe entièrement :

> M. Newton en mesurant l'espace qu'occupent les couleurs au nombre de sept qu'il a comptées dans l'Arc-en-Ciel [...] a trouvé ces espaces relativement égaux à ceux des cordes qui sonnent les sons du systême mineur de la musique, *la, si, ut, re*, &c.
>
> Voilà toute l'analogie que ce grand Géometre a jamais trouvée entre les sons & les couleurs ; à quoi va cette analogie, & d'où vient-elle ? je n'en sçais rien[29].

Au moment de ce « trait poëtique », Newton est à la fois « Poëte[30] » et « Géometre[31] » ; c'est le même rôle que Castel assigne à Kircher[32], lui aussi jésuite, et nombre d'autres auteurs qu'il prend, selon sa règle, au pied de la lettre. La beauté d'une analogie a, chez le Révérend Père, un furieux pouvoir de productivité : s'il ne « sçai[t] rien » de celle-ci, il consacrera néanmoins une partie considérable de sa vie à tenter d'en démontrer le bien-fondé[33]. Au-delà même des « faits », la puissance d'une

29 L.-B. Castel, *L'Optique des couleurs*, p. 161-162.

30 Voir J. G. Herder, *Du Connaître et du sentir de l'âme humaine*, p. 10 : « [L]'être humain qui sent se sent dans tout, ressent tout à partir de lui-même et y imprime son image et sa marque. C'est ainsi que *Newton* dans son système du monde devint poète contre sa volonté, comme *Buffon* dans sa cosmogonie, et *Leibniz* dans son [système] de l'harmonie préétablie et sa monadologie. »

31 Le mot, au XVIIIe siècle, est à entendre au sens de « mathématicien ». Encore au XIXe, *Littré* en dit ceci : « Dans une acception plus étendue. Celui qui est versé dans les mathématiques. Newton fut un grand géomètre. »

32 Voir L.-B. Castel, « Clavessin pour les yeux », *Esprit, saillies et singularités du P. Castel*, p. 280 : « De tout temps, on a comparé la lumiere avec le son ; mais je ne connais personne qui ait poussé ce parallele plus loin que Kircher, lequel effectivement n'étoit point homme à effleurer poetiquement une comparaison, & qui étoit né pour épuiser toutes les idées un peu fécondes : aussi tous ces ouvrages sont-ils pleins de semences de découvertes, témoins celles que tant d'auteurs du second ordre en tirent tous les jours. »

33 Plus tard, Kant parlera de l'importance de l'*Anschauung* [Intuition séparée de la sensation] dans la formation d'idées scientifiques. Voir E. Kant, *Premiers principes métaphysiques de la science de la nature*. Jean Gibelin, le traducteur, explique clairement l'inconfort que

formule bien trouvée, d'une image saisissante, d'un mot ou d'un « je ne sçai quoi » ressemblant à un trait poétique est une chose que Castel ne saurait sous-estimer :

> Car il faut le plus souvent aider un peu aux faits, afin qu'ils aident à leur tour au système : on sçait assez que les expériences, sur tout celles qui sont difficiles & recherchées, sont un peu comme les cloches ou les nües qui disent ou qui représentent tout ce qu'on a dans l'esprit, un petit tour qu'on donne, une circonstance à quoi on s'attache, une autre qu'on néglige, une expression, un mot, un je ne sçai quoi, font souvent le nœud de ce système d'expériences[34].

Le « je ne sçai quoi[35] » n'est pas à ses yeux un jugement obscur et enveloppé, mais le « nœud », le centre de gravité autour duquel évolue tout un système d'expériences. Plus qu'aux vérités du Philosophe ou du Géomètre, il revient au trait du Poète d'être le « soleil » de son système solaire. C'est là un point de vue épistémologique qui sera rapidement abattu par la science en marche plus friande de raisons que de comparaisons. Si plus d'un philosophe positiviste s'en moque depuis les hauts remparts de la forteresse scientiste qu'élève le XIXe siècle, cet édifice ne parvient toutefois pas à se défaire de la productibilité métaphorique. Nietzsche ironise à ce sujet : « N'est-ce pas chose très

---

la philosophie analytique rattache à l'intuition : « Tous les philosophes de la nature qui, dans leurs travaux, ont voulu procéder mathématiquement, se sont toujours servi (quoiqu'inconsciemment) de principes métaphysiques et ont dû s'en servir, tout en protestant solennellement contre toute prétention de la métaphysique, sur leur science. Sans nul doute, ils voyaient en cette métaphysique une chimère consistant à imaginer à son gré des possibilités et à jouer avec des concepts qui, peut-être, ne peuvent se représenter dans l'intuition et n'ont pas d'autre confirmation de leur réalité que de ne point se contredire », p. 14, *Préface*.

34 L.-B. Castel, « Traité d'optique sur les Réflexions, Réfractions, Inflexions & les couleurs de la lumiere ; par M. le Chevalier de Newton ; traduit par M. Coste ; 2e Edition françoise », *Mémoires de Trévoux*, août 1723, p. 1430. Il s'agit d'un compte rendu du *Traité d'optique* de Newton, traduit par Pierre Coste.

35 À ce sujet, voir le 5e des *Entretiens d'Ariste et d'Eugène* d'un autre jésuite, le père Dominique Bouhours, p. 284-285 : « [P]eut-on l'aimer, & ignorer en même temps ce qui la rend digne d'être aimée ? Oui, répartit Ariste, & c'est en cela que consiste le mystère du je ne sais quoi. La nature aussi bien que l'art, a soin de cacher la cause des mouvements extraordinaires : on voit la machine, & on la voit avec plaisir ; mais on ne voit pas le ressort qui la fait jouer. » Afin de justifier ce renvoi à Bouhours, notons que dans la « Notice » qu'ils signent pour leur édition de cet *Entretien*, B. Beugnot et G. Declercq remarquent que « si Bouhours n'est pas l'inventeur du concept du *je ne sais quoi*, lexicalisé dès l'antiquité, il est le premier, dans la voie ouverte par Gracián, à lui consacrer une aussi longue analyse ».

plaisante que les philosophes les plus sérieux, malgré toute la sévérité qu'ils mettent d'autre part à manier les certitudes, s'appuient toujours encore sur des sentences de poètes pour donner à leurs idées de la force et de l'authenticité[36] ? »

Le style des démonstrations du jésuite n'est pas pour autant un badinage poétique. Plutôt, il est en continuel émerveillement esthétique devant les phrases et des idées qui l'animent. Son *cogito* est un *moveo* : « je me remue donc je vis[37] ». Et, d'après le syllogisme castellien, puisqu'il n'y que le vrai qui soit beau, ce qui lance l'*émotion* vitale par le biais d'un plaisir esthétique doit forcément pouvoir coexister avec une démonstration rationaliste. À ce titre, le clavecin oculaire n'est pas un simple « joujou » : il représente toute la force génératrice d'une réflexion cherchant à concilier le concret de la sensation avec l'abstraction de la rigueur mathématique. Plus encore, il agit en tant que fanal et grelot d'une entreprise qui opère malgré la menace constante de sombrer dans l'obscurité ou le silence de l'incertitude. Castel doit autant se défendre de ceux qui traitent son clavecin oculaire de « frivole » ou « chimérique » que Diderot ne doit le faire des détracteurs de l'*Encyclopédie*[38] qui suggèrent, à l'instar des esprits antipathiques envers le projet de Castel, que « l'idée de cette vaste entreprise pourroit être impossible[39] ».

UN PLAISANT NŒUD

L'avancement des systèmes brouillons des entreprises respectives du jésuite et du langrois se resserrent donc autour d'une prolifération d'analogies, de « traits poëtiques » qui en assurent tant la légitimité que « l'énergie », au sens large où l'entendent notamment les études de Jacques Chouillet et de Michel Delon[40]. Les essaims, les toiles d'araignée, les chaînons de Diderot ont cette fonction de rattacher l'expérience sensible du sujet aux idées : « L'analogie, dans les cas les plus composés, n'est

36 F. Nietzsche, « De l'origine de la poésie », *Le Gai Savoir*, § 84.

37 L.-B. Castel, *Lettres du P C J*, f° 29. Cité dans K. Van Hercke, *loc. cit.*

38 Un exemple pertinent : la querelle de Diderot et du R. P. Guillaume François Berthier, suite à la publication du *Prospectus*. C'est d'ailleurs Castel qui tentera de les réconcilier. Voir *C.*, vol. I, p. 103-110 et p. 263-267.

39 Anonyme, « Lettre d'un souscripteur pour le Dictionnaire Encyclopédique », février 1751, *C.*, vol. I, p. 264.

40 Respectivement : *Diderot, poète de l'énergie* (1984) et *L'Idée d'énergie au tournant des Lumières (1770-1820)* (1988).

qu'une règle de trois qui s'exécute dans l'instrument sensible[41]. » Or, la dimension sensorielle et *plaisante* de l'activité musicale des clavecins, tant celui de Castel que celui de Diderot, offre une sorte de *nœud* cohérent, sensible et attractif aux idées qu'ils expriment.

> Si les éléments hétérogènes et antagonistes de la pensée qui s'est emparée de Diderot ne finissent pas par s'annuler dans l'insignifiance, si ces ébauches de mouvements contraires indiquent tout de même une direction, c'est que la musique, ses instruments, sa mélodie et son harmonie bercent cette turbulence et veillent à ce que les éclatements et les dérives constituent un monde, sans risquer jamais de faire système. La musique est le symbole de la nature, car pas plus qu'un enfant ne se déduit de sa mère et de son père, pas plus une note ne se déduit de la note qui la précède, et un accord d'un accord. Si Diderot a préservé une sorte de cohérence, tout en refusant de se donner de grands airs logiques, c'est qu'il a bien entendu l'homonymie de « raisonner » et « résonner » et qu'il lui a accordé ses chances[42].

Diderot lit le clavecin oculaire de ce Castel « fort original, moitié sensé, moitié fou[43] » comme étant plus qu'une analogie parmi d'autres : il devient un geste de rapatriement du langage scientifique dans la dimension du plaisir sensitif. Sans doute, à l'époque, soumettre la connaissance à une (anti-)finalité « plaisante » a quelque chose d'enfantin qui est difficile à admettre pour ceux qui l'avancent[44]. En ce qui concerne l'activité intellectuelle, elle intégrait encore trop difficilement toute forme d'agrément – si Fontenelle a bien su donner à l'astronomie les charmes de la galanterie ou de l'opéra, son génie a tout de même dû lutter contre la raideur d'un grand nombre d'académiciens. Idem pour l'austère figure de Mentor dans le *Télémaque* de Fénelon : ce n'est qu'après avoir fermement ancré le sérieux de ses préceptes qu'il peut concéder que la « sagesse n'a point de honte de paraître enjouée quand il le faut[45] ». Il n'est pas anodin de noter que c'est justement en prenant la lyre que Mentor entend égayer sa science et tempérer la gravité de ses sermons par quelques accords.

---

41 *Rêve*, p. 355.

42 E. de Fontenay, *Diderot ou le matérialisme enchanté*, p. 22.

43 Diderot, *Les Bijoux indiscrets*, p. 59. Le passage parle d'un « certain brame noir » qui n'est autre que Castel.

44 J. Huizinga et son *Homo ludens* ou encore H. Hesse qui compare l'activité académique à un *Glasperlenspiel* sont d'une autre époque.

45 Fénelon, *Télémaque*, J. Le Brun (éd. Folio), livre VII, p. 152.

Diderot inscrit d'ailleurs cet inconfort face à la plaisanterie dans les descriptions qu'il fait du Père Castel. Un peu avant l'*Encyclopédie* et la *Lettre sur les sourds et muets*, le Père Castel apparaît sous le mince déguisement d'un « certain brame noir » dans les *Bijoux indiscrets.* Mangogul demande à Madame Mirzoza si le clavecin d'un curieux brame qui « avait diapasonné les couleurs, selon l'échelle des sons [...] l'amusa beaucoup ». Elle répond par l'affirmative : « Beaucoup, car alors j'étais enfant[46]. » On reconnaît « l'esprit volage d'un enfant » qu'il s'agira de fixer avec l'analogie de l'homme-instrument évoqué dans la *Lettre sur les sourds et muets.* Peut-être par souci de bon goût, le clavecin de Diderot ne joue pas alors la carte de l'émerveillement sans une certaine pudeur. À l'opposé, Castel ne cache pas l'aspect soi-disant enfantin de son « Poème » : « Au sortir du déluge », explique-t-il dans une lettre au comte de Maillebois, « Dieu nous regardant en pitié comme des petits enfants, il nous montra cet arc-en-ciel, vrai joujou, vrai jeu, vrai clavecin, dont l'aspect a quelque chose de riant et gracieux[47]. »

Assumé ou non, l'appel au jeu n'est pas bénin. Le trope du clavecin interpelle le sujet sensible à prendre part à la formation du savoir : nulle musique sans compositeur, sans interprète, sans public pour l'entendre. De même, nulle *Encyclopédie* sans contributeurs, sans éditeurs, sans souscripteurs. N'est-ce pas, en filigrane, un commentaire sur l'instrument-*Encyclopédie* que l'on lit à l'article « Clavecin oculaire », lorsque Diderot écrit : « La facture de cet instrument est si extraordinaire, qu'il n'y a que le public peu éclairé qui puisse se plaindre qu'il se fasse toûjours & qu'il ne s'acheve point[48] » ?

Le clavecin devient une manière de dire le mouvement même de l'activité et de la recherche qu'il génère, tout en taillant un rôle de choix à la philosophie sensualiste et à l'existence de l'*objet-Encyclopédie* tangible. Voilà peut-être la « place » qu'il occupe au sein de l'*Encyclopédie* : en s'affiliant en partie à ce « joujou » par le biais d'un article élogieux à son sujet, les encyclopédistes revêtent leur propre projet d'un sens analogue. Ainsi peut-on lire ce passage allusif du *Discours préliminaire* comme un écho tant à la réception du projet encyclopédique que celui du Père :

46 Diderot, *Bijoux indiscrets*, p. 60.

47 L.-B. Castel, *ibid.*, f° 49. Cité dans Van Hercke, « Le journal du clavecin oculaire », p. 20.

48 Diderot, « Clavecin oculaire », *Encyclopédie.* Dans un numéro de la revue *Lumières* qui porte sur les objets et leur place dans la pensée au XVIIIe siècle, Aurélia Gaillard se demande « Qu'est-ce que le clavecin oculaire sinon une machine à matérialiser un rêve ? » Voir : « Un monde de machines : l'objet inventé au XVIIIe siècle », p. 74.

> Toute Musique qui ne peint rien n'est que du bruit ; & sans l'habitude qui dénature tout, elle ne feroit guere plus de plaisir qu'une suite de mots harmonieux & sonores dénués d'ordre & de liaison. Il est vrai qu'un Musicien attentif à tout peindre, nous présenteroit dans plusieurs circonstances des tableaux d'harmonie qui ne seroient point faits pour des sens vulgaires ; mais tout ce qu'on en doit conclurre, c'est qu'après avoir fait un art d'apprendre la Musique, on devroit bien en faire un de l'écouter[49].

Les éditeurs sont des musiciens « attentifs à tout peindre » ; les tableaux qu'ils composent ne sont pas toujours à la portée de n'importe qui. Ainsi espèrent-ils capter l'attention de leurs lecteurs avec le « plaisir » de la musique qu'ils proposent, puis de l'y conserver en leur faisant la promesse de « l'ordre et la liaison » de leur composition. Si le lecteur en perd le fil, c'est qu'il doit redoubler d'efforts pour mieux apprendre à « l'écouter ». Le présupposé est que le tableau encyclopédique *s'entend*, dans les deux sens du mot : il a un sens heuristique que l'entendement doit s'affairer à poursuivre à même un langage principalement sonore, oral, rhétorique – à entendre. Or, à vouloir « tout peindre », l'activité représentative de l'*Encyclopédie* n'est toutefois pas celle d'une simple imitation (puisqu'elle perd son unité d'objet), ni celle d'une modification matérielle (elle se réclame davantage de la description que de l'action), ni même celle d'une offrande faite à « la beauté de la Nature telle qu'offerte à l'homme par Dieu » :

> Si l'homme qui sent, qui pense, qui rêve est un clavecin sensible, il se voit assigner une nouvelle destination qui n'a plus grand-chose à voir avec l'adéquation de l'esprit au réel, avec la transformation de la nature ou avec la préparation d'un salut, mais qui consiste seulement, désormais, dans l'art et le plaisir d'exprimer[50] [...].

---

49 J. L. R. D'Alembert, *Discours préliminaire des éditeurs* (1751), p. xij, ARTFL.

50 E. de Fontenay, *Diderot ou le matérialisme enchanté*, p. 225.

DE LA SENSIBILITÉ
Le neveu de Boerhaave, les œufs et l'oreille-clavecin

> Boerhaave, dans son ouvrage intitulé : *Hyppocrates impetum faciens*, dit de lui-même qu'ayant perdu l'ouïe, il entendait un air en posant la main sur l'instrument[51].

Fils du médecin Jacques Kaau, Abraham Kaau naît à La Haye en 1715. Dit « Le Sourd », il est le neveu du célèbre physiologiste Herman Boerhaave auprès de qui il étudie avant de devenir lui-même médecin en 1738. Fier, Herman Boerhaave « en mourant, voulut que son nom passât à ses neveux [...] Kaau, et qu'ils l'unissent à celui de leur famille[52] » ; le fils de Jacques Kaau devient ainsi Abraham Kaau-Boerhaave par association. En 1736, il perd l'ouïe subitement, puis, progressivement, retrouve la capacité d'entendre en convertissant les extrémités de son corps en organes auditifs[53]. Avec ses pieds, il entend tout ce qui tombe au sol et n'a qu'à placer sa main sur l'épaule de son interlocuteur pour « distinguer chacune des syllabes qu'il prononce ». Ce faisant, ses membres font preuve d'une fabuleuse capacité de réadaptation. L'expérience personnelle de Boerhaave ajoute un cas de plus aux sensibilités connues

51 Diderot, *Éléments de physiologie* (éd. Quintili), p. 273. Une précision quant à la source est nécessaire. Quintili, à l'instar de l'édition Assézat-Tourneux, note cette référence : « A.-K. Boerhaave [*sic*], *Impetum faciens dictum Hippocrati* [...], Lugduni Batavorum, 1745, p. 233. Repris par Haller, *Elementa physiologiae*, vol. 5, p. 253. » Quant à lui, Jean Mayer se demande bien où Diderot a pu se renseigner quant à Kaau-Boerhaave. La référence à Haller est exacte, mais celle de Kaau-Boerhaave se réfère à une page qui n'a rien à voir avec l'anecdote. Dans toute l'œuvre, Kaau-Boerhaave parle d'entendre des sons avec ses mains et ses pieds (p. 311-312), non pas de mélodies ou d'instruments. En relisant Haller, il est possible de retracer la véritable source que Diderot, qui n'en serait pas à sa première erreur minime, aurait sans doute pris pour l'*Impetum faciens* : le *Perspiratio dicta Hippocrati* [1738], également de Kaau-Boerhaave, p. 440-441.

52 « Kaau-Boerhaave, Abraham », *Dictionnaire historique de la médecine ancienne et moderne*, vol. 3, p. 299-300.

53 Voir A. K.-Boerhaave, *Perpiratio dicta Hippocrati*, p. 440-441.

du corps humain : celui d'une sensibilité *latente*. Contre tout type de finalisme, l'hypothèse de la diversité infinie et potentielle des formes de la nature s'y trouve confortée. Dans le cas de Kaau-Boerhaave, ce qui *permet* l'audition par les extrémités de son corps, ce qui en autorise la polyvalence et rend intelligible l'air de l'instrument par sa main, c'est une uniformisation de la perception par le système nerveux – le *sensorium commune*. L'*écheveau* de fibres sensibles que serait alors le cerveau est relié à l'ensemble des organes par le système nerveux. Chaque nerf, sensible, permet à l'organe où il se situe de percevoir à la manière d'un toucher. Tout s'expliquerait par le tact, auquel Diderot rêve : « Je conçois un toucher si exquis qu'il suppléerait aux quatre autres sens. Il serait diversement affecté selon les odeurs, les saveurs, les formes et les couleurs[54]. »

La note citée en exergue est à trouver dans la partie des *Éléments de physiologie* consacrée aux « Phénomènes du cerveau », dans le premier chapitre intitulé « Sensation », à l'intérieur duquel la première sensation à être traitée est le « Toucher ». Le seul fait de la trouver à cet endroit et non pas dans la section consacrée à l'ouïe est évocateur. À l'ouverture de la plus originale des trois sections des *Éléments*, une œuvre où la « condition humaine [...] est expliquée par la médecine et non par la métaphysique[55] », la remarque sur Kaau-Boerhaave prend les proportions d'une hypothèse. Après une première partie qui divise les règnes végétaux, animaux et humains, puis une seconde qui propose une organisation du corps humain, la section sur les « Phénomènes du cerveau » présente le brouillon d'une explication matérielle de l'âme, des causes efficientes, de l'entendement et des passions, où le cerveau détermine la coordination fonctionnelle des différents organes. Or, comment le cas d'un jeune médecin sourd qui pose sa main sur un instrument pour en entendre la musique corrobore-t-il cette représentation novatrice ?

LE MOUVEMENT VITAL

L'importance de l'exemple du neveu de Boerhaave se comprend plus aisément dans le contexte d'un débat sur la représentation du mouvement vital, c'est-à-dire d'une « impulsion première » ou cause efficiente

---

54 Diderot, *Éléments de physiologie*, p. 273.

55 P. Quintili, 4e de couverture des *Éléments de physiologie*.

à l'animation du corps humain. Or, toute déduction physiologique renferme des analogies techniques à partir desquelles elle se rend intelligible. Continuation des rudiments de zoologie comparative légués par Aristote[56], la physiologie du XVIIIe siècle se développe en établissant des modèles analogiques pour exprimer les diverses « forces (*vires*) et humeurs par lesquelles la vie se maintient[57] ». Différents modèles s'affrontent.

Parmi ceux-ci, l'iatromécanisme de Harvey, James ou Boyle, héritier des analogies de Descartes, propose des corps-machines composés de pompes hydrauliques, d'écluses, de poulies. Il compare l'organisme humain à des constructions dont les forces sont facilement mesurables[58]. Cependant, leur mouvement premier – ce qui met la machine en branle – est toujours imputé à une « âme », mystérieuse. Héritier de cette école de pensée, Charles Bonnet, naturaliste et philosophe genevois, dans son *Essai de psychologie* de 1754 a même comparé le corps et l'âme à une machine et son opérateur : un clavecin et son musicien.

> Le siege de l'ame est une petite machine prodigieusement composée et pourtant fort simple dans sa composition. C'est un abrégé très-complet de tout le genre nerveux, une *neurologie* en miniature. On peut se représenter cet admirable instrument des opérations de notre ame sous l'image d'un clavessin, d'un orgue, d'une horloge ou sous celle de quelque autre machine beaucoup plus composée encore. Ici sont les ressorts destinés à mouvoir la tête : là sont ceux qui font mouvoir les extrémités : plus haut sont les mouvemens des sens : au-dessous sont ceux de la respiration et de la voix, etc. Et quel nombre, quelle harmonie, quelle variété dans les pieces qui composent ces ressorts et ces mouvemens ! L'ame est le musicien qui exécute sur cette machine différens airs ou qui juge de ceux qui y sont exécutés et qui les répete. Chaque fibre est une espece de touche ou de marteau destiné à rendre un certain ton[59].

Or, il est question de machine et de ses pièces tangibles plus que de l'action harmonique des cordes entre elles. En séparant les ressorts de l'âme de ceux du corps, Bonnet ne fait pas autre chose que ce que Diderot fait dans la *Lettre sur les sourds et muets* lorsque ce dernier parle

56 Voir G. Canguilhem, *Études d'histoire et de philosophie des sciences*, p. 216-218.

57 A. von Haller, *Elementa physiologiae*, t. I, p. I. Cité dans F. Duchesneau, *La Physiologie des Lumières*, p. 126.

58 William Harvey, Robert Boyle et Robert James – dont Diderot traduit le *Dictionnaire de médecine*. Voir les *Éléments de physiologie*, p. 120 : « L'animal, suivant quelques auteurs, est une machine hydraulique. Que de sottises on peut dire d'après cette unique supposition ! » Voir aussi R. Andrault, *La Raison des corps. Mécanismes et sciences médicales*.

59 C. Bonnet, *Essai de psychologie*, p. 8-9.

de « cette petite figure » qui « sera *l'âme* ». Bonnet se défend de faire ce que Diderot, qui l'a fort probablement lu, fera plus tard dans le *Rêve* en expliquant l'âme elle-même en des termes matérialistes.

Enfin : élégants pour la netteté des calculs qu'ils permettent, les modèles iatromécaniques s'avèrent impuissants face à l'expérience pratique : les médecins « raisonneurs » échouent souvent à guérir leurs patients avec les diagnostics qu'ils déduisaient d'un calcul de forces mécaniques, d'où la remarque à la tête de la traduction du *Dictionnaire* de James que « la philosophie Cartésienne, loin d'être utile à la Medecine, fut bannie de nos écoles, comme dangeureuse[60]. »

D'un autre côté, des médecins dits iatrochimistes comme Willis ou Van Helmont, héritiers d'Héraclite, élaborent des représentations de l'âme sensitive en tant que flamme ou « particule ignée ». Toutefois, le feu reste encore un phénomène trop mal étudié ; ainsi, une analogie entre le feu et la vie, aussi indéfendable qu'inattaquable, apparaît comme une de ces « hypothèses les plus hasardées & les plus puériles[61] » aux yeux de médecins proches des encyclopédistes. Plus extrême encore, le chimiste Stahl, à la fois père et souffre-douleur des vitalistes[62], explique l'âme par un souffle de vie semblable au ψυχή (*psukhê*) grec. Ménuret de Chambaud n'hésite pas à rejeter ce point de vue dans l'*Encyclopédie*, tout en explicitant les enjeux épistémologiques qu'il soulève :

> Stahl est le premier qui ait fait revivre cet ancien système [hippocratique] ; on a appellé *stahliens, ecclectiques* ou *animistes*, ceux qui ont marché sur ses traces. Sans entrer dans le fond du systeme, dont nous avons prouvé ailleurs l'insuffisance & la fausseté ; il nous suffira de remarquer qu'en remontant à l'ame, pour expliquer la vie & rechercher les lois de l'*économie animale* ; c'est couper le nœud & non pas le résoudre, c'est éloigner la question & l'envelopper dans l'obscurité, où est plongé par rapport à nous cet être spirituel : d'ailleurs, il ne faudroit pas moins trouver le méchanisme de ce rapport général des mouvemens de la vie dont Stahl lui-même a été vivement frappé, mais qu'il n'a que très-imparfaitement developpé : il resteroit encore à déterminer quelle est la partie premierement mue par ce mobile caché, quelle est la fonction qui précede les autres, & qui en est la source & le soutien[63].

60 R. James, *Dictionnaire de médecine*, t. I, p. CXXXII.

61 H. Fouquet, art. « Sensibilité, Sentiment (*Médecine*) », *Encyclopédie*, t. XV, p. 38.

62 Pour la dette des vitalistes envers le stahlisme, voir F. Duchesneau, « G. E. Stahl : Antimécanisme et concept d'organisme », dans *op. cit.*, p. 1-31 et R. Rey, « La critique de l'animisme », dans *Naissance et développement du vitalisme en France*, p. 115-130.

63 J.-J. Menuret de Chambaud, art. « Œconomie animale (*Médecine*) », *Encyclopédie*, t. XI, p. 364.

Or, Diderot entreprend lui-même de fournir une explication à l'*impetus*, cette « partie premièrement mue », cette « fonction qui précède les autres », en citant à l'appui des œuvres de physiologistes d'avis fort divergents. Pour lui, nul besoin de prendre parti dans cette explication ; inutile même de supposer une origine absolue ou une cause finale du mouvement vital : il importe plutôt de penser sa génération, puis sa propagation, tout comme ses limites mobiles. Une simple propriété de la matière sensible suffira à remplacer l'*anima* des modèles substantialistes : « l'homme physique n'est [...] que le squelete nerveux, s'il est permis de s'exprimer ainsi, animé de la *sensibilité*[64] ». Comme les cordes vibrantes qui excitent le mouvement d'autres cordes à tension proportionnelle, le système nerveux « s'anime » lorsqu'il sent un stimulus qui correspond d'une manière ou d'une autre à son propre « tempérament[65] ». De plus, comme pour le genou de Jacques le fataliste[66], la sensation permet de fonder la singularité de l'individu : le *cogito ergo sum* est un *sentio ergo sum.* Fouquet dit clairement comment la sensibilité ou le « sentiment » du système nerveux permet de ne plus « recourir » à l'âme pour « rendre raison » de diverses réactions :

> De tout ce que nous venons de dire il suit, qu'on peut regarder le *sentiment* dans les animaux, comme une passion physique ou de la matiere, sans qu'il soit besoin, pour rendre raison des spasmes affreux que peut causer un *stimulus* même léger, de recourir à l'ame spirituelle qui juge, ou qui estime les sensations[67].

Rappelons la sensibilité particulière de Kaau-Boerhaave : « dans son ouvrage intitulé : *Hyppocrates impetum faciens*, [il] dit de lui-même qu'ayant perdu l'ouïe, il entendait un air en posant la main sur l'instrument[68]. » Rappelons aussi que la citation en question se trouve plutôt dans un autre ouvrage intitulé *Perspiratio dicta Hippocrati.* Lorsque Diderot cite l'exemple, il donne une référence fautive. Que peut-on comprendre de cette erreur ? D'une façon ou d'une autre, le titre que Diderot entendait

64 H. Fouquet, « Sensibilité », p. 41.

65 Il est intéressant de noter que le terme s'emploie à la fois en musique (le *tempérament* d'un instrument) qu'en médecine, par exemple pour parler de « la diversité des tempéraments », *Éléments de physiologie*, p. 194.

66 Voir F. Salaün, *Le Genou de Jacques. Singularités et théorie du moi dans l'œuvre de Diderot.*

67 Fouquet, « Sensibilité », p. 40.

68 Diderot, *Éléments de physiologie*, p. 273.

convenait sans doute mieux à ce qu'il voulait exprimer : peut-être lisait-il l'emploi que fait Kaau-Boerhaave de l'expression hippocratique *impetum faciens* comme complémentaire de l'exemple du sourd qui entend par sa main. *Impetum*, accusatif singulier de *impetus*, puis *faciens*, participe présent épicène de tous les genres du verbe *facio* : l'expression ne se traduit pas précisément en français, mais pourrait donner quelque chose comme « il/elle/cela fait le mouvement ». Que la main d'un homme, disposée d'une certaine manière, puisse progressivement développer la sensibilité qui le rendrait capable « d'entendre » un air : voilà ce qui « fait le mouvement ». C'est, du moins pour le Diderot du *Rêve* comme pour celui des *Éléments de physiologie*, une « proposition simple qui explique tout » et qu'il résume avec une formule radicale : la « sensibilité, propriété générale de la matière[69] ».

Si le paradigme classique pense le tact comme une frontière entre le monde animal et végétal[70], Diderot utilise les observations médicales sur le développement de la sensibilité nerveuse, notamment celles de Haller, pour en tirer une explication à la fois de l'âme et du développement de la vie. C'est aussi une position qui, aux yeux de Fouquet, apparaît comme une évidence absolue : « Le tact, qu'est-il sinon le satellite universel de l'ame sensitive ? Il semble que cela n'a pas besoin d'une plus grande démonstration[71]. »

On reconnaît d'ailleurs, comme homologue de l'exemple de Kaau-Boerhaave, celui de Saunderson dans la *Lettre sur les aveugles* : il s'agit un mathématicien privé de la vue qui élabore tout de même un système mathématique admirable où « les sensations qu'il aura prises par le toucher, seront, pour ainsi dire, le moule de toutes ses idées[72] ». Kaau-Boerhaave aurait toutefois un homologue plus célèbre dans l'œuvre de Diderot. Tels qu'on les connaît aujourd'hui d'après les manuscrits de l'Ermitage puis du fonds Vandeul, les *Éléments de physiologie* de Diderot n'auront rien dit de plus quant à l'un des rares médecins sourds de l'époque des Lumières à connaître une diffusion internationale de ses

69 *Rêve*, p. 353.

70 Chez Aristote, on retrouve : « Parmi les différentes sensations, il en est une qui appartient de façon primordiale à tous les animaux : c'est le toucher. », *De l'Âme*, II, 2, 413b5. Chez Lucrèce, « *Tangere enim et tangi, nisi corpus, nulla potest res* » [En effet, toucher et être touché n'est possible à aucun objet sinon corporel], *De natura rerum*, liv. I, v. 304.

71 Fouquet, « Sensibilité », p. 51.

72 Diderot, *Lettre sur les aveugles*, p. 144.

œuvres. Toutefois, il existe un « manuscrit autographe achevé » des *Éléments* que Diderot aurait remis « quelques mois avant sa mort » à un « citoyen Garron[73] », supposément le pasteur Paul-Henri *Marron* dont, selon Maurice Tourneux, on aurait mal lu la signature[74]. Or, ce manuscrit n'a, à ce jour, jamais été retrouvé. Plaisons-nous à imaginer que si l'on en retrouve la trace, il sera possible d'y lire un long développement sur le *Neveu de Boerhaave*, réponse médicale au personnage de Jean-François Rameau, sorte de variation sur le thème de son oncle vénéré.

IRRITABILITÉ ET SENSIBILITÉ DES FIBRES DU CORPS

Si l'idée de sensibilité est amenée à remplacer l'idée d'âme, nous n'avons toujours pas explicité ce en quoi les deux diffèrent. Comment définir cette sensibilité, au juste ? Il importe donc de situer l'emploi diderotien du terme dans une réflexion sur la physiologie[75] et, à plus forte raison, dans une perspective hallérienne. Diderot était un avide lecteur d'Albrecht von Haller : c'est « en lisant les ouvrages du Baron[76] » qu'il conçoit le projet de faire ses propres *Éléments de physiologie.* Pour Haller, la sensation se divise en deux propriétés qu'il nomme « irritabilité », puis « sensibilité ». Ces deux « forces » (*vis*) organiques identifient les facultés ou fonctions particulières d'après lesquelles certaines parties du

---

73 Maurice Tourneux, dans *Les Manuscrits de Diderot conservés en Russie*, p. 28, suppose qu'il s'agit sans doute du « pasteur Pierre[Paul ?]-Henri Marron, né à Leyde en 1754, mort à Paris en 1832 » qui, « selon M. Étienne Chavaray », avait l'habitude de former « la lettre initiale de son nom à peu près comme un G ».

74 Il serait même possible qu'il soit question de Dominique Joseph *Garat*, comme s'interroge Caroline Warman. Or, il reste « qu'il n'y a pas de preuve explicite, ni que Garron soit Garat, ni que Garat ait lu le manuscrit des *Éléments* » (p. 85). Voir : C. Warman, « Les *Éléments de physiologie* de Diderot : inconnus ou clandestins ? Le cas de Garat », p. 65-87.

75 L'article « Physiologie » de l'*Encyclopédie* (t. XII, p. 537-538) donne un sens très large au terme : « De *physis, nature* et *logos, discours*, partie de la Médecine, qui considère ce en quoi consiste la vie, ce que c'est que la santé et quels en sont les effets. *Voyez* VIE *et* SANTÉ. On l'appelle aussi *économie animale, traité sur l'usage des parties ;* et ces objets se nomment communément *choses naturelles* ou *conformes aux lois de la nature. Voyez* NATUREL et NATURE. »

76 Diderot, *Éléments de physiologie*, p. 105. Le « Baron » dont il est ici question est Haller et non, comme c'est habituellement le cas, D'Holbach. En aparté, soulignons que D'Holbach lui-même n'était pas étranger à *l'homme-clavecin.* Voir son *Système de la nature*, p. 144 : « Les âmes humaines peuvent être comparées à des instruments dont les cordes [...] sont encore montées sur des tons différents : frappée par une même impulsion, chaque corde rend le son qui lui est propre. » Diderot a d'ailleurs participé à la genèse de cette œuvre de 1770.

corps réagissent à une stimulation physique soit par des contractions involontaires (*vis irritabilis*), soit par des expressions d'excitation plus ou moins manifestes (*vis sensibilis*).

> J'appelle partie irritable du corps humain celle qui devient plus courte, quand quelque corps étranger la touche un peu fortement. [...] J'appelle fibre sensible dans l'homme, celle qui étant touchée, transmet à l'âme l'impression de ce contact : dans les animaux, sur l'âme desquels nous n'avons point de certitude, l'on appellera fibre sensible celle dont l'irritabilité occasionne chez eux des signes évidents de douleur et d'incommodité[77].

Il s'agit là d'une gradation de la sensation en deux temps : l'irritabilité désigne la réaction des fibres aux stimuli ; la sensibilité désigne l'effet particulier sur « l'âme » des impressions reçues par le système nerveux. C'est un constat dont Diderot tiendra le plus grand compte. Toutefois, Haller, fervemment attaché à la religion chrétienne[78], récuse le potentiel philosophique de ses observations : pour lui, la « délimitation rigoureuse de l'irritabilité [...] servait à préserver précisément l'espace d'action de l'âme *dans son rapport* au corps[79]. » Il explique ceci dans un mémoire *Sur la formation du cœur dans le poulet ; sur l'œil ; sur la structure du jaune*, dont la dédicace affirme que l'auteur est « soumis à la religion[80] ». Il s'attache d'ailleurs à la dissection de petits animaux parce que son « genre de vie [chrétienne l']arrache à l'anatomie du corps humain » et qu'il se « trouve même privé de l'avantage de disséquer de grands animaux, faute de secours[81]. » Ainsi, dans sa méticuleuse étude de la période d'incubation des œufs de « vingt & six » poules pendant « 21 jours », ses observations détaillent le développement d'une sensibilité

77 A. von Haller, *Mémoires sur la nature sensible et irritable des parties du corps animal*, t. I, p. 7-8. Cité dans F. Duchesneau, *op. cit.*, p. 142. L'extrait est du début de la traduction française de Tissot de la *Dissertation sur les parties irritables et sensibles des animaux* de Haller, publié au premier tome de ses *Mémoires*. Le brillant chapitre sur « La théorie physiologique de Haller : irritabilité et sensibilité » de Duchesneau est amorcé par une concise et très utile histoire des publications de Haller.

78 Pour un travail en français, voir la thèse de F. Catherine, *La Pratique des réseaux savants d'Albrecht von Haller (1708-1777), vecteurs du transfert culturel entre les espaces français et germaniques du* XVIII*e* *siècle*, notamment la section sur « La place de la religion dans la pensée de Haller », p. 321-333.

79 P. Quintili, « Introduction », *Éléments de physiologie*, p. 76. Italiques de Quintili.

80 A. von Haller, *Sur la formation du cœur dans le poulet ; sur l'œil ; sur la structure du jaune*, t. I, « Dédicace », s.p.

81 *Ibid.*, « Exposé des faits. Histoire des Phénomènes », p. 3.

active à partir de la matière molle et insensible qu'est l'œuf. Cependant, il parle encore d'une rupture, d'un point aveugle lors duquel « la vie a commencé[82] », la supposant insufflée par une force supérieure. Le chemin que suit l'analyse de Haller le mène à accepter que les notions d'irritabilité et de sensibilité puissent rendre compte des dynamiques complexes de la transmission nerveuse, puis des fondements de la vie. Par contre, selon lui, ce résultat philosophique inattendu est erroné : il n'est pas prêt à admettre qu'il y ait une séparation des dynamiques des forces animales et de la volonté consciente de « l'âme ». Cela donnerait un résultat irréconciliable avec sa foi[83], soit la possibilité d'une physiologie scientifique rigoureuse dont l'étude des processus nerveux permettrait de bannir irrémédiablement « l'âme » de l'économie des corps.

Pour Diderot, toutefois, l'œuf de Haller est un cadeau conceptuel inespéré. Parlant plus généralement des deux propriétés de la matière vivante, Georges Canguilhem précise ainsi la dette de Diderot envers Haller :

> En nommant « irritabilité » et « sensibilité » les propriétés spécifiques du muscle et du nerf, Haller distinguait l'une et l'autre de tout effet de causes mécaniques et de toute expression d'un pouvoir psychique. Il libérait la physiologie de la tutelle où la tenait la mécanique en mettant en évidence, expérimentalement, l'existence de propriétés vitales sans analogues dans le domaine des corps inertes[84].

D'ailleurs, l'on peut sans doute reconnaître l'œuf de Haller comme un intertexte du célèbre « œuf » du *Rêve de D'Alembert* avec lequel l'on « renverse toutes les écoles de théologie et tous les temples de la terre[85]. » L'œuf de Diderot, lui, passe de l'état d'une « masse insensible » à celui

82 *Ibid.*, p. 12.

83 D'ailleurs, lorsqu'il distingue l'*irritabilité* puis la *sensibilité* des fibres, contrairement à ce qu'en fera Diderot, Haller se garde d'une explication entièrement matérielle du mouvement vital. La notion de *sensibilité* lui permet de montrer que l'autonomie animale n'est pas uniquement reconductible par des forces rationnellement explicables : le « souffle divin » peut encore intervenir, si besoin est. Défenseur d'une foi en Dieu soutenue par la raison, Haller rédige d'ailleurs plusieurs écrits dans lesquels il défend la Vérité de la révélation biblique. L'on peut retenir par exemple, vu la longueur de sa bibliographie : une préface au *Prüfung der Secte die an allem zweifelt* de Johann Heinrich Samuel Formey en 1751, et ses trois romans philosophiques *Usong* (1771), *Alfred* (1773) et *Fabius und Cato* (1774), le premier desquels Gabriel Seigneux de Correvon tire des *Lettres sur les vérités les plus importantes de la Révélation, traduites de l'allemand de M. de Haller* en 1772.

84 Canguilhem, *Études d'histoire et de philosophie des sciences*, p. 224.

85 *Rêve*, p. 352.

d'une « autre organisation, à la sensibilité, à la vie », progressivement, par degrés, « par chaleur[86] ». Une disposition fortuite et cette chaleur, une propriété exclusivement tactile, *imprègnent* le mouvement de la vie : « une matière inerte, disposée d'une certaine manière, imprégnée d'une autre matière inerte, de la chaleur et du mouvement, on obtient de la sensibilité, de la vie, de la mémoire, de la conscience, des passions, de la pensée[87]. »

Si les impressions reçues par les organes forment les idées de « l'âme sensitive », le tact devient le sens le plus pur en ce qu'il offre le contact le plus direct avec la matière à sentir ; voilà « le fondement et l'origine des cinq sens qui radicalement se réduisent à un, c'est-à-dire le *tact*[88]. » L'auteur de la *Lettre* juge d'ailleurs que « de tous les sens, l'œil est le plus superficiel, l'oreille le plus orgueilleux, l'odorat le plus voluptueux, le goût le plus superstitieux et le plus inconstant, le toucher le plus profond et le plus philosophique[89]. »

Ainsi, ce « règne » du tact et l'importance du système nerveux dans l'étude de la physiologie se présentent à l'extrême limite d'une compilation de cas, d'exemples et d'analogies. Parmi ceux-ci, l'exemple du neveu de Boerhaave est repris et cité dans les *Elementa physiologiae* de Haller[90] dans une section qui étudie la transmission du son. Qu'une résonance claire soit possible par d'autres chemins que celui de la voie royale de l'oreille semble appuyer la doctrine fibrillaire que Haller récupère notamment de Baglivi. En effet, « à la notion de fibre, Haller emprunte le concept d'élément physiologique intervenant dans la composition des organes et des systèmes (organiques)[91]. » Si les organes peuvent être composés d'un même matériau, ou du moins de matériaux différents partageant une caractéristique fibrillaire commune, il est plus aisé de concevoir que l'ensemble de l'organisme ne soit pas une machine inaltérable dont les fonctions sont d'avance délimitées : la polyvalence de la matière en décourage la fixité.

---

86 *Ibid.*

87 *Ibid.*, p. 353.

88 Fouquet, « Sensibilité », p. 41.

89 Diderot, *Lettre sur les aveugles*, p. 206.

90 A. von Haller, *Elementa physiologicae*, vol. 5, sect. II, § IV, *Transmissio soni*, p. 253. « *Qui musicus surdus erat, prehendebat vertibulum mordicus, & tunc, cum nunc sonos audiret, chelyn ex arte pulsabat, aut digito admoto citharae tonos distinguebat.* »

91 Duchesneau, *Physiologie*, p. 116-117.

DE LA FIBRE À LA CORDE

Or, il y a tout de même une grande distance conceptuelle à franchir entre l'adhérence à une doctrine fibrillaire de l'organisme et la possibilité de proclamer la « sensibilité générale de la matière ». Avant de tenter d'assimiler le tact à la vie elle-même, il importe de donner des modèles physiques du comportement des organes, modèles qui s'accordent tant avec les observations des physiologistes qu'avec une explication non-animiste du mouvement vital. Ainsi Haller, avant de passer à un exemple aussi surprenant que celui du neveu de Boerhaave dans son développement sur la transmission du son, explique que le son est un frémissement (*tremor*) en citant les exemples[92] d'un physicien[93] néerlandais, Pieter van Musschenbroek. Ses *Elementa physicae* (1726) sont cités dans plus d'une centaine d'articles de l'*Encyclopédie*, puis abondamment commentés par D'Alembert[94].

Lorsque Musschenbroek décrit les conduits auditifs de l'oreille interne, il utilise la comparaison suivante : « cette membrane est comme une Zone triangulaire, composée de plusieurs cordes tendues de diverses longueurs, comme sont celles d'un Clavecin[95]. » Les cordes tendues de l'instrument tracent un *trait poétique* que Musschenbroek file à loisir :

> Soit AB la Corde d'un Clavecin, que l'on touche avec une plume, elle frémira, & rendra du son : mais si on laisse tomber la Touche, couverte de drap, le Son cessera d'abord, quoique la Corde ne laissera pas de continuer ses frémissements : qu'on tienne sur le champ tout proche de la Corde un Corps dur, contre lequel elle puisse heurter, ses frémissements diminueront, mais on l'entendra d'abord résonner comme auparavant ; la raison en est, que la Corde venant à frapper un Corps dur, excite un nouvel ébranlement dans plusieurs parties, quoique les vibrations totales diminuent[96].

---

92 A. von Haller, *Elementa*, vol 5, sect. II, § II, *Sonus est tremor*, p. 250-251.

93 Soit dit en passant, Duchesneau note avec justesse qu'au début du XVIIIe siècle, il n'y avait aucune frontière épistémologique entre la physique et la physiologie, ce qui permet à Fontenelle d'écrire, en 1720, dans l'*Histoire de l'Académie royale des Sciences*, « Ce qui regarde la conservation de la vie appartient pleinement à la physique… ».

94 Voir P. Crépel, « Peter van Musschenbroek et son *Essai de physique* dans l'*Encyclopédie* », disponible sur : <enccre.academie.sciences.fr>. Les *Elementa physicae* paraissent en 1726, puis sont traduits par Pierre Massuet en 1739 (*Essai de physique*) et par Joseph-Aignan Sigaud de Lafond en 1769 (*Cours de physique expérimentale et de mathématiques de Musschenbroek*).

95 P. van Musschenbroek, *Essai de physique*, p. 726-727.

96 *Ibid.*, p. 708.

De la sorte, le frémissement de la corde vibrante permet de penser le mouvement dans la *durée*. Même si l'on en étouffe le son avec un drap ou un feutre, la corde frémit encore : elle semble animée d'un mouvement qui lui est propre. Le *temps* est la dimension que l'homme-machine iatromécaniste néglige et que l'âme animiste mystifie, mais dont la corde vibrante permet de conceptualiser les effets[97]. La mémoire, comprise comme une activité matérielle du cerveau, s'y réduit sans grande difficulté sous la plume de Diderot : les souvenirs se maintiennent comme le son des cordes vibrantes. En ce sens, Musschenbroek ajoute un mot sur l'intensité :

> Puis donc que le Son consiste dans le frémissement des parties, qui s'élancent au-delà de la surface du Corps, on ne doit pas avoir de peine à concevoir, que ce mouvement des parties peut être plus grand ou plus petit ; c'est pourquoi la force du Son dépendra de la grandeur de ce mouvement, & de la quantité des parties qui sont ébranlées.
>
> [...] Lorsqu'on touche trop rudement les Cordes d'un Clavecin, elles rendent un Son trop fort & désagréable, & si on se sert de plumes trop mollasses, ces Cordes rendent un Son trop faible[98].

Cette attention portée à l'ouïe à une époque où l'Europe cartésienne ou spinosiste est principalement soucieuse d'étudier le visible serait notamment encouragée, selon un article aussi bref que riche de Jacques Proust, par des perspectives orientales. Proust suppose à cette analogie une origine asiatique, avançant que c'est « sans doute par un jésuite, le P. Du Halde, qui avait longtemps vécu en Chine, que l'analogie des cordes vibrantes sensibles fut popularisée en Europe[99]. » Si Jean-Baptiste Du Halde, missionnaire savant qui a été lu par les encyclopédistes qui s'intéressaient de près ou de loin à l'Orient[100], ne fut pas médecin, sa

97 Un article quelque peu lyrique de Laurent Fedi (« L'humain en philosophie : la parenthèse de la culpabilité », 2004) résume bien cette perspective, lorsqu'appliquée à la pensée, activité matérielle du cerveau : « Quant à la pensée, qui n'existe pas à l'état de substance, elle résulte [*sic*] de l'organisation plus ou moins complexe de la matière ; ce que Diderot illustre avec l'analogie du clavecin : la mémoire, donc la conscience de soi, s'explique comme l'effet d'une corde vibrante. »

98 *Ibid.*, p. 709.

99 J. Proust, « Source et portée de la théorie de la sensibilité généralisée dans *Le Rêve de D'Alembert* », p. 433.

100 Par exemple, Ménuret de Chambaud le cite à l'article « Pouls », Rousseau le cite à l'article « Musique », Jaucourt le cite à l'article « Peking » et Diderot le cite à l'article « Agriculture ».

Description géographique, historique, chronologique, politique et physique de l'Empire de Chine publiée à Paris en 1735 donne tout de même une comparaison juste et informée des principes de base de la médecine chinoise. On y lit :

> Ils [les médecins chinois] supposent d'ailleurs que le corps est, par le moyen des nerfs, des muscles, des veines, et des artères, comme une espèce de luth, ou d'instrument harmonique, dont les parties rendent divers sons, ou plutôt ont une espèce de tempérament qui leur est propre, à raison de leur figure, de leur situation, et de leurs divers usages, et que c'est par le moyen des pouls différents qui sont comme les sons divers et les diverses touches de ces instruments, que l'on peut juger infailliblement de leur disposition ; de même qu'une corde plus ou moins tendue touchée en un lieu ou un autre, d'une manière plus forte, ou plus faible, rend des sons différents, et fait connaître si elle est trop tendue ou trop lâche[101].

Impossible de n'y pas reconnaître de fortes résonances entre la description que donne le missionnaire et l'analogie de Musschenbroek – sans compter celle de Diderot. Or, si Proust affirme que « nous ne savons pas si Diderot avait lu Du Halde[102] » (ou encore Shaftesbury), nous pouvons à tout le moins fermement suggérer qu'il n'y est pas étranger. En effet, Proust néglige de mentionner que Diderot évoque le sinologue dans l'article « Agriculture[103] », article qu'il signe seul. Par contre, faute de preuves que Diderot ait lu le passage cité plus haut sur la médecine chinoise, il serait imprudent de forcer le lien de filiation : bornons-nous simplement à en évoquer la possibilité.

Dans une perspective physiologique européenne, concevoir la matière organique comme fibrillaire était un prérequis pour comparer ces fibres à des cordes vibrantes. Si le son est perçu en tant que frémissement, le saut n'est pas considérable pour représenter le fonctionnement de l'oreille à la manière d'un instrument qui émet des sons – par exemple, le clavecin de Musschenbroek.

101 J.-B. Du Halde, *Description géographique, historique, chronologique, politique et physique de l'Empire de la Chine*, t. III, p. 380.

102 J. Proust, *op. cit.*, p. 434.

103 Diderot, art. « Agriculture (*Ordre Encycl. Histoire de la Nat. Philos. Science de la Nat. Botan. Agricult.*) », *Encyclopédie*, t. I, p. 184 : « Je ne sais quel est l'état de l'agriculture à la Chine : mais le Pere du Halde nous apprend que l'Empereur, pour en inspirer le goût à ses sujets, met la main à la charrue tous les ans une fois ; qu'il trace quelques sillons ; & que les plus distingués de sa Cour lui succedent tour à tour au même travail & à la même charrue. »

Il faut toutefois des esprits capables d'amples généralisations « associatives » pour transposer la sensibilité nerveuse propre à chaque organe et la répartir ou en quelque sorte la diffuser à l'*ensemble* de l'organisme. C'est notamment ce que font Bordeu et Barthez[104] :

> Il [leur] appartenait d'étendre à toutes les fonctions organiques le pouvoir de réaction sensitive aux impressions : au premier [Bordeu], de décentraliser la sensibilité pour la distribuer à tous les organes, vivants partiels dont la vie du tout est la somme ; au second [Barthez], d'insister au contraire sur les phénomènes de sympathie organique, pour devoir attribuer la fonction spécifique de sensibilité à un principe actif vital, formule destinée à marquer la singularité ou l'originalité de la vie, relativement au corps et à l'âme, sans hypothèse sur la nature substantielle du principe[105].

Allant jusqu'à faire figurer Bordeu en personnage dans le *Rêve*, c'est sur leurs recherches que s'appuie Diderot. Ainsi, dans les passages des *Éléments* comme dans ceux du *Rêve* qui comparent le corps humain à un clavecin, Diderot joue un peu le rôle du « Poëte » de Castel, réunissant nombre de découvertes physiques et physiologiques en une image formant leur synthèse poétique, intelligible et digeste. À son tour, ce trope sensible sera repris dans les physiologies d'auteurs comme Cabanis ou encore Bichat. Ce dernier glose d'ailleurs avec une savante ironie le lien poétique entre les métaphores du monde physique et celles du monde physiologique :

> Si la physiologie eût été cultivée par des hommes avant la physique, comme celle-ci l'a été avant elle, je suis persuadé qu'ils auraient fait de nombreuses applications de la première à la seconde, qu'ils auraient vu des fleuves coulant par l'action tonique de leurs rivages, les cristaux se réunissant par l'excitation qu'ils exercent sur leur sensibilité réciproque, les planètes se mouvant parce qu'elles s'irritent réciproquement à grandes distances[106].

Suivant cette logique, l'on peut conjecturer que l'élégant concept de la résonance des corps sonores, appuyé par les nombreuses études en

104 Sans parler du philosophe et médecin David Hartley et de sa « *doctrine of vibrations* ». Voir : D. Hartley, *Observations on Man, His Frame, His Duty, His Expectations* (1749). Hartley construit son discours à partir des thèses de Condillac dans l'*Essai sur les connaissances humaines*.

105 Canguilhem, *op. cit.*, p. 224.

106 X. Bichat, *Recherches physiologiques sur la vie et la mort*, p. 108. Cité dans F. Duscheneau, p. 11.

acoustique de l'époque, a simplement été plaqué à une explication du comportement des fibres du corps humain. Comme toute métaphore, cette dernière n'est pas infaillible ni étanche aux réinterprétations, mais elle a certainement pu « vibrer » un temps considérable. C'est ce dont témoigne la réfutation qu'y consacre encore au XIXe siècle un certain Ludwig (ou Louis, chez ses traducteurs) Büchner, philosophe et naturaliste allemand de renom :

> Aussi les spiritualistes voient-ils encore leur dernière ressource leur faire défaut : nous voulons parler de la 'Théorie du clavecin', d'après laquelle l'âme se comporterait vis-à-vis du cerveau comme un joueur de piano vis-à-vis de son instrument[107].

RAMIFICATIONS D'UNE *DÉMONSTRATION*
Corps sonore et raison sourde

> La musique est une science physico-mathématique, le son en est l'objet physique, et les rapports trouvés entre différents sons en sont l'objet mathématique ; sa fin est de plaire, et d'exciter en nous diverses passions[108].

Lorsque Rameau dépose le 19 novembre 1749 son célèbre mémoire[109] à l'Académie royale des Sciences, le « plus respectable tribunal de l'Europe savante[110] » s'empresse de l'encenser. La musique y devient

107 L. Büchner, *Force et matière, ou principes de l'ordre naturel de l'univers*, p. 317.

108 J.-P. Rameau, *Génération harmonique*, p. 30, cité dans A. Charrak, *Raison et perception. Fonder l'harmonie au XVIIIe siècle*, p. 289.

109 Le *Discours préliminaire* ajouté par D'Alembert à la réédition de ses *Élémens de musique* (Lyon, Bruyset, 1762) indique que le titre de l'ouvrage de Rameau approuvé par l'Académie était : *Mémoire où on expose les fondements d'un système de musique théorique et pratique*.

110 J.-P. Rameau, « Démonstration du principe de l'harmonie », dans J.-P. Rameau, C. Kintzler et J.-C. Malgoire, *Musique raisonnée*, p. 106. L'ouvrage de Kintzler rassemble et commente des textes incontournables de Rameau ; nous lui sommes redevables pour son excellent travail de synthèse de la pensée du compositeur.

un territoire de plus conquis par la science en marche : à la tête du résumé de la théorie ramiste qu'il s'est chargé de rédiger, D'Alembert, émerveillé, sonne le carillon d'une grande découverte, écrivant qu'une « expérience aveugle était l'unique boussole des artistes. M. Rameau a le premier commencé à débrouiller ce chaos[111] ». Le mathématicien fait de Rameau une figure fontenellienne, un conquérant participant à « l'impérialisme théorique[112] » caractéristique du début cartésien du XVIIIe siècle scientifique.

Comme le remarque Catherine Kintzler, suite à l'approbation de son travail par les plus hautes instances scientifiques de l'époque, Rameau ne parvient plus à maîtriser son orgueil. L'impeccabilité de son système l'impressionne au point où il le croit à l'épreuve de tout. Il décide alors de publier son *Mémoire* sous un titre plus ambitieux : *Démonstration du principe de l'harmonie*, qui entend bien *démontrer* l'universalité de ses observations. Si son hypothèse de départ avait été d'expliquer la musique par des modèles mathématiques, suite au succès qui a couronné ses recherches, il inverse le rapport et cherche à expliquer non seulement les mathématiques, mais aussi *toutes* les sciences physiques et naturelles par la musique. Inexistante dans l'œuvre de Rameau avant 1750, l'idée que la musique doive devenir la reine des sciences apparaît dans la foulée de son succès : c'est sans vergogne qu'il érige la résonance naturelle du corps sonore comme principe fondateur de toutes les sciences et tous les arts. Guidé par sa seule *ratio*, son système lui dicte des « propos trop rationnels pour être raisonnables[113] ». Dès le début de 1750, il cherche notamment les suffrages d'Euler et de Bernoulli, à qui il expose ce principe qui « peut faire regarder la musique comme le miroir de la nature dans la partie scientifique[114] » : à suivre ses divagations, l'ensemble des sciences naturelles lui serait personnellement redevable.

La suite de l'histoire est bien connue : Rameau, redoublant d'ardeur et de zèle dans la défense de son système se mettra, sans s'en rendre compte, en campagne pour sa propre aliénation. Il envoie des copies de sa *Démonstration* à gauche et à droite, cherchant appuis et approbations.

---

111 J. L. R. D'Alembert, *Élémens de musique théorique et pratique suivant les principes de M. Rameau, éclaircis, développés et simplifiés*, p. vj-vij.

112 J.-P. Rameau, C. Kintzler et J.-C. Malgoire, *op. cit.*, p. 24.

113 *Ibid.*

114 Lettre à Jean Bernoulli, 18 février 1750. Cité dans *ibid.*, p. 113.

L'entreprise de présentation est menée de pair avec une d'autodéfense : il n'a de cesse d'écrire des lettres de réfutation à ceux qui le ridiculisent. Ce qui n'aurait pu être qu'un touchant épisode de mégalomanie fait boule de neige, au point où il se brouillera avec ceux mêmes qui l'avaient initialement louangé – dont D'Alembert[115]. Finalement, après avoir voulu fonder la théorie musicale sur l'acoustique, c'est sur l'extravagante idée de faire de la musique le modèle d'une métaphysique fondamentale que Rameau « se crispe et meurt[116] ». L'*Origine des sciences*[117], son ultime opus au titre évocateur, conserve les traces de sa dérive conceptuelle.

RAMEAU, HOMME DISSONANT

Ainsi, à l'instar de Kintzler, désignons 1750 comme l'année charnière qui trace, avec la *Démonstration*, la limite entre la « splendeur » et le « naufrage[118] » de Rameau. C'est le moment où son amour conjoint de la science et de la musique bascule de la *passion* à la *folie*, faisant de sa vie une démonstration à la fois des forces, puis des excès d'une recherche « éclairé[e] par la *Méthode* de Descartes[119] ».

Or, comme le soulignent d'autres commentateurs[120], Diderot est intimement lié à cet épisode déterminant dans la vie du grand musicien. Déjà en 1748, dans les *Mémoires sur différents sujets de mathématiques*, Diderot

---

115 Voir la *Lettre à M. D'Alembert sur ses opinions en musique, insérées dans les articles* Fondamental *et* Gamme *de l'Encyclopédie*, où les insultes fusent.

116 Rameau, Kintzler et Malgoire, *op. cit.*, p. 32.

117 À la p. 31 de sa *Musique raisonnée*, Kintzler cite, sans l'identifier, un texte manuscrit de Rameau qui donne la mesure de sa vision universelle : « Point d'ouvrages soit de la nature soit de l'art soit en physique soit même en morale, qui ne soient susceptibles de ce terme, harmonie universelle, harmonie du corps humain, harmonie en peinture, en architecture, harmonie de gouvernement, etc. Si l'on demande aux peintres ce que c'est qu'accorder un tableau, on verra que c'est faire pour contenter l'œil ce qu'on fait en musique pour contenter l'oreille pour parvenir cependant à la justesse exacte rigoureuse et sensible qu'on trouve dans la musique, laquelle semble nous être donnée par la nature comme le type sensible de ce qui doit être en proportions, c'est-à-dire de toute perfection. » S'imaginer que tout s'explique par des proportions mathématiques : n'est-ce pas là un exemple de la « folie de Pythagore » à laquelle Diderot fait allusion dans la *Lettre sur les sourds et muets* de 1751 ?

118 Voir C. Kintzler, *Jean-Philippe Rameau. Splendeur et naufrage de l'esthétique du plaisir à l'Âge classique*.

119 J.-P. Rameau, *Démonstration*, p. 66.

120 Pour ne nommer qu'eux : E. Jacobi, *Complete Theoretical Writings of Jean-Philippe Rameau*, t. III, p. XL-XLIII ; A.-M. Chouillet, « Présupposés, contours et prolongements de la polémique autour des écrits de Jean-Philippe Rameau », p. 425-429 ; C. Verba, « Music and the Enlightenment », p. 310.

cite la différence établie entre le « bruit » et le « son » dans la *Génération harmonique*, ajoutant qu'il « serait à souhaiter que quelqu'un tirât des obscurités qui l'enveloppent et mît à la portée de tout le monde[121] » la pensée de Rameau. À la parution des *Mémoires*, l'abbé Raynal, heureux de voir Diderot publier autre chose que des *Pensées philosophiques* ou des *Bijoux indiscrets*, les commente ainsi :

> M. Diderot a jugé à propos de donner quelque chose sur la science qu'il sait le mieux, je veux dire les mathématiques. Il vient de publier quelques mémoires sur cela, dont quelques-uns roulent sur la musique et sont extrêmement curieux. Cet écrivain puise en bonne source : il est intime ami avec M. Rameau, dont il doit dans peu de temps publier les découvertes. Ce sublime et profond musicien a donné autrefois quelques ouvrages ou il n'a pas jeté assez de clarté et d'élégance. M. Diderot remaniera ces idées, et il est très-capable de les mettre dans un beau jour[122].

L'année suivante, en 1749, Raynal rajoute :

> Notre très-illustre musicien, M. Rameau, prétend avoir découvert le principe de l'harmonie. M. Diderot lui a prêté sa plume pour mettre dans un beau jour cette importante découverte. Le ministère a jugé à propos que ce système fût développé par son auteur dans une assemblée de l'*Académie des sciences*[123].

Si ce ne sont là que des indices partiels ne nous permettant pas d'assigner à Diderot un rôle au-delà de celui de relecteur, voire de secrétaire de Rameau, une remarque de Diderot lui-même nous permet de conjecturer qu'il n'avait pas qu'un rôle passif dans la composition du *Mémoire* qui deviendra la *Démonstration.* Le 10 août 1749, suite à son emprisonnement pour la *Lettre sur les aveugles*, le philosophe adresse à

121 Diderot, *Mémoires sur différents sujets de mathématique*, p. 265.

122 Abbé Raynal, *Nouvelles littéraires*, t. I, chap. XXIX, p. 202. Gallica les répertorie, dans l'édition Assézat-Tourneux, sous le titre qu'elles prendront avec Grimm, soit : *Correspondance littéraire.* Comme le premier chapitre à être daté est le LXIX, du 18 mai 1750, la datation des chapitres qui le précèdent relève de la devinette. Toutefois, le XXIX comporte suffisamment d'indices pour le situer approximativement : on y mentionne que *Le Triomphe de la vérité, ou les Mémoires de M. de Villette* « vient de paraître » ; or, c'est une œuvre de 1748.

123 Abbé Raynal, *Nouvelles littéraires*, t. I, chap. L, p. 313. La datation suit le même principe qu'à la référence précédente ; or, l'œuvre qui y « vient de paraître » n'est nulle autre que la *Lettre sur les aveugles* que notre principal intéressé publiait en 1749. Anticipant la suite des choses, Raynal mentionne d'ailleurs eu égard à la *Lettre* que « le magistrat a sévi plus d'une fois contre des ouvrages où il y avait moins de philosophie. »

M. Nicolas-René Berryer[124], lieutenant-général de police, une lettre dans laquelle il détaille l'ensemble de son œuvre – du moins, celle qu'il consent à admettre. Si l'aveu des *Bijoux* et d'autres « intempérances » suivra le 13 août, la lettre du 10 ne parle que des plus « honnêtes » œuvres et collaborations. Sans doute dans l'espoir d'une prompte libération, il fait valoir ses plus illustres réalisations, ajoutant qu'il a « prêté [s]a plume et donné [s]on tems à tous ceux qui en ont eu besoin pour des choses utiles. » Comme emploi du temps depuis son arrivée à Paris, Diderot donne une liste de ces « choses utiles », de son *Histoire de Grèce* jusqu'à la direction du *Dictionnaire universel des Sciences et des Arts*, dont le premier volume « étoit sur le point de paroître lorsqu'on m'a conduit icy. » Revenu à un présent énonciatif après l'énumération chronologique, il s'excuse de ne pas avoir songé à mentionner ces ouvrages lors de sa comparution, prétextant le « trouble » dans lequel il se trouvait. Il continue en disant qu'il « ne parlera point d'une infinité d'autres ouvrages dont ces grandes occupations ont été coupées », puis, dans une surenchère caractéristique, il ajoute un singulier aveu : « J'ai donné l'exposition du système de musique de Mr. Rameau[125]. »

Cette « exposition » ne peut être le bref traitement de la théorie ramiste que font les *Mémoires sur différents sujets de mathématiques*, puisque celles-ci figurent déjà explicitement dans la liste. Ainsi, comme le remarque Béatrice Durand-Sendrail[126], soit cette *exposition* se réfère à un ouvrage autonome et perdu, soit Diderot a lui-même contribué à la rédaction de la *Démonstration du principe de l'harmonie.* En l'absence de preuves supplémentaires, Durand-Sendrail tranche rapidement pour la première option. Toutefois, même si elle la rejette, nous préfèrerons envisager la seconde en vertu du fait que D'Alembert livre une telle vulgarisation *après* la *Démonstration* de 1750. En une période encyclopédique lors de laquelle D'Alembert était extrêmement au courant de l'activité intellectuelle de Diderot – et vice-versa – pourquoi ce dernier aurait-il fait un tel travail

124 Il s'agit du même Berryer, ami de Mme de Pompadour, qui fut un secrétaire d'État à la Marine peu talentueux lors de la perte de Québec aux mains de l'Angleterre en 1759. Tocqueville le décrit comme un homme « dur, hautain, grossier, [qui] avait beaucoup d'ignorance et encore plus de présomption et d'entêtement. » L'on s'imagine sans grande peine l'affabilité du ton que Diderot adopte lorsqu'il lui écrit. Voir A. de Tocqueville, *Histoire philosophique du règne de Louis XV*, t. II, p. 238 et p. 269.

125 *C.*, t. I, p. 86.

126 B. Durand-Sendrail, « Diderot et Rameau : archéologie d'une polémique », p. 87.

après le premier ? Certes, Diderot aurait pu commencer une *exposition* que D'Alembert aurait par la suite récupéré pour en faire les *Éléments de musique théorique et pratique suivant les principes de M. Rameau* : c'est une hypothèse qui est appuyée par la note de l'inspecteur de police d'Hémery, en date du 17 février 1752, que ces *Éléments* sont « de M. Diderot[127] ». Toutefois, face à nombre de suppositions sans issue, la seule lecture de la *Démonstration* saura, sans permettre de conclure, du moins vigoureusement inspirer l'idée que Diderot a presqu'autant *corrigé* ce texte qu'il le fera dans le cas des *Leçons de clavecin* d'Anton Bemetzrieder. Quoi qu'il en soit, avant de s'aventurer dans une impressionniste chasse au *style* de Diderot, tenons-nous au fait que ce dernier a eu un rapport intellectuel particulièrement étroit avec Rameau[128]. Si Diderot avait simplement *lu* Castel ou Haller, sa proximité avec les traités de Rameau en fait un cas-limite : d'une certaine manière, il avait sans doute aussi *écrit* Rameau.

PROPOSITIONS THÉORIQUES

Afin de mieux saisir les enjeux que soulève sa théorie, exposons les principaux axiomes de Rameau. La pierre angulaire de son système est la différence entre *bruit* et *son*. Le premier est un amas audible confus, un « donné » que l'auditeur perçoit en une masse indistincte. Le second, quant à lui, est un ensemble « composé », au sein duquel d'oreille perçoit une structure, une organisation.

> Le premier son qui frappa mon oreille fut un trait de lumière. Je m'aperçus tout d'un coup qu'il n'était pas un, ou que l'impression qu'il faisait sur moi était composée ; voilà, me dis-je sur-le-champ, la différence du *bruit* et du *son**. Toute cause qui produit sur mon oreille une impression une et simple, me fait entendre du bruit ; toute cause qui produit sur mon oreille une impression composée de plusieurs autres, me fait entendre du son[129].

127 Cité dans *ibid.*, 86.

128 Voir entre autres la communication de Nancy Diguerher, « La *Démonstration du principe de l'harmonie* face à ses *Mémoires* (1749-1750) : enjeux musiciens d'une "démonstration", entre mise en pièces et mise en scène », au Colloque international et interdisciplinaire Rameau (20-22 mars 2014, BnF). La communication faisait une lecture des deux manuscrits conservés du *Mémoire* que Rameau a présenté à l'Académie des Sciences, soulignant les contributions de Diderot et de D'Alembert.

129 J.-P. Rameau, *Démonstration*, p. 68. *Cf.* la proximité du passage avec Diderot, *Mémoires sur différents sujets de mathématiques*, dont le premier mémoire récupère cette distinction entre bruit et son : « Le bruit est un ; le son au contraire est composé ; un son ne frappe

Remarquons la singulière mise en scène du sujet sensible. La formule « mon oreille », plus diderotienne que ramiste, n'intervient certainement pas dans le *Traité de l'harmonie* de 1722, qui préfère des formules impersonnelles comme *le son est* ou *l'on entend que.* De plus, la formule « voilà, me dis-je sur-le-champ » ressemble à l'*étincelle* empreinte d'oralité que Diderot note en traduisant la métaphore des cordes sensibles chez Shaftesbury. La *Démonstration* situe le processus d'entendement auditif dans l'organe de la figure d'auteur qu'elle suppose : c'est un « moi » qui parle du son qu'il entend, et non pas un auteur *in absentia* qui propose des abstractions universalistes.

Du reste, si le bruit est un *chaos* sonore, le son a un ordre, une hiérarchie :

> J'appelai le son primitif, ou générateur, son fondamental, ses concomitants *sons harmoniques*, et j'eus trois choses très distinguées dans la nature, indépendantes de mon organe, et très sensiblement différentes pour lui : du bruit, des sons fondamentaux, et des sons harmoniques[130].

Voilà où intervient le *corps sonore* : il s'agit de toute matière qui rend un *son* plutôt qu'un bruit. Plus encore, le son rendu par ce corps – une corde tendue, une cloche ou autre structure résonante – est un composé dont les hauteurs sont organisées suivant un modèle mathématique prétendu rigoureux.

> Le corps sonore, que j'appelle, à juste titre, son fondamental, ce principe unique, générateur et ordonnateur de toute la musique, cette cause immédiate de tous ses effets, le corps sonore, dis-je, ne résonne pas plutôt qu'il engendre en même temps toutes les proportions continues, d'où naissent l'harmonie, la mélodie, les modes, les genres, et jusqu'aux moindres règles nécessaires à la pratique[131].

Par exemple, les harmoniques du son fondamental *ut*, soit le *sol* au-dessus de l'octave puis le *mi* au-dessus du double-octave, lorsqu'ils

---

jamais seul l'oreille ; on entend avec lui d'autres sons concomitans, qu'on appelle les harmoniques. C'est de-là que M. Rameau est parti dans sa génération harmonique ; voilà l'expérience qui sert de base à son admirable système de composition, qu'il seroit à souhaiter que quelqu'un tirât des obscurités qui l'enveloppent, et mît à la portée de tout le monde, moins pour la gloire de son inventeur, que pour les progrès de la science des sons. »

130 *Ibid.*

131 *Ibid.*, p. 70-71.

sont réduits à leurs moindres degrés, donnent le fondement structurel du son que donne tout corps sonore : l'accord parfait majeur *ut-mi-sol*. Le *sol*, la dominante, « constitue l'harmonie », puis le *mi*, note modale, dite médiane, « la varie[132] ». Tous les autres rapports entre les tons du système dodécaphonique tonal peuvent s'extrapoler des rapports contenus dans cet accord.

Ce n'est rien de nouveau pour un musicien qu'en frappant la corde d'*ut* sur un clavecin, les autres *ut* de l'instrument résonnent également, puis, en plus faible proportion, les *sol*, les *mi*, et ainsi de suite, en progressant insensiblement jusqu'à l'inaudible. Ce qui fait tout l'intérêt d'une *génération* harmonique, c'est que le mouvement de *la* corde dicte de manière ordonnée les rapports du mouvement des cordes *entre elles*. En autres mots, la vibration puis sa propagation sont expliquées par un seul et unique modèle.

> Si l'on accorde d'autres corps sonores, qui soient avec ce principe en même rapport que les sons qu'il fait entendre, non seulement comme tiers et son cinquième, mais encore comme son triple et son quintuple, il les fera frémir, avec cette différence que les premiers frémissent dans leur totalité, au lieu qu'il force les derniers à se diviser dans toutes les parties qui en font l'unisson ; de sorte qu'en ce cas, il a sur ses multiples la même puissance que sur ses sous-multiples. Ces expériences sont également sensibles à l'oreille, à l'œil et au tact[133].

À vrai dire, le système de Rameau présente nombre de problèmes liés au tempérament des instruments : la justesse absolue des notes ne se réconcilie pas avec les rapports d'une trop grande rigueur que le théoricien tente d'établir entre elles. Rameau est ainsi obligé de forcer la nature afin de s'assurer que, figurativement parlant, sa machine bien huilée puisse tourner sans encombre. Les rapports du corps sonore peuvent ainsi tenir compte de l'ensemble des rapports du système tonal à condition que l'on fasse abstraction de la fausseté des notes qui croît proportionnellement avec leur éloignement du « son fondamental ». La *Démonstration* excuse cette caractéristique par une étonnante opération intellectuelle : en reléguant les écueils de son système au domaine de l'*inappréciable*.

---

132 *Ibid.*, p. 73.
133 *Ibid.*, p. 71-72.

> Toute différence qui consiste dans des inappréciables, est par conséquent inappréciable ; on ne sent point la différence du quart de ton [...]. Aussi est-ce sur cette remarque qu'on a fabriqué les instruments à touches, où les demi-tons sont égaux, du moins presque égaux[134].

D'ailleurs, en essayant de prouver « l'inutilité de rectifier des différences inappréciables » qui « doivent être réputées insensibles[135] », il fait de son *corps sonore* une sorte de *pompe hydraulique* à l'instar de celles des iatromécanistes : une analogie à la fois complexe et séduisante, mais qui ne parvient pas pour autant à recouvrir l'ensemble des phénomènes observables. C'est faire une grille d'analyse procustéenne des phénomènes sonores : tout ce qui dépasse, on le coupe[136].

La *Démonstration* amène une subtilité de plus à sa justification en prétendant que c'est la nature elle-même qui opère cette coupure, faisant prévaloir son système contre ses propres écarts puisque ce serait également grâce à la nature que l'oreille humaine n'est pas faite pour percevoir ces intervalles.

> Mais la nature n'y aurait-elle pas remédié par la préoccupation où elle nous tient en faveur des sons fondamentaux, seule et unique cause des effets, et dont l'harmonie, toujours sous-entendue dans la perfection qu'exigent leur liaison et le rapport des modes successifs, rectifie à l'oreille quelques légères altérations qui n'ont lieu que dans des produits passagers, mais étrangers aux corps sonores représentés par les sons fondamentaux[137] ?

Voilà l'axiome du corps sonore – et l'échafaudage de sa défense – à partir duquel Rameau a cru, dès les lettres qu'il envoie à Bernoulli au début de 1750, pouvoir donner une explication mathématique de l'ensemble des phénomènes naturels. Certes, son système est d'une ingéniosité prodigieuse, d'une originalité qui a en grande partie permis la construction

134 *Ibid.*, p. 103.

135 *Ibid.*, p. 104.

136 Diderot commentera d'ailleurs cette idée dans les *Leçons de clavecin*, p. 378 : « Que fait un bon logicien ? Que fait un bon physicien lorsqu'il rencontre un phénomène qui contredit son hypothèse ? Il y renonce. Que fait un systématique ? Il force, il tord si bien les faits, que, bon gré, mal gré, il les ajuste avec ses idées ; et c'est ce qu'a fait Rameau. » D'ailleurs, c'est une idée peut-être calquée d'une description du père de *Tristam Shandy ;* voir L. Sterne, *The Life and Opinions of Tristram Shandy*, p. 80 : « [...] *like all systematic reasoners, he would move both heaven and earth, and twist and torture every thing in nature, to support his hypothesis.* »

137 *Ibid.*

d'instruments à tempérament égal permettant des modulations à même la pièce et de conventions dans la notation musicale encore en vigueur de nos jours. Toutefois, après 1750, l'homme se laisse prendre au piège de sa propre méthode. Rameau est plus théoricien qu'il n'est poète : à partir du moment où il fait appel à Diderot pour fleurir sa théorie afin de la faire accepter par l'Académie des sciences – pour la *mettre au beau jour* comme disait l'abbé Raynal – la lumière des possibilités qu'il y entrevoit l'aveugle. Une remarque d'André Charrak résume adroitement le processus que Rameau aurait inversé : « le sentiment de l'harmonie est une représentation, dans laquelle l'inférence du signe (acoustique) à son interprétation (harmonique) repose sur une perception temporalisée[138] ». Ainsi Rameau a-t-il pris la représentation pour la chose même. Pourrait-on imputer une part de la dérive du grand musicien à ce qu'il ait pris à la lettre les figures de style sortant de la plume de Diderot ?

Permettons-nous d'effleurer de l'imagination la fiction d'un Rameau expliquant, un axiome à la fois, son système musical à Diderot, ce dernier l'interrompant sans cesse d'une volée de ponctuations exaltées : « Merveilleux ! Voilà qui est comme pour le spectre lumineux ! [...] Diable ! Mais c'est tout à fait *pareil* au fonctionnement d'une horloge ! [...] Que cela est beau... on pourrait croire à une parfaite description de la sympathie entre deux êtres ! [...] Ma foi, si ce n'est pas là un mouvement *identique* à celui des fibres du corps humain [...] etc., etc. » Notre Rameau fictif, fier comme un paon des transports que son système inspire à un philosophe dont l'intelligence est estimée par ses pairs, se laisse tranquillement séduire. « Peut-être bien, peut-être bien, se dit-il. J'ai bien pu faire entendre la musique à la raison... qui me dit que ce serait le dernier des phénomènes à me résister ? La Nature a peut-être caché ses secrets aux Anciens, mais à moi ? » Ivre des ramifications potentielles de son système, il dépêche de suite des lettres aux plus grands savants de son temps, prêt à employer les rapports du corps sonore à la démonstration d'autant de phénomènes qu'il le devra pour rendre sa théorie totale.

Si Rameau ou encore son adversaire Rousseau se sont chacun repliés dans leurs crispations respectives, l'un défendant l'universalité d'une raison cartésienne, l'autre évoquant l'absolu du *sentiment du cœur*, Diderot aura à tout moment recherché la synthèse des positions qui lui étaient

138 A. Charrak, *Raison et perception*, p. 290.

connues. Il se permet d'adopter, le temps d'un dialogue, nombre de positions contradictoires : si le genre du traité scientifique oblige son auteur à la démonstration, la fiction dialoguée autorise volontiers la pluralité des voix. La pratique rhétorique le garde de prendre les formes produites par le langage – figuré ou scientifique – pour des réalités autonomes. Tandis que les théoriciens inflexibles ont fini par se couper du monde à force de chercher l'absolu, Diderot gardait les yeux rivés sur le « processus dialectique[139] », d'où il observe la fabuleuse puissance de l'analogie d'un *corps sonore* tout en se jouant des oppositions idéelles apparentes par le biais d'une « stratégie d'ambigüité[140] ».

139 Verba, *Music and the French Enlightenment*, p. 310 : "*Throughout much of the debate Diderot was largely attracted to the dialectical process itself.*"

140 *Ibid.*, p. 317 : "[...] *he achieves a synthesis among seemingly opposing concepts by relying heavily on a well-developed strategy of ambiguity – at times, taking the form of playful deceptiveness.*"

SUR LA TABLE DE TRAVAIL DE DIDEROT

« UN BRUIT D'UNE ESPÈCE NOUVELLE[1] » OU L'HYBRIDITÉ DES *BIJOUX*

Dans les *Bijoux indiscrets*, Diderot se moque d'un personnage dont les expériences quelque peu excentriques ont fait un bruit considérable, à la fois au propre et au figuré : le vitaliste Antoine Ferrein, alias le docteur Orcotome[2]. Dans les années 1740[3], le vrai Ferrein mène des recherches sur le mécanisme de la voix humaine, phénomène « encore imparfaitement connu » que « les œuvres d'Euler et de Mersenne sont loin d'avoir éclairé suffisamment[4] ». En 1741, Ferrein livre sur ce sujet une présentation mémorable devant l'Académie royale des Sciences. La présentation marquera l'histoire de la physiologie comme un de ses moments les plus risibles, du moins du point de vue des encyclopédistes[5] :

> Il [Ferrein] prend une trachée-artère détachée d'un cadavre, avec son larynx, il souffle dans la trachée, tenant en même temps les rubans de la glotte plus ou moins bandés ; et l'on entend la voix humaine ou animale hausser et baisser de ton[6].

1 Diderot, *Les Bijoux indiscrets*, p. 20.

2 Dans les notes des *Bijoux*, J.-C. Abramovici glose le nom ainsi : « formé sur le verbe grec Ὀρχοτομέω, "couper les bourses", "châtrer" ».

3 Pour une liste des travaux publicisés de Ferrein, voir dans les *Registres de l'Académie royale des Sciences*, 1741-1750, p. 194, « Liste chronologique des Observations et Mémoires de M. Ferrein imprimées dans l'*Histoire* et dans les *Mémoires de l'Académie royale des Sciences* depuis 1741 jusqu'à 1750 ».

4 B. Didier, *La Musique des Lumières*, p. 111.

5 L'on retrouve des moqueries de l'expérience entre autres dans la *Lettre à M. D*** sur le nouveau système de la voix* de Joseph Bertin et la *Politique du médecin de Machiavel* de La Mettrie.

6 *Histoire de l'Académie royale des Sciences*, année 1741, t. I, p. 70, cité dans Didier, *op. cit.*, p. 113.

> [Toutefois, l'on] entendit seulement une sorte de mugissement ; on l'aurait entendu en soufflant dans une corne : mais ce n'était pas là ce qu'on cherchait. On voulait entendre les sons différents des *cordes* de la glotte, l'octave, la tierce, la quinte en un mot ce violon dont l'air est l'archet[7].

Parodiant ce cuisant échec, Diderot imagine l'Orcotome de son roman libertin expliquant devant l'Académie des Sciences de Banza le mécanisme de la parole des *bijoux* en s'époumonant « à perte d'haleine » dans des sexes (*delphus*) « de tout âge, de toute grandeur, de tout état, de toute couleur[8] ». Avant de s'y prendre, il harangue l'assemblée :

> Oui, messieurs, le *delphus* est un instrument à cordes et à vent, mais beaucoup plus à cordes qu'à vent. L'air extérieur qui s'y porte, fait proprement l'office d'un archet sur les fibres tendineuses des ailes que j'appellerai rubans ou cordes vocales. C'est la douce collision de cet air et des cordes vocales qui les oblige à frémir, et c'est par leurs vibrations plus ou moins promptes qu'elles rendent différents sons. La personne modifie ces sons à discrétion, parle et pourrait même chanter.
>
> Comme il n'y a que deux rubans ou cordes vocales, et qu'elles sont sensiblement de la même longueur, on me demandera sans doute comment elles suffisent pour donner la multitude des tons graves et aigus, forts et faibles, dont la voix humaine est capable. Je réponds, en suivant la comparaison de cet organe aux instruments de musique, que leur allongement et accourcissement suffisent pour produire ces effets[9].

Toutefois, Orcotome « avait beau souffler, on n'entendait que des sons inarticulés, et fort différents de ceux qu'il promettait[10]. » Peut-être était-ce là l'échec d'une forme d'*hybris*, l'écueil qu'aurait rencontré son orgueil de scientifique cherchant à dominer le discours plutôt qu'à y prendre part. Il force la parole des *bijoux* : ainsi cette dernière lui fait-elle défaut. Par une ironie plaisante, la défaite de l'explication systématique du médecin est comparée à celle du bramine-jésuite : « Mangogul et

7 *Lettres sur le nouveau système de la voix et sur les artères lymphatiques*, p. 15, cité dans *ibid.*, p. 113.

8 Diderot, *Bijoux*, p. 38.

9 *Ibid.*, p. 26. On remarque d'ailleurs que Diderot reprend de très près le compte rendu de l'*Académie*. *Cf.* avec *Histoire de l'Académie royale des Sciences*, t. I, p. 70 : « L'organe de la Voix est, selon lui, un instrument à corde et à vent, et beaucoup plus à corde qu'à vent, l'air qui vient des poumons et qui passe par la glotte, n'y faisant proprement que l'office d'un archet sur des fibres tendineuses de ces lèvres que M. Ferrein appelle *Cordes vocales* ou *Rubans* de la glotte. [etc.] ».

10 *Bijoux*, p. 38.

la sultane, qui seuls avaient le secret de l'anneau, trouvèrent que le bramine avait aussi heureusement expliqué le caquet des bijoux par le secours de la religion, qu'Orcotome par les lumières de la raison[11]. » La forme des éloquences religieuse et scientifique sont mises sur un pied d'égalité, tandis que leur fond, erroné puisqu'il affirme plutôt que de questionner, est mis au rencart. L'organe a beau être *delphique*, supposément détenteur d'une parole d'oracle – certains ont même vu dans ce trait une préfiguration de l'œuvre de Freud[12] –, il s'agit néanmoins de consulter cet oracle plutôt que de le contraindre et de l'expliquer en soliloquant. Ou pire : en le vivisectant, en l'isolant du corps duquel il ne saurait se séparer. La vraie valeur discursive est résolument *polyphonique.*

Le butinage intellectuel sénéquéen ne saurait être autre que *polyphonique* : polyphonie de fleurs et d'œuvres, polyphonie d'abeilles et de gens. Les *Bijoux indiscrets*, « intempérances d'esprit[13] » posées sur le papier par un écrivain de trente-cinq ans espérant peut-être se dédommager de « la fatigue et l'ennui inséparables de toutes les longues entreprises[14] », peuvent ainsi se lire comme le journal de bord d'un butinage aussi nerveux qu'insatiable. Bigarrés, les *Bijoux* cherchent tout de même une forme de cohérence. Ce roman libertin multiplie les images de conversations à voix plurielles en idéalisant, par exemple, le potentiel de recherche des Académies – non sans un brin d'optimisme. Dans un chapitre parodique intitulé « État de l'Académie des Sciences de Banza », Diderot laisse discrètement subodorer son dessein encyclopédique en filant l'image d'un « essaim d'abeilles infatigables travailla[n]t sans relâche à la recherche de la vérité[15] ». Selon Jean-Christophe Abramovici, il s'agit de

> l'œuvre d'un écrivain arrivé à la croisée des chemins [...], un texte qui à la fois [rattache Diderot] à ses amis « écrivailleurs » et nouvellistes, et manifeste

11 *Ibid.*, p. 43.

12 Voir J. Vanderheyden, *The Function of the Dream and the Body in Diderot's Works*, surtout « Chapter III Talking Body Parts and Vagabond Souls », p. 97-133. On y trouve des idées du genre : « *In fact, just as the* bijoux *act as a metaphor for the deception of language/representation, Dora's* [celle du *Dora. Fragment d'une analyse d'hystérie* de Freud] *dreams and Freud's interpretations serve as a metaphor for the* bijoux/*genitalia as presented in Diderot's novel.* », p. 119.

13 *C.*, t. I, p. 86.

14 J.-A. Naigeon, *Mémoires historiques et philosophiques sur la vie et les ouvrages de M. Diderot*, cité dans « Accueil des "Bijoux indiscrets" », p. 225.

15 *Bijoux*, p. 24.

> une capacité originale à amalgamer par le style des matériaux littéraires les plus hétérogènes, une curiosité sans limites, une ambition intellectuelle de mettre en scène et de discuter des mutations de son siècle[16].

En somme, les *Bijoux*, texte « taillé comme un habit d'Arlequin[17] », articulent une « esthétique de la bigarrure[18] ». Ils rodent le geste rhapsodique observé et admiré dans « l'exemple de Rabelais, de Montagne [*sic*], de la Mothe-le-Vayer, de Swift, & de quelques autres que je pourrois nommer[19] » – comme, plus tard, le Sterne de *Tristram Shandy* – et utilisent à leur guise le fil conducteur de l'idée déjà usée des *cons qui content*[20], idée dont le ton sybarite laissait espérer un certain succès de vente. La polyphonie des discours contenus dans le roman renvoie à la polyphonie décrite dans l'intrigue, soit l'opposition entre les discours candides des *bijoux* et ceux des bouches de leurs propriétaires.

L'analogie entre le philosophe et le clavecin telle qu'on la rencontre dans le *Rêve de D'Alembert* a sans doute une dette symbolique envers le motif d'un dédoublement des organes de la parole. Comme il a été noté par Jacques Chouillet, l'originalité de l'analogie du *Rêve*, au-delà de la simple comparaison entre deux objets, est de supposer que l'entendement soit hybride, c'est-à-dire « que nous puissions être *à la fois* le clavecin et le philosophe[21] ». La représentation des corps féminins des *Bijoux* divise le sujet expressif en biotopes à la fois distincts (con et bouche) et réunis (par l'unité du corps). Ils se relaient les deux « moitié[s] des frais de la conversation[22] ». Entre haut et bas du corps, ils établissent la dynamique d'une conversation bicéphale, le degré zéro dialogique. Le con et la bouche – autant dire *le profane* et *le sacré* ou le *res extensa* puis le *res cogitans* tant ces réverbérations sont par moments patentes sous

16 J.-C. Abramovici, « Notice » [de l'édition Pléiade des *Bijoux*], p. 918.

17 J. Proust, « Postface », *Bijoux indiscrets* [éd. de 1972], p. 344.

18 *Ibid.*, p. 916.

19 Diderot, « Épitre à Mme de P*** », [à la tête des *Mémoires sur différents sujets de mathématiques*, édition de 1748], p. III-IV.

20 En 1747, le comte de Caylus donne son *Nocrion, conte allobroge* qui reprend déjà l'idée présente dans les fabliaux du XIIIe siècle, comme par exemple *Le Dit des cons* de Gauthier le Loup (ou Le Leu), [BnF, Ms. fr. 837, f. 241], ou encore *Du chevalier qui fist les cons parler*, fabliau de Garin (ou Guérin ou encore Gwaryn) traduit dans *Le Chevalier paillard. Quinze fabliaux libertins de chevalerie traduits de l'ancien français, présentés et annotés par Jean-Luc Leclanche*, p. 24-61.

21 J. Chouillet, *Diderot, poète de l'énergie*, p. 263. Nous soulignons.

22 *Bijoux*, p. 20.

la plume de Diderot – échangent dans une dialectique enrichissante. La valeur et l'intérêt de cette pluralité de voix est souvent réaffirmée : par exemple, selon le sultan Mangogul, la « société ne peut que gagner infiniment à cette duplication d'organes[23] ». Si le rapprochement de l'anatomie humaine et d'instruments musicaux est une figure commune, presque banale – la même année que les *Bijoux*, par exemple, La Mettrie l'emploie dans *L'Homme-machine*[24] –, il y a une différence notable entre la simple *comparaison* corps-clavecin et le *croisement* des deux. Ferrein, qui aspire comiquement à jouer de trachées humaines comme si elles étaient des cors anglais, se prête bien au jeu stylistique. S'opère alors dans la mise en scène une adéquation sémantique identique à celle qui fait passer d'une comparaison à une métaphore lorsque, dans les *Bijoux*, le médecin Orcotome est représenté en train de brouiller la distinction entre l'*organe* et l'*instrument*[25], par le biais de la trachée humaine, à la fois l'un et l'autre. Le rapprochement est d'ailleurs aidé par le truchement de l'étymologie : ὄργανον, à la fois *outil, instrument, organe*, mais aussi *orgue.*

Soit dit en passant, Diderot accorde une valeur considérable à ce que le XIXe siècle appelle « l'hybridité[26] ». Plus que de simple rencontre, plus que simple juxtaposition, il est question de coexistence et d'interpénétration. S'il rattache le sens propre du mot « hybride » (ou *hibride*) aux animaux formés de deux espèces différentes, il donne de son sens grammatical l'étonnante description suivante :

> Il n'y a presque pas un seul idiome où l'on ne rencontre de ces sortes de monstres : les amateurs de la pureté les rejettent ; ont-ils raison ? ont-ils tort ?

23 *Ibid.*

24 J. O. de La Mettrie, *L'Homme-machine*, p. 58-59 : « Comme une corde de violon, ou une touche de clavecin frémit et rend un son, les cordes du cerveau frappées par les rayons sonores, ont été excitées à rendre, ou à redire les mots qui les touchaient ».

25 Il est aussi intéressant de noter la fascination des encyclopédistes pour l'orgue en tant qu'instrument-système : des 34 planches de l'*Encyclopédie* traitant de « Lutherie », « les onze Planches de la première suite contiennent tout ce qui a rapport à la description & à la facture de l'orgue. » Voir *Recueil de planches sur les sciences, les arts libéraux, et les arts méchaniques, avec leur explication. Lutherie*, p. 1.

26 Voir J.-C. Philibert, *Introduction à l'étude de la botanique*, vol. II, p. 382. En 1799, « Philibert » (il s'agit du pseudonyme d'un Legendre, ancien conseiller au Parlement de Paris, qui aurait dû quitter la magistrature suite à des « fautes graves » pour s'occuper de botanique entre 1797 et 1805. Voir Quérard, *France littéraire*, 1870, p. 108) est un des premiers à utiliser le terme – sinon *le* premier. Cependant, il n'en est pas très enthousiasmé, ajoutant un astérisque sitôt que le mot apparaît : « Je suis forcé de créer ce mot pour me faire entendre. Mais je désire qu'on l'oublie dès que j'aurai été entendu. »

> Il me semble que c'est à l'harmonie à décider cette question. S'il arrive qu'un composé de deux mots, l'un grec & l'autre latin, rende les idées aussi-bien, & soit d'ailleurs plus doux à prononcer, & plus agréable à l'oreille qu'un mot composé de deux mots grecs ou de deux mots latins, pourquoi préférer celui-ci[27] ?

Les interrogations de cette définition se rangent encore derrière la « discrète insistance » puis le « discret scepticisme[28] » des *Bijoux* : la valeur du mélange, encore vu comme *une sorte de monstre*, n'est pas encore affirmée, assimilée, puis performée dans le style de l'auteur. Elle est pressentie, certes ; suggérée, assurément. Laissons « l'harmonie » en être le juge, propose Diderot. Autant dire : *suspendons le jugement.* Ce n'est que dans des œuvres comme *Jacques*, le *Neveu* ou le *Rêve* que l'auteur *donne raison* à ces « monstres » et que les idées hasardées dans les *Bijoux* fleurissent résolument. Comme l'a remarqué Lessing lors de sa lecture des *Bijoux*, « un homme prudent dit souvent en riant d'abord ce qu'il veut redire après sérieusement[29]. »

Les *Bijoux* sont en quelque sorte un compte rendu badin d'une période pendant laquelle Diderot est « au service de la parole des autres[30] ». Butinant, il tisse un *manteau d'Arlequin* sur lequel se retrouve des rapiéçures et des « bruits d'une espèce nouvelle » comme celle des expériences de Ferrein, morceaux trop étonnants pour ne pas s'en amuser. Or, cette *libido sciendi* débridée en offusque plusieurs. Le « scandale[31] » lié à ces « *Bijoux* plus savants qu'*indiscrets*, plus spirituels, que charmants et voluptueux[32] » provoque une certaine exaspération – exacerbée avec

27 Diderot, art. « Hibrides (*Grammaire*) », *Encyclopédie*, t. VII, p. 201. L'article, signé par l'étoile habituelle de Diderot, est dans le tome 8, « H – Itzehoa », qui paraît en 1765. Travaillant à la préparation des tomes non autorisés en 1757 et 1758, Diderot l'a sans doute écrit plus tôt.

28 J.-C. Abramovici, « Notice », p. 919.

29 G. E. Lessing, *Dramaturgie de Hambourg*, LXXXIV, 19 février 1768, cité dans « Accueil des "Bijoux indiscrets" », p. 224.

30 J. Starobinski, *Diderot, un diable de ramage*, p. 58.

31 Diderot, « Mémoires sur différents sujets de mathématiques », DPV, t. II, p. 232 : « Je veux que le scandale cesse, et, sans perdre le temps en apologie, j'abandonne la marotte et les grelots pour ne les reprendre jamais, et je reviens à Socrate. » Sur *la marotte et les grelots*, voir le commentaire de J.-C. Abramovici, « Notice », p. 915-916.

32 J. O. de La Mettrie, *Supplément à l'ouvrage de Pénélope, ou Machiavel en médecine par Aletheius Demetrius*, p. 257-258. Dans le même passage, après avoir mentionné les « *Bijoux* plus sçavans qu'*indiscrets* » de Diderot (« D*** »), La Mettrie écrit d'ailleurs que lorsque Ferrein/Orcotome « vint à Paris », il « débuta par revendiquer les Découvertes des Boerhaaves ».

l'arrestation de 1749 – qui résout Diderot à abandonner « la marotte et les grelots » et à entreprendre des ouvrages plus *sages* : l'abeille-philosophe se met dès lors à classer et à ordonner.

ORGANISATION DU CLAVECIN-*ENCYCLOPÉDIE*
Une question d'accord[33]

Tantum series juncturaque pollet[34]

Ubi enim perspecta uis est rationis eius, qua causae rerum atque exitus cognoscuntur, mirus quidam omnium quasi consensus doctrinam concertusque reperitur[35].

Notamment sous l'impulsion du newtonianisme, le XVIIIe siècle français affectionne l'idée que les règles du cosmos s'apparentent aux règles de la même physique qui a jusque-là permis à l'homme de construire ses machines : « Plus la machine sera grande & compliquée, plus il y aura de liaisons entre ses parties, moins on connoîtra ces liaisons ; plus on aura de différens plans de description[36]. » Or, pour Diderot, il n'est plus question d'une machine finie et purement mécanique comme celles que les disciples du cartésianisme aimaient à se représenter, mais d'un tourbillon où « tout [s']enchaîne & [se] succède par des nuances insensibles[37] ». L'illimité chatoiement des phénomènes de la nature

33 Voir les planches tirées des sections « Anatomie » et « Lutherie » de l'*Encyclopédie*.

34 Horace, *Art poétique*, v. 242. « Tant ont de force l'ordre et l'arrangement des termes ». Il s'agit du premier vers de la citation en exergue du premier volume de l'*Encyclopédie*.

35 Cicéron, *De Oratore*, livre III, v. 21. « Quand une fois l'on a bien vu toute la portée de cette théorie, qui nous rend compte des causes et des conséquences des faits, aussitôt se découvre ce que j'appellerai cet *accord* et ce *concert merveilleux* entre toutes les connaissances. » Nos italiques, traduction de l'édition citée.

36 Diderot, art. « Encyclopédie », *Encyclopédie*, t. V, p. 640. Toute référence à cet article sera désormais désignée par la lettre « *E* ».

37 *E.*, p. 640.

compose, pour le philosophe souvent traité de « spinoziste[38] », une machine « infini[e] en tout sens[39] » qu'il est nécessaire d'ordonnancer, d'expliquer en formant une grille d'analyse dans et par le langage. C'est l'entreprise de connaissance du langage, « fondement de toutes ces grandes espérances », qui doit permettre d'épouser les contours, puis la diversité de la nature-machine. Alliée au langage, une conscience des proportions aidera à baliser le cosmos, puis à s'y retrouver : « on dit *l'univers* ; on dit *un atome* : l'univers est le tout, l'atome en est la partie la plus petite. Depuis la collection générale de toutes les causes jusqu'à l'être solitaire, tout a son signe[40] ». Entre une extrémité et l'autre de cette échelle[41], il revient donc à l'homme de dresser l'inventaire de ces signes, hiérarchisés (verticalement) en de multiples strates, puis typifiés (horizontalement) en variations, mais aussi mis en relation, puisque les mots ne sauraient être des phénomènes isolés et immuables. Plutôt, ils occupent des positions mobiles au sein d'un espace continu ; plus encore, ce sont « des objets par lesquels les sciences se communiquent et se touchent[42] ». Pour autant, l'immense chaînon des êtres[43] ne saurait être rendu par une succession parfaitement linéaire, où toutes les entrées sont à la fois équivalentes et interchangeables. D'un autre côté, aussi lui faut-il tout de même un certain ordre afin qu'il ne forme pas un « labyrinthe tortueux où l'on s'égare[44] ». Ainsi faut-il organiser – au sens de *rendre organes*, comme pour un corps – les subdivisions du vocabulaire universel ; il faut leur assigner des fonctions respectives afin qu'un lecteur puisse entendre un sens à l'ensemble.

38 Si le terme tend à désigner une liberté radicale que certains commentateurs modernes ont rapproché du *fatalisme* de Jacques, au XVIIIe siècle français, il est aussi lancé en anathème, souvent groupé dans un déferlement d'autres invectives comme « anarchiste » ou « athée ». Pour une discussion succincte sur le sens particulier de « spinoziste » dans le contexte des Lumières, voir entre autres l'article de Y. Citton, « Le réseau comme résonance : présence ambiguë du spinozisme dans l'espace intellectuel des Lumières », p. 229-249.

39 *E.*, p. 640.

40 *E.*, p. 637.

41 « Entre les deux infinis », disait Pascal. Voir *Pensées*, fragment 185.

42 J. Starobinski, *op. cit.*, p. 39.

43 L'image du « chaînon », développée notamment dans *Jacques le fataliste*, s'entend dans l'étymologie même que Diderot donne au mot « Encyclopédie » à la tête de l'article : « Ce mot signifie *enchaînement de connoissances ;* il est composé de la préposition greque ἐν, *en*, & des substantifs κύκλος, *cercle*, & παιδεια, *connoissance.* » À ce sujet, voir A. O. Lovejoy, *The Great Chain of Being. A Study of the History of an Idea.*

44 *E.*, p. 641.

PORTRAIT D'UNE *ENCYCLOPÉDIE*

Quels modèles se donner pour illustrer le projet d'une telle architecture en mouvement ? Plus encore, quelles analogies employer afin de faire sentir le *naturel*[45] du projet, fruit d'un moment précis dans l'histoire des idées, pris entre la relativement timide *Cyclopædia* de Chambers[46] (1728) et l'interminable *Encyclopédie méthodique* de Panckoucke (lancée en 1782) ? Comment réussir à *enchanter* un lectorat potentiel ? Si les *dictionnaires*, les *trésors*, les *sommes*, les *encyclopédies* et autres « formes de totalisation des savoirs[47] » se suivent en une succession de « métamorphoses[48] », renaissant à partir des cendres des unes et des autres, qu'est-ce qui fait la singularité de l'*Encyclopédie* ?

Avançons que ce qui assure à la fois la possibilité et la pérennité du projet appuyé par Le Breton est la rigoureuse sensibilité que Diderot apporte à la question du rapport entre le corps pensant et l'œuvre qu'il parcourt. Autrement dit : l'*Encyclopédie* se prémunit contre les failles et des caprices dans les habitudes de lecture de son public projeté en faisant souvent appel au *plaisir* de lecture. Cette attention portée au *delectare* rhétorique se reflète tant dans le « style[49] » souvent personnel et presque toujours digressif que dans la *représentation* du projet entier qui devient, par exemple, une longue route agréable.

> [S]'il est facile à un dictionnaire d'être bien écrit, il n'est guere d'ouvrages auxquels il soit plus essentiel de l'être. Plus une route doit être longue, plus

---

45 Voir l'étude de G. Stenger, *Nature et liberté chez Diderot : après l'*Encyclopédie. L'histoire des critiques posthumes de la place du « naturel » dans le style de Diderot éclaire sa réception par les plumes d'une modernité post-révolutionnaire. L'on pense aux tensions qu'il génère au siècle suivant, par exemple sous la plume de Ferdinand Brunetière qui écrit dans son *Histoire de la littérature française*, t. III, p. 367 : « Trop naturel, Diderot est diffus, désordonné, confus ; trop naturel, il est emphatique, orgueilleux et déclamatoire ; trop naturel, il est barbare en art, inepte en religion, vicieux en morale. »

46 Dans *E.*, p. 641, Diderot dit de Chambers : « c'étoit un laboureur qui traçoit son sillon, superficiel, mais égal & droit. »

47 A. Cernuschi, « La pratique concrète des encyclopédistes. Quelques perspectives sur l'étude des encyclopédies des Lumières », p. 101.

48 Selon une formule d'A.-M. Chouillet, « Les métamorphoses de l'*Encyclopédie* ». Voir le titre du colloque qu'elle a organisé sur l'*Encyclopédie*, dont les actes sont publiés dans : *Recherches sur Diderot et l'*Encyclopédie, n. 12, 1992.

49 J. Proust, *Diderot et l'*Encyclopédie, p. 508. « [Diderot] reste pourtant jusqu'au bout l'animateur principal, non seulement parce qu'il en assumera jusqu'en 1772 la direction et le contrôle, mais plus encore parce qu'il a su lui imposer un *style*. » Italiques de Proust.

> il seroit à souhaiter qu'elle fût agréable. Au reste, nous avons quelque raison de croire que nous ne sommes pas restés de ce côté sans succès. Il y a des personnes qui ont lû l'*Encyclopédie* d'un bout à l'autre ; & si l'on en excepte le dictionnaire de Bayle qui perd tous les jours un peu de cette prérogative, il n'y a guere que le nôtre qui en ait joüi & qui en joüisse[50].

Le plaisir devient ainsi le socle d'une esthétique de la lecture pratiquée dans une œuvre faite d'une pluralité de voix. Outre le style vif des meilleurs articles, le réseau sophistiqué de renvois de l'*Encyclopédie* participe aussi de cette séduction. Comme le remarque Starobinski, chaque article « offre la possibilité [...] de renouveler rapidement le plaisir de la découverte. Le dictionnaire satisfait au plus vite la curiosité qu'excite un mot apparu dans la conversation ou au cours d'une lecture[51]. » Voilà les « catins[52] » que sont les pensées pour l'auteur du *Neveu* : on en dispose tout aussi librement qu'on les quitte ou qu'on les retrouve.

Pour ce philosophe à la tête d'une armée de gens « utiles[53] », « l'agréable » est ainsi la qualité sur laquelle il s'agit d'insister afin d'assurer le succès d'une transmission de savoir. Le célèbre précepte horatien[54] est par le fait même investi d'un sens proprement matérialiste et fort pragmatique : sans agrément, c'est l'appareil pensant qui fait fausse route. Toute démarche intellectuelle doit s'y recentrer, puisqu'il ne serait pas possible de penser *autrement* qu'un humain. De plus, quand bien même un ouvrage donné parviendrait à exposer clairement un panorama exhaustif des connaissances humaines à un moment donné – hypothèse d'ailleurs rejetée d'emblée par Diderot –, cela n'avancerait en rien le « genre humain » à cause des limites de l'appareil perceptuel de l'individu lui-même :

50 *E.*, p. 648. L'article « Jouissance (*Gramm. & Morale*) » de l'*Encyclopédie*, t. VIII, p. 889, rédigé par Diderot, donne d'ailleurs le sens explicitement charnel que l'auteur accorde au plaisir de lecture : « Jouir, c'est connoître, éprouver, sentir les avantages de posséder ». Voir la lecture qu'en fait L. Spitzer dans « The Style of Diderot », p. 137-146.

51 J. Starobinski, *Diderot, un diable de ramage*, p. 40. Cela rappelle aussi qu'on se demandait comment soutenir l'attention d'un public de lecteurs d'une œuvre fragmentaire bien avant l'ère des réseaux sociaux.

52 « Il flirte avec les théories comme avec les femmes », écrit avec une rigueur et une sensibilité discutables Éric-Emmanuel Schmitt dans son *Diderot ou la Philosophie de la séduction.*

53 J. Proust, *op. cit.*, p. 505. « Quels que fussent leurs titres, et la nature de leurs ressources, les encyclopédistes furent surtout des hommes d'action et de pensée, des gens "utiles" [...]. »

54 Horace, *Art poétique*, v. 333-346. « Certes, il faut de l'utile, mais il faut aussi de l'agréable. [...] Au reste, l'œuvre qui emporte tous les suffrages est celle où l'utilité du fond s'enveloppe de l'agrément de la forme. »

> Quant à ce système général d'où l'arbitraire seroit exclu, & que nous n'aurons jamais ; peut-être ne nous seroit-il pas fort avantageux de l'avoir ; car quelle différence y auroit-il entre la lecture d'un ouvrage où tous les ressorts de l'univers seroient développés, & l'étude même de l'univers ? presqu'aucune : nous ne serions toûjours capables d'entendre qu'une certaine portion de ce grand livre ; & pour peu que l'impatience & la curiosité qui nous dominent & interrompent si communément le cours de nos observations, jettassent le desordre dans nos lectures, nos connoissances deviendroient aussi isolées qu'elles le sont ; perdant la chaîne des inductions, & cessant d'apercevoir les liaisons antérieures & subséquentes, nous aurions bien-tôt les mêmes vuides et les mêmes incertitudes[55].

Si l'*Encyclopédie* est une immense machine langagière qui cherche à émuler l'immense machine physique de l'univers, elle doit donc être une immense machine agréable et raisonnée, sans quoi le sens de sa mécanique positive est perdu pour son lectorat mortel. « L'homme est le terme unique d'où il faut partir[56] » et c'est à son entendement et à sa sensibilité que s'adresse le chant de l'*Encyclopédie*.

LE *CONCERT MERVEILLEUX* DES CONNAISSANCES HUMAINES

L'idée « d'euphonie » – du plaisir de l'organe auditif à l'écoute des mots d'une langue – devient alors essentielle au sein du projet encyclopédique : c'est cette « loi puissante qui agit continuellement & universellement » qui accorde et fixe les mots du vocabulaire universel. Loin d'être une variante de l'*harmonia mundi* des Anciens, la notion d'euphonie des encyclopédistes se recentre sur les goûts en matière de perception sonore de l'homme physique[57]. Comme les « lois » qui régissent l'*œconomie animale* en recherchant toujours pour les organismes biologiques la « santé parfaite [qui] consiste dans un calme profond & continu, un équilibre, une *harmonie*[58] », l'euphonie émonde continuellement l'arbre du langage. Ce sont les goûts qui ordonnent le savoir : les mots et les expressions

55 *E.*, p. 641.

56 *Ibid.*

57 Le « tronc » de « l'arbre généalogique » des Sciences et des Arts est d'ailleurs « l'Être Physique » et son « Entendement ». Voir la gravure sylvestre publiée dans l'*Encyclopédie* de Panckoucke : C. F. G. Roth, *Essai d'une distribution généalogique des Sciences et des Arts selon l'Explication détaillée du Système des Connaissances Humaines dans le Discours préliminaire des Éditeurs de l'Encyclopédie publiée par M. Diderot et M. D'Alembert.*

58 M. de Chambaud, art. « Œconomie animale », *Encyclopédie*, t. XI, p. 365.

aux sonorités les plus délectables survivent tandis que l'oubli guette les autres. Pour ainsi dire, les langues « abandonnent le jugement du bon sens & de la raison, pour se soûmettre à celui de l'oreille[59] ». Cette perspective paraît « d'abord l'extravagance la plus manifeste & la plus contraire à l'exactitude & à la vérité », mais rapidement, elle « devient, quand on y réfléchit, le fondement de la finesse, du bon goût, de la mélodie du style, de son unité, & des autres qualités de l'élocution, qui seules assurent l'immortalité aux œuvres littéraires[60]. »

Ainsi, les encyclopédistes ont « cherché dans les facultés principales de l'homme, la division générale » à laquelle ils ont « subordonné [leur] travail[61]. » Lorsqu'il s'agit d'illustrer une telle architecture vivante et sonore, des modèles faisant figurer un phénomène « muet, insensible & froid[62] » – comme celui du mouvement des sphères célestes – sont abandonnés. On leur préfère des objets à échelle humaine issus des arts mécaniques, comme le célèbre métier à bas[63], ou encore – et c'est là où nous en voulons venir – les instruments de la section « Lutherie ». Ces derniers forment un ensemble orné d'une attractivité évidente pour le philosophe qui se dit amateur de musique.

> Nous n'avons qu'un moyen de fixer les choses fugitives & de pure convention ; c'est de les rapporter à des êtres constans : & il n'y a de base constante ici que les organes qui ne changent point, & qui, semblables à des instrumens de musique, rendront *à-peu-près* en tout tems les mêmes sons, si nous savons disposer artistement de leur tension ou de leur longueur, & diriger convenablement l'air dans leur capacité ; la trachée artère & la

59 *E.*, p. 640.

60 *Ibid.* Saurait-on faire d'une telle affirmation l'auspice de nombre de théories esthétiques au XIXe siècle ? L'on croirait presque lire Flaubert parlant de *mot juste*, d'une *œuvre qui ne tiendrait que par le style* et qu'il est pertinent de justifier par une révision à haute-voix dans son *gueuloir*. Concernant le passage du régime esthétique de l'œil à celui de l'oreille, voir le début de la captivante étude de F. Albrecht, *Ut musica poesis : modèle musical et enjeux poétiques de Baudelaire à Mallarmé (1857-1897)*.

61 *E.*, p. 641.

62 *Ibid.*

63 Voir Diderot, art. « Bas », *Encyclopédie*, t. II, p. 98 : « Le métier à faire des *bas* est une des machines les plus compliquées & les plus conséquentes que nous ayons : on peut la regarder comme un seul & unique raisonnement, dont la fabrication de l'ouvrage est la conclusion ; aussi regne-t-il entre ses parties une si grande dépendance, qu'en retrancher une seule, ou altérer la forme de celles qu'on juge les moins importantes, c'est nuire à tout le méchanisme. » Voir aussi l'analyse que fait J. Stalnaker de l'article dans *The Unfinished Enlightenment : Description in the Age of the Encyclopedia*, chap. 3 : « Diderot's Word Machine ».

> bouche composent une espèce de flûte, dont il faut donner la tablature la plus scrupuleuse[64].

Les instruments sont des créations humaines à la fois uniques et catégorisables : si chaque instrument est de facture singulière, leurs caractéristiques sont suffisamment stables pour que les vocables « violon », « guitarre » [*sic*] ou « clavecin » puissent désigner des réalités dont la relative clarté franchisse le seuil de la signification. Pour reprendre des exemples canoniques de la philosophie hellénique, il est plus aisé de répondre à « qu'est-ce qu'une table ? » qu'à « qu'est-ce qu'un homme ? ». De la sorte, Diderot perçoit une constance *suffisante* (disons *suffisante* pour tenir compte du « *à-peu-près* » de l'article) dans les catégories que délimitent les noms de divers instruments de musique – qu'il rapproche d'ailleurs des corps biologiques par le biais de la voix – pour exprimer le degré de fixité du « vocabulaire universel » proposé. La typologie existante de ces machines bâties par l'humain et obéissant aux lois de la physique moderne fait des instruments de musique un exemple idéal pour structurer l'ordre humain comme l'ordre encyclopédique.

La sensibilité de l'organe juge donc de la constance des sons rendus par d'autres instruments. Or, la similitude des sons rendus par certains instruments tempérés « artistement » permet de fixer des *types* et d'espérer le succès d'une entreprise sonore de transmission des mélodies et des harmonies. Il s'agit d'une logique semblable à celle qui justifie le tempérament égal des clavecins, issu du système harmonique de « Rameau, l'oncle[65] ». Le tempérament égal permet notamment « d'accorder[66] », au prix de la justesse absolue de chaque note, les modulations entre tonalités. Il en va ainsi pour une somme de savoir humain, présentée sous forme d'un vocabulaire universel : établir une « acception des termes » plus ou moins stable permet aux divers héritiers d'un tel vocabulaire « d'accorder » leurs savoirs respectifs entre eux. En cela, l'*Encyclopédie* cherche à diapasonner les savoirs humains à l'aide d'une convention plaisante et raisonnée, sans prétendre les surplomber ou encore les fixer définitivement. Tout en mettant l'accent sur la perfectibilité de ce vocabulaire commun, les savants d'académies distinctes pourront

---

64 *E.*, p. 639.

65 Cette expression désignant Jean-Philippe Rameau est déjà d'usage au XVIIIe siècle. Voir A. Magnan, *Rameau le neveu*, p. 96.

66 *E.*, p. 646.

échanger sur un pied d'égalité, au prix de la justesse de leurs jargons respectifs et de leurs *idiotismes* de métier, mais en permettant un échange plus limpide entre disciplines. C'est là souligner la dimension aurale de « l'entendement » : en harmonisant le lexique des sciences et des arts, figurativement parlant, l'*Encyclopédie* donne le « *la* », qui devient « *à-peu-près* » le même pour tous.

« IL EST DONC IMPOSSIBLE DE BANNIR L'ARBITRAIRE DE CETTE GRANDE DISTRIBUTION[67] »

Il faut noter l'importance de cet « *à-peu-près* » dans la description que donne Diderot de l'ordonnancement encyclopédique. Répondant à ceux qui faisaient de l'*Encyclopédie* une parenthèse-brouillon dans l'évolution de la pensée diderotienne, Jacques Proust a jadis proposé qu'il s'agit du lieu même où « cet esprit d'abord systématique a appris à se plier aux exigences de la pratique », c'est-à-dire là où la pensée de Diderot a développé avec le langage une manière d'« épouser fidèlement les multiples inflexions du réel[68]. » C'est un point de vue qui, depuis la thèse magistrale de Proust, est devenu classique : pour tout diderotien de cœur, l'*Encyclopédie* ne saurait être une somme fermée, fixée. Au contraire, elle semble devoir rester ouverte et toujours à l'écoute des bruissements variés du monde : c'est un immense espace vibratoire pour la corde sensible du sujet pensant, en quelque sorte. Or, si le philosophe récuse la possibilité d'un « système général d'où l'arbitraire seroit exclu », il ne s'érige pas moins contre le relativisme des « choses fugitives et de pure convention ». Ainsi, l'« *à-peu-près* » diderotien n'est pas le signe d'une typologie rendue approximative faute de temps ou de ressources – et encore moins celui d'une invention langagière romantiquement abandonnée aux inflexions du réel –, mais plutôt celui d'une « condition intermédiaire de la pensée[69] », sorte d'entente cordiale entre le fini du *monde intelligible* (c'est-à-dire du langage) et l'infini du *monde visible* (ou *audible*).

Alain Cernuschi parle de la « double empreinte[70] » de l'écriture encyclopédique : c'est une écriture qui aurait « trouvé son lieu dans l'écart » entre ces deux mondes *a priori* distincts, développant « une pratique

67 *E.*, p. 640.
68 J. Proust, *Diderot et l'*Encyclopédie, p. 508.
69 A. Cernuschi, *Penser la musique dans l'*Encyclopédie, p. 637.
70 *Ibid.*, p. 636.

critique » qui n'a de cesse de mesurer « les innombrables disjonctions » entre « l'outillage mental et les objets qu'ils se donnaient à penser[71]. » Ainsi, l'écriture encyclopédique participe d'une dynamique qui fonde la véracité de ses jugements sur l'accord « *à-peu-près* » harmonieux qu'ils réussissent ou non à produire chez les conversants. En homme social, Diderot ne cherche pas à refaire le monde à la hâte, mais plutôt à entendre et à harmoniser les voix de ceux qui le composent déjà. Une phrase tirée d'un article signé par l'étoile diderotienne calmera l'élan de ceux qui veulent en faire un réformateur débridé : « On n'invente plus d'*instrumens*, & il y en a assez d'inventés ; mais je crois qu'il y a beaucoup de découvertes à faire sur leur facture[72]. » En remplaçant « *instrumens* » par « savoirs », n'a-t-on pas là un aperçu de l'attitude adoptée par le projet encyclopédique par rapport aux savoirs humains ?

FAIRE SEUL TOUT UN ORCHESTRE

Enhardi par l'optimisme baconien, Diderot ambitionne donc de se poser en chef d'orchestre des voix plurielles des encyclopédistes. Si « chacun a sa manière de sentir & de voir[73] », le philosophe polygraphe – l'« homme pluriel[74] » comme l'appelle Markovits-Pessel – accorde les différences des grammaires particulières de ses collaborateurs par un travail éditorial visant l'euphonie avant toute chose. Comme pour la réalisation d'une symphonie, c'est là un travail qui exige beaucoup des personnes qui l'entreprennent : rien de ce avec quoi il est possible de se familiariser dans la composition ne doit être négligé. Les rapports de chaque musicien et de chaque instrument avec tous les autres importent. Ainsi, Diderot décrit les *Instrumens* de musique en ne perdant jamais de vue les exigences du processus expressif auquel ils participent :

> [C]haque *instrument* a son étendue propre, son expression & son caractere que le musicien doit bien connoître.
>
> S'il porte l'*instrument* au-delà de sa véritable étendue, il le rendra aigu, sourd ou criard.
>
> S'il ne connoît pas son expression, il ne l'appliquera pas dans les circonstances où il aura le plus d'effet. C'est une partie très-importante de l'étude

71 *Ibid.*, p. 637.

72 Diderot, art. « Instrumens (*Musiq. & Luth.*) », *Encyclopédie*, t. VIII, p. 804.

73 *E.*, p. 640.

74 Voir F. Markovits-Pessel, « L'homme pluriel », p. 9-23.

> d'un compositeur, que celle du caractere des *instrumens*. Ce sont les voix différentes par lesquelles il parle à nos oreilles.
>
> Mais ce n'est pas assez que de connoître chaque *instrument* en particulier ; il faut encore avoir l'expérience de l'effet de leurs sons combinés entr'eux[75] [...].

En musique baroque, il est coutumier pour le compositeur d'une œuvre écrite pour un ensemble d'instruments d'en être aussi à la fois le chef d'orchestre et l'un des interprètes : pensons à Lully qui dirigeait souvent ses compositions depuis son clavecin, formant d'une main la basse continue et de l'autre la battue. Était-ce un modèle pour Diderot ? Troquant la salle de concert pour la boutique de l'éditeur Le Breton, Diderot écrit, parle, mais surtout écoute « comme l'épeire au centre de sa toile, attentif à toutes les vibrations des fils immatériels tendus à travers le pays, sensible à chaque souffle de vent[76] ».

Ainsi, en « cent endroits dans cet Ouvrage », il constate sans surprise la « diversité entre les travaux des savans & des gens de lettres[77] ». Toutefois, cette diversité n'est pas celle que l'on pourrait entendre parmi une élite choisie ; ce ne sont pas les différentes personnalités des Violons ordinaires de la Chambre du Roi. Plutôt, cette diversité des discours est entendue comme un verbiage hybride, une cacophonie de sons hétéroclites :

> nous sommes alternativement nains & géants, colosses & pigmées ; droits, bienfaits & proportionnés ; bossus boiteux & contrefaits. Ajoutez à toutes ces bisarreries celles d'un discours abstrait, obscur ou recherché, plus souvent négligé, traînant et lâche ; & vous comparerez l'ouvrage entier au monstre de l'art poétique, ou même à quelque chose de plus hideux[78].

Admettant que l'*Encyclopédie* soit un être vivant, elle serait, à l'image des voix qui la composent, à la fois *bien faite* et *contrefaite* – il s'agirait d'« un diable de ramage saugrenu, moitié des gens du monde et des Lettres, moitié de la Halle[79] » comme aurait sans doute opiné un certain Jean-François Rameau. Point donc uniquement d'honnêtes hommes aux généalogies immaculées dans cette entreprise sapientielle. Plutôt, c'est une bande carnavalesque de savants gueux menée par un

75 Diderot, « Instrumens », p. 804.
76 J. Proust, *op. cit.*, p. 504.
77 *E.*, p. 640.
78 *Ibid.*, p. 641.
79 Diderot, *Le Neveu de Rameau*, p. 650.

homme-orchestre qui ne dédaignait le son du discours de personne. Spitzer parlait d'ailleurs d'un « orchestrateur de la pensée » et d'un « virtuose » à la tête d'un « orchestre verbal[80] ». N'était-ce pas en exaltation plutôt qu'en plainte que Diderot écrivait ceci : « Autant d'hommes, autant de cris divers. [...] Combien de ramages divers, combien de cris discordants dans la seule forêt qu'on appelle société[81] » ?

En ce sens, certaines descriptions du *Neveu* se lisent aisément comme des adaptations autoparodiques du rôle du directeur de l'*Encyclopédie*. Diderot n'était-il pas capable d'une satire de lui-même, aussi mordante sinon plus que celle de n'importe quel Chaumeix[82] ou Palissot[83] ? La girouette langroise n'en est pas à sa première caricature ; aussi prend-il sans doute plaisir à joindre sa propre voix à celles des autres cabotins de l'atelier. Imaginons dans le passage suivant qu'il est question non pas de Rameau l'éblouissant saltimbanque, mais du contremaître du chantier encyclopédique à l'œuvre :

> [V]ous vous seriez échappé en éclats de rire à la manière dont il contrefaisait les différents instruments. Avec des joues renflées et bouffies, et un son rauque et sombre, il rendait les cors et les bassons ; il prenait un son éclatant et nasillard pour les hautbois ; précipitant sa voix avec une rapidité incroyable pour les instruments à corde dont il cherchait les sons les plus approchés ; il sifflait les petites flûtes, il recoulait les traversières, criant, chantant, se démenant comme un forcené ; faisant lui seul, les danseurs, les danseuses, les chanteurs, les chanteuses, tout un orchestre, tout un théâtre lyrique, et se divisant en vingt rôles divers, courant, s'arrêtant, avec l'air d'un énergumène, étincelant des yeux, écumant de la bouche[84].

80 L. Spitzer, « The Style of Diderot », p. 167. "*Thus we are able to see, in Diderot's writings, the speaker Diderot in life-size before us, with his* Neveu-*like verbal orchestra – the virtuoso, a very orchestrator of his thought : it is out of the laws of nature that, in the* Neveu, *he is able to describe the swelling orchestration of an idea, as a scene of self-annihilation.*"

81 Diderot, *Satire I, sur les caractères et les mots de caractère de profession, etc.*, Assézat-Tourneux, t. VI, p. 303.

82 Voir A.-J. de Chaumeix, *Le Petite Encyclopédie.*

83 Voir C. Palissot de Montenoy, *Les Philosophes.*

84 *Ibid.*, p. 643. Voir n. 1, p. 1169. M. Delon lie ce passage à une autre « comparaison de l'être humain et de l'instrument de musique », cette fois dans le *Paradoxe sur le comédien*, (DPV, t. XX, p. 93) : « Un grand comédien n'est ni un piano-forte, ni une harpe, ni un clavecin, ni un violon, ni un violoncelle ; il n'a point d'accord qui lui soit propre, mais il prend l'accord et le ton qui conviennent à sa partie et il sait se prêter à toutes. » L'animateur de l'*Encyclopédie* perçoit-il aussi son rôle comme celui d'un « grand comédien » ? L'image du Neveu écumant a, au siècle précédent, été appliquée à Diderot lui-même. Voir H. Babou, *Les sensations d'un juré : vingt figures contemporaines*, p. 17, qui compare Sainte-Beuve à « un Rabelais exaspéré,

Contrefaisant les voix diverses – contradictoires et/ou complémentaires –, le personnage du *Neveu* est à lui seul *tout un orchestre*. S'unissent et s'accordent en son corps *écumant* une pluralité de sons et de rôles contrastants, performant la versatilité rêvée de la matière pensante. C'est ainsi par la musique que Diderot inscrit son matérialisme dans une « logique antagonique[85] » que Hegel ne manque pas de souligner dans sa lecture du *Neveu*, évoquant

> l'extravagance du musicien qui entassait et brouillait ensemble trente airs italiens, français… […] Tantôt avec une voix de basse-taille il descendait jusqu'aux enfers, tantôt s'égosillant et contrefaisant le fausset il déchirait le haut des airs[86].

En prenant part à l'expérience intellectuelle radicalement nouvelle qu'est pour elle l'*Encyclopédie*, l'imagination de Diderot n'est pas à court d'idées pour tenter de la représenter. Si l'abeille-philosophe classe et ordonne, elle ne cesse de vibrer et, surtout, de tenir compte de cette vibration. Que cette vibration soit celle des cordes tempérées d'un clavecin, ou celle de plusieurs instruments au sein d'un orchestre, Diderot lui-même a constamment (tout comme l'homoncule-âme de la *Lettre sur les sourds et muets*) l'*oreille tendue*. Avec Cernuschi, avançons que c'est largement l'atelier de l'*Encyclopédie* qui la lui a tendue. Quoi qu'il en soit, la musique offre à Diderot un outillage analogique précieux pour penser le monde qui l'entoure en même temps qu'il y est de plain-pied. S'il est possible d'isoler une pièce donnée dans une machine mécanique pour l'observer, il est en revanche impossible de faire une vivisection *in situ* sans tuer l'organisme – impossible, aussi, d'arrêter une mélodie à mi-chemin sans qu'elle tombe à plat. Les exigences auxquelles sont soumis les musiciens dans la pratique de leur art permettent d'exprimer celles que connaît Diderot alors qu'il coordonne le mouvement effréné d'une ruche d'esprits qui ne pouvait ralentir son élan sous peine d'échec.

Face aux intempérances qui menacent la ruche de dissolution, il n'y a d'autre issue que de poursuivre le travail concerté. Daubenton observe d'ailleurs (à la suite de Réaumur) que l'on « ne pourroit pas garder une abeille séparément des autres : ces insectes ne peuvent vivre qu'en

---

à un Montaigne hypocondre, à un Diderot écumant et aboyant ». « L'accusation » portée contre « Sainte-Bévue » est du genre de celles que Diderot reçoit de son vivant : « La rage le prit à cette exclamation suppliante, une rage de sceptique et d'athée, comme en avaient les grammairiens au XVIe siècle, et les philosophes de sentiment au XVIIIe. »

85 A. Ibrahim, « Introduction. Diderot : forme, difforme, informe », p. 6.

86 G. W. F. Hegel, *Phénoménologie de l'Esprit*, p. 353. Cité dans *ibid.*, p. 6.

société[87] ». Après avoir étouffé dans sa cellule de Vincennes, on imagine facilement le subtil rictus qui a peut-être plissé le coin des lèvres de Diderot lors de l'édition de cet article sur les abeilles.

LE RÊVE DE D'ALEMBERT, OU LES TENSIONS DU *STYLE-CLAVECIN*[88]

> Méfiez-vous de celui qui veut mettre de l'ordre[89].

L'abeille-philosophe, rodée au travail classificatoire dans l'atelier de l'*Encyclopédie*, en arrive tranquillement à la mellification. La maturité qui succède à son travail acharné – la force centrifuge de l'entreprise – livre un miel d'une étonnante composition. Les divers sucs récoltés[90], aussi distincts et fragmentaires qu'ils aient pu être dans les textes de relative jeunesse, se retrouvent digérés en une forme nouvelle, un *style* inédit – si tant est que l'on puisse spécifier un *style* chez cet auteur qui a notoirement fait un pied-de-nez anticipé aux « prétendus connoisseurs en fait de style [qui] chercheront vainement à [le] déchiffrer[91]. » Livrons-nous tout de même à l'exercice.

---

87 L. J.-M. Daubenton, art. « Abeille », *Encyclopédie*, t. I, p. 21.

88 Pour une rapide synthèse de la fonction du clavecin dans le *Rêve*, voir : V. Le Ru, art. « Clavecin », dans *L'*Encyclopédie *du* Rêve de D'Alembert *de Diderot*, p. 95. Selon Le Ru, le « modèle du clavecin sensible » annule « la distinction cartésienne des deux substances (âme/corps) » puisque le raisonnement s'explique « par des propriétés de résonance des cordes vibrantes (l'analogie, règle des trois idées, est produite par le frémissement des cordes) » et il implique aussi l'annulation de « la distinction cartésienne de l'homme et de l'animal ».

89 Diderot, *Supplément au voyage de Bougainville*, « Suite du dialogue entre A et B », p. 575.

90 Bien qu'il ne s'agisse que d'une métaphore, le miel « réel », aussi homogène qu'il puisse paraître à première vue, est effectivement un composite élaboré à partir d'une époustouflante variété de sources. Voir, par exemple, cet article au titre que Diderot aurait sans doute apprécié : J. Louveaux, « La technologie du miel », *Apidologie*, vol. II, n. 4, 1959, p. 343-354.

91 Diderot, « Discours préliminaire » des *Promenades de Cléobule*, p. 49.

LA MÉTHODE CONTRE L'INVENTION

D'abord, relevons un distinguo utile. Si l'*esprit de méthode*, qui « arrange, ordonne et suppose que tout est trouvé » donne lieu à une lourdeur qui « ressemble à l'échafaud qu'on laisserait toujours subsister après que le bâtiment est élevé », l'*esprit d'invention*, que Diderot trouve « infiniment plus agréable et, sans le paraître, infiniment plus dangereux », rapproche la prose de l'auteur du *Rêve de D'Alembert* de celle d'un penseur suspensif qui, comme Montaigne, semble « n'avoir aucun but et marche en dandinant et nigaudant[92]. » Or, cette radicale liberté de la pensée n'est pas à confondre avec un quelconque relâchement formel et encore moins avec un symbolisme embryonnaire. Bien avant qu'un Rimbaud se lance de front dans un « dérèglement raisonné de tous les sens[93] », la pensée *inventive* chez Diderot – dont le *Rêve* fournit sans nul doute un des exemples les plus accomplis – prétend plus passivement être *à l'écoute* de certaines dissonances trop souvent négligées[94] : des voix tenues pour marginales ou folles. Notamment, il s'agit d'un traitement littéraire des images que l'esprit perçoit lors du sommeil, phénomènes qui étaient jusque-là surtout considérés dans un registre médical ou philosophique[95].

Intégrant ces dissonances à l'ensemble, son style ne sépare pas la forme d'expression et la chose exprimée : Diderot exprime la difficulté à discerner les perceptions du rêve de celles de la réalité dans une forme qui les rend consubstantielles. À l'intérieur des limites de l'œuvre, cette union *protéiforme*[96] se manifeste tant au plan de l'apparent désordre des idées qu'à celui du chaînon des abondantes métaphores. Ces dernières

92 Diderot, *Réflexions sur le livre* De l'esprit *par M. Helvétius*, p. 310-311. Cité dans J.-M. Mandosio, *Le Discours de la méthode de Denis Diderot*, p. 12-13.

93 A. Rimbaud, « Lettre à G. Izambard datée du 13 mai 1871 », *Lettres du voyant*.

94 À ce sujet, voir l'étude de C. Jacot Grapa, *L'Homme dissonant au XVIIIe siècle*, notamment le développement musical de la section « Diderot et l'épreuve du différent », p. 137-142.

95 Exception faite en Allemagne des *Traüme* (*Rêves*) du médecin J. G. Krüger (1754), qui transposent en une prose agréable des savoirs scientifiques, comme le 65e *Traüm* sur les théories de la représentation de l'âme et du mouvement vital. En français, voir : C. Zelle, « *Commercium mentis et corporis*. La contribution de Johann Gottlob Krüger à l'anthropologie littéraire autour de 1750 », p. 11-29.

96 Un trop grand nombre de commentateurs ont appliqué ce qualificatif aux textes de Diderot pour que l'on prétende à une recension exhaustive. Citons, parmi d'autres : A. Ibrahim, dans l'introduction qu'elle livre à l'ouvrage collectif *Diderot : forme, difforme, informe*, p. 3.

sont lancées dans le texte sans l'échafaudage d'une explication : elles participent d'un esprit d'invention dans la mesure où elles sont développées comme autant de *traits poétiques* – à l'opposé du style pénible d'un auteur « accoutumé dès ses jeunes ans à écrire à chaque bout de page : "*Ce qu'il fallait démontrer*[97]." »

JETER L'ÉCHAFAUD

Témoignons d'une évolution : alors que l'article « Affection » de l'*Encyclopédie* hasarde encore que « nous *ressemblons* [...] à des instruments de musique[98] », le *Rêve* affirme pleinement que « l'instrument philosophe *est* sensible ; il *est* en même temps le musicien et l'instrument[99]. » D'une formulation à l'autre, osons dire qu'il s'opère un mouvement d'intégration[100] dans l'expression de l'auteur et ce pour deux principales raisons.

D'une part, la copule liant le couple clavecin/philosophe fait basculer son sens relationnel : si « ressembler » pose une comparaison, « être » instaure une équivalence, voire une intégration. D'après Paul Ricœur, c'est par ce dernier verbe que s'effectue le passage d'une « métaphore référentielle » au « concept de vérité métaphorique[101] ». Plus que le verbe « ressembler » qui laisse lâchement les traces de son artifice, le verbe « être » tient en « triple tension » la métaphore elle-même : tension entre « les mots » (philosophe et clavecin), puis tension « entre les deux

97 Diderot, *Satire première*, AT, vol. IV, p. 308.

98 Diderot, art. « Affection (*Physiol.*) », *Encyclopédie*, t. I, p. 158. Nos italiques.

99 *Rêve*, p. 351. Nos italiques. La suite immédiate du passage : « Comme sensible, il a la conscience momentanée du son qu'il rend ; comme animal, il en a la mémoire ; cette faculté organique, en liant les sons lui-même, y produit et conserve la mélodie. Supposez au clavecin de la sensibilité et de la mémoire, et dites-moi s'il ne saura pas, s'il ne se répétera pas de lui-même, les airs que vous aurez exécutés sur ses touches. Nous sommes des instruments doués de sensibilité et de mémoire. Nos sens sont autant de touches qui sont pincées par la nature qui nous environne, et qui se pincent souvent elles-mêmes. »

100 D'ailleurs, Leo Spitzer emploie l'idée de l'« imbrication d'une image dans une autre » pour caractériser la « prose liquide » de Marcel Proust ; voir « Le style de Marcel Proust », p. 459. Dans « The Style of Diderot », p. 166, Spitzer parle plutôt d'un style qui « allonge les bras » : « *Thought converts itself immediately into the flesh of speech and, with Diderot, speech means* "allonger les bras" *in a desire to leave behind one's ego and to expand toward a fellow being ; it means a conversation with a partner, in which the dialectic in Diderot's nature is brought out by dialogue.* » Avançons que les descriptions que fait Spitzer du style de Proust (« vision kaléidoscopique », p. 458 ; une « liaison organique entre les domaines de la nature et de l'homme », p. 425, etc.) conviennent à plusieurs égards aux procédés du *Rêve*.

101 P. Ricœur, *La Métaphore vive*, p. 312.

interprétations » (interprétation littérale et interprétation métaphorique) et finalement tension entre « l'identité et la différence » des objets.

D'autre part, tout comme les artifices du sommeil et du rêve, l'analogie exprime une simultanéité qui supprime la nécessité d'une linéarité chronologique. Dire que l'instrument sensible qu'est le philosophe est « en même temps » le musicien *et* l'instrument abolit la distance entre les termes. À première vue, l'on peut croire qu'il s'agit là d'une banalité, mais cette subtile différence est plus largement sous-tendue par un changement de paradigme dans la pensée diderotienne : celle-ci s'ancre alors plus confortablement dans une « vraie » expression de son matérialisme. Sa philosophie en est arrivée à trouver des « raisons et non des comparaisons[102] ». Ainsi, en se combinant, les bigarrures de jeunesse participent à la formation d'un trait caractéristique de la pensée diderotienne, que Gerhardt Stenger appelle simplement « complexité[103] ».

C'est une évolution dont témoigne explicitement le *Rêve* par l'entremise du personnage de D'Alembert. Après un rappel du personnage-Diderot qui dit autrefois avoir « compar[é] les fibres de nos organes à des cordes vibrantes sensibles », le personnage-D'Alembert le provoque délicatement :

> si vous y regardez de près, vous faites de l'entendement du philosophe un être distinct de l'instrument, une espèce de musicien qui prête oreille aux cordes vibrantes et qui prononce sur leur consonance ou leur dissonance[104].

Évidemment, il s'agit là précisément du point de vue que Diderot avait développé en 1751 dans la *Lettre sur les sourds et muets*, en comparant l'âme à une « petite figure » juchée au sommet d'une « horloge ambulante », genre d'homoncule qui « aurait l'oreille penchée, comme un musicien qui écouterait si son instrument est bien accordé[105]. » C'est une représentation de la matière qui la clive toujours en deux, repoussant mollement l'inconnu de l'âme vers l'abîme d'un être plus petit. Dans le *Rêve*, le personnage-Diderot ne perd aucun temps pour rectifier le

102 *LSM*, p. 221.

103 Voir G. Stenger, *Nature et liberté chez Diderot après l'*Encyclopédie, p. 109-110 : « L'originalité de Diderot réside d'abord dans le "saut qualitatif" qu'il a fait subir à toutes ces idées : non pas grâce à la science de son temps, mais en les combinant en un tout neuf et inédit qui s'articule autour du concept de complexité. »

104 *Rêve*, p. 351.

105 *LSM*, p. 220.

tir, concédant qu'il se pouvait qu'autrefois, il ait « donné lieu à cette objection ». Cependant, au moment de la conversation du *Rêve*, il croit que le personnage-D'Alembert ne la lui aurait sans doute pas présentée s'il avait « considéré la différence de l'instrument philosophe et de l'instrument clavecin. L'instrument philosophe est sensible ; il est en même temps le musicien et l'instrument[106]. » Ainsi, le personnage-Diderot revient explicitement sur la dualité qu'il avait défendue par le passé, puis l'annule. Il brouille l'évidence de la distinction entre les deux termes : de « l'un *et* l'autre », l'on passe à « l'un *est* l'autre ». Ou encore : « L'instrument, à trop lui ressembler, on le devient[107] », comme l'écrit Jean Starobinski.

DES SENS À UNE SENSIBILITÉ GÉNÉRALE

Notons au passage l'admirable variété des *verbes de l'entendement* qui parsèment le dialogue. Contrairement à certains auteurs qui insistent sur un sens à la fois – pensons aux *voyez*, aux *visiblement*, aux *éclairé*[108] du style de *L'Homme-machine* –, dans les seules lignes du *Rêve* citées plus haut, les déictiques « si vous y regardez », « j'entends », « que vous aurez exécutés sur ses touches », « si vous eussiez considéré », font pêle-mêle appel aux sens les plus divers – la vue, l'ouïe, le tact – et même au registre céleste, d'après l'étymologie de « considérer », qui renvoie au *sideror* latin, soit le fait de subir l'influence des astres. Cette pluralité sensorielle est sans doute plus qu'un jeu qui advient par-delà l'intention de l'auteur ; il n'est toutefois pas inintéressant qu'une telle polyphonie du sensible ait lieu chez Diderot – et qui plus est, dans ce passage clé du *Rêve*. L'*Encyclopédie* en avait déjà semé les traces en reprenant, à l'article « Songe », la théorie de l'*Essai sur les songes* (1746) de Samuel Formey. Celui-ci avançait que lorsque l'humain est éveillé, ses idées sont transmises, par la voie des nerfs, de ses sens à son âme. Lors du sommeil,

106 *Rêve*, p. 351.

107 J. Starobinski, *Diderot, un diable de ramage*, p. 17.

108 Voir par exemple : J.-O. de La Mettrie, *L'Homme-machine*, p. 98 : le seul paragraphe qui détaille la « machine bien éclairée » répète deux fois l'adverbe d'affirmation « visiblement ». Ailleurs, la présence de la vue n'est pas moins manifeste : « Je me sers toujours du mot *imaginer*, parce que je crois que tout s'imagine, et que toutes les parties de l'Ame peuvent être justement réduites à la seule imagination [...] cette espèce de *toile médullaire*, sur laquelle les objets peints dans l'œil, sont renvoiés, comme d'une Lanterne magique. », p. 81.

« des impressions sensibles, comme un rayon de lumière frappant nos paupières ou une sensation de faim, sont les principes des songes ; des impressions antérieures viennent aussi en déterminer la qualité[109]. » À son tour, Diderot reprend l'explication de Formey pour son très bref article « Rêve » : la nuit, « toute impression quelconque, forte, fréquente & dominante » du jour est revisitée tumultueusement avec les autres, mêlées indistinctement dans des « jeux de l'imagination[110] ». Ainsi la multiplicité des verbes de l'entendement qui animent le passage du *Rêve* suggère qu'il n'est pas question d'un privilège accordé à la raison ou à un sens en particulier, mais plutôt à tous les sens à la fois[111]. La permutabilité des verbes de l'entendement ne serait-elle pas ainsi l'effet d'un prodigieux effort d'harmonisation des sens humains en une *sensibilité générale* ?

Dans *Diderot, poète de l'énergie*, Jacques Chouillet considère que le *Rêve* marque « un événement » puisque nulle part ailleurs – pas plus chez Diderot lui-même que chez La Mettrie ou Haller – ne s'était pleinement réalisée « la liaison [...] entre les deux systèmes », soit celui du corps et celui de la machine. Autrement dit : « [l]'idée que nous puissions être à la fois le clavecin et le philosophe, l'instrument dont on joue et l'instrumentiste qui en joue est, à notre connaissance, nouvelle et productrice d'idées nouvelles[112]. » Chouillet poursuit en notant que « personne n'avait dit que l'instrument philosophe était doué, non seulement de sensibilité, mais aussi de mémoire. » Cette mémoire, sans laquelle la vie serait « une suite ininterrompue de sensations que rien ne lierait[113] » – cette mémoire exprimée dans le *Rêve* comme une *faculté animale* – est ce qui fait tout « l'événement » du *Rêve* en ce qu'elle y est un phénomène à la fois *matériel* et *biologique* :

> Avant ce texte on pouvait se demander si la mémoire est une propriété inhérente à la matière, comme le laissent entrevoir certains textes, ou bien si elle est le produit de l'organisation biologique. Le clavecin-philosophe donne à la fois les deux réponses[114].

109 G. Cammagre, « Une poétique de la connaissance : Diderot et le rêve », *RDE*, n. 33.

110 Diderot, art. « Rêve (*Métaphysique*) », *Encyclopédie*, t. XIV, p. 223.

111 Cela n'est pas sans rappeler le *sensorium commune*, ou l'idée boerhaavienne d'un siège commun à toute sensibilité humaine.

112 J. Chouillet, *Diderot, poète de l'énergie*, p. 263.

113 *Rêve*, p. 350.

114 Chouillet, *op. cit.*, p. 264.

L'introduction de la mémoire est décisive : celle-ci devient dès lors une matière vivante qui « *ne fait qu'un avec la vie*[115] ». L'hybridation est totale grâce au truchement de la corde vibrante et de sa propriété harmonique, apparentée au fonctionnement même de la mémoire. Phénomènes imprévisibles, la mémoire et le clavecin ont tous deux « des sauts étonnants ; et une idée réveillée va faire quelquefois frémir une harmonique qui en est à un intervalle incompréhensible[116]. » Les cordes vibrantes – étudiées tant par D'Alembert que par Diderot[117] – autorisent et normalisent une certaine *incompréhensibilité* dans l'explication physique des réactions d'un cerveau humain, tout en inscrivant cette incompréhensibilité elle-même parmi les phénomènes du monde matériel.

LE STYLE-CLAVECIN

En ce qui concerne le style du *Rêve*, nous opinons que c'est à partir des « sauts étonnants » du clavecin-philosophe que, pour emprunter le mot de Jean-Marc Mandosio, Diderot en est arrivé à former sa « méthode[118] » compositionnelle, ou plutôt son « anti-méthode » : le *style-clavecin*. Si la matière est finie, comment en arrive-t-on à composer du *neuf* ? Le personnage de Bordeu, conversant avec celui de D'Alembert au sujet du « récit », avance une explication de comment la « poésie » – l'*invention* – s'y introduit :

> BORDEU : Par les idées qui se réveillent les unes les autres ; et elles se réveillent parce qu'elles ont toujours été liées. Si vous avez pris la liberté de comparer l'animal à un clavecin, vous me permettrez bien de comparer le récit du poète au chant.
>
> D'ALEMBERT : Cela est juste.
>
> BORDEU : Il y a dans tout chant une gamme. Cette gamme a ses intervalles. Chacune de ses cordes a ses harmoniques, et ces harmoniques ont leur sens. C'est ainsi qu'il s'introduit des modulations de passage dans la mélodie, et que le chant s'embellit et s'étend. Le fait est un motif donné que chaque musicien sent à sa guise[119].

115 *Ibid.* Italiques de Chouillet.

116 *Rêve*, p. 351.

117 Voir par exemple son « Premier mémoire. Recherches sur les vibrations des cordes sonores », dans *Opuscules mathématiques ou Mémoires sur différents sujets de géométrie*, p. 1-73.

118 Voir J.-M. Mandosio, *Le Discours de la méthode de Denis Diderot*. Soit dit en passant, Mandosio n'est pas le premier ou le seul à comparer les « méthodes » de Diderot et Descartes. Par exemple, le troisième chapitre de la thèse d'Elizabeth Potulicki, *La Modernité de la pensée de Diderot dans les œuvres philosophiques*, s'intitule « Vers un nouveau "Discours de la méthode" », p. 75-114.

119 *Rêve*, p. 400-401.

Dans le cas du texte, si la *transmission*[120] du message provient de l'organisation des mots, ces « objets par lesquels les sciences se communiquent et se touchent », la *création verbale* provient des harmoniques inattendus. Aussi faut-il être à l'écoute de ces harmoniques pour qu'ils puissent *s'introduire* dans le récit, faire naître une nouvelle forme. « On ne fait rien de rien[121] » s'offusque pourtant D'Alembert à la suite du *nil posse creari de nilo*[122] lucrétien. Le personnage de Diderot lui répond avec tout l'esprit du monde : « Vous prenez les mots trop à la lettre. » Il faut se détacher du joug du langage-substance pour aller vers le langage-vibratoire ; il s'agit d'entendre le monde pour percevoir des formes nouvelles. C'est l'impulsion première de la machine diderotienne : laisser advenir en « prêt[ant] oreille[123] ».

En tant qu'auteur, Diderot applique cette écoute à sa méthode compositionnelle. Il commence par écouter la multiplicité des voix qui l'entourent ; il laisse librement advenir les idées avant de penser la facture, le timbre puis la gamme de l'instrument qui les réunira. Les dualités s'annulent dans l'unité de l'œuvre pensée qui, comme l'unité de l'homme, est originalement une *multiplicité* : c'est d'ailleurs, de l'avis de Colas Duflo, « ce qu'expriment l'image de l'essaim [...], mais aussi l'image récurrente [...] de la multiplicité des fils qui nous constituent[124]. » Subséquemment, il ordonne et chiffre les « réclames » d'idées qu'il a entendues en une suite, un chaînon rhétorique. À cette étape, l'essentiel est fait : « l'ouvrage est achevé » ; le clavecin est bâti. Mais il « s'en manque bien encore que l'ouvrage puisse être publié » : pour parachever, il reste le « travail de la lime[125] », la révision, semblable à celui de l'accordeur qui doit « tendre ou lâcher les cordes, allonger ou raccourcir les tuyaux jusqu'à ce que toutes les parties de l'instrument

120 C'est l'idée même que l'on retrouve dans *E.*, p. 635 : « le but d'une *Encyclopédie* est de rassembler les connoissances éparses sur la surface de la terre ; d'en exposer le système général aux hommes avec qui nous vivons, & de le *transmettre* aux hommes qui viendront après nous ». Nos italiques.

121 *Rêve*, p. 348.

122 Lucrèce, *De rerum natura*, l. I, v. 156-157.

123 *Rêve*, p. 373. Julie de L'Espinasse demande à de Bordeu : « Pourquoi [...] n'entends-je pas ce qui se passe dans l'espace immense qui m'environne, surtout si j'y prête oreille ? » Ce dernier lui répond avec un brin de défi : « Et qui est-ce qui vous a dit que vous ne l'entendiez pas plus ou moins ? »

124 C. Duflo, *Diderot philosophe*, p. 9.

125 Diderot *Mélanges pour Catherine II*, § 54, « Sur ma manière de travailler », p. 354 (Versini).

soient au ton qu'elles doivent avoir[126]. » De cette tension raisonnée vient l'énergie et le style qui font la singularité à la fois du texte et du corps humain :

> BORDEU : Dans leur état naturel et tranquille, les brins du faisceau ont une certaine tension, un ton, une énergie habituelle qui circonscrivent l'étendue réelle ou imaginaire du corps. Je dis réelle ou imaginaire, car cette tension, ce ton, cette énergie étant variables, notre corps n'est pas toujours d'un même volume[127].

Le philosophe qui compose son texte s'affaire donc à retoucher les tensions entre antagonismes sans laisser les traces du travail de son « accordoir[128] ». Chaque idée, chaque voix est ainsi une corde, un *brin du faisceau*. Or, ces brins sont variables, faisant de leurs agrégats – l'instrument ou le corps – des formes tout aussi variables :

> Doublez quelques-uns des brins du faisceau, et l'animal aura deux têtes, quatre yeux, quatre oreilles, trois testicules, trois pieds, quatre bras, six doigts à chaque main. Dérangez les brins du faisceau, et les organes seront déplacés : [...] vous aurez toutes les sortes de monstres imaginables[129].

Autrement que l'essaim d'abeilles ou le monastère du *Rêve*, dont le miel ou les missions religieuses supposent une finalité tangible au travail, la musique permet de représenter l'expression comme un phénomène sonore dialogique et non-finaliste. De plus, l'auteur et l'instrumentiste s'adressent toujours *à* quelqu'un. Comme pour la *polyphonie* bakhtinienne, le sens se développe dans l'activité heuristique à laquelle le sujet prend part et « la réponse [...] transpercera dans les harmoniques du sens, de l'expression, du style, dans les nuances les plus infimes de la composition[130]. » Ce n'est pas le *contenu* qui forme le sens d'un énoncé, mais « les *harmoniques dialogiques* [dont il faut] tenir compte si l'on veut

---

126 J.-J. Rousseau, art. « Accorder des instrumens », *Encyclopédie*, t. I, p. 80.

127 *Rêve*, p. 383.

128 Voir l'article éponyme de l'*Encyclopédie*, t. I, p. 80 : « ACCORDOIR, s. m. c'est un outil ou instrument dont les Luthiers & Facteurs se servent pour mettre d'accord les instrumens de Musique. Cet outil est différent suivant les différens instrumens qu'on veut accorder. L'accordoir du clavecin est de fer ; il a la forme d'un petit marteau, dont le manche est creusé de façon à pouvoir y faire entrer la tête des fiches, afin de tendre ou lâcher les cordes de l'instrument, & par ce moyen en hausser ou baisser les tons. »

129 Diderot, *op. cit.*, p. 377-378.

130 M. Bakhtine, *Esthétique de la création verbale*, p. 300.

comprendre jusqu'au bout[131]. » Plus encore, les harmoniques des cordes vibrantes permettent à la multiplicité des voix de se mouvoir, d'agir, de réagir et de se rappeler *par elles-mêmes*, sans l'incursion d'un sujet « à part », c'est-à-dire en intégrant le sujet au monde et à l'œuvre.

Suggérons hardiment que l'hybride si flexible que forme l'analogie du clavecin-philosophe propose un modèle stylistique autrement plus satisfaisant que celui de « l'hétéroglossie » auquel s'est « arrêtée[132] » la pensée de Mikhaïl Bakhtine. Simplement *constater* l'hétéroglossie, c'est aussi s'y limiter et en faire une loi immuable. Être *à son écoute*, c'est en faire un champ d'une vastitude variable, analogue à la vastitude de la pensée d'un sujet toujours en mouvement. Plus encore, l'écoute suppose – ou du moins *permet* – une réponse. Ainsi, en faisant appel à la musique, un art qui se déploie dans le temps et qui dépend d'une *présence sensible* à la fois passive et active, le trope du clavecin-philosophe résout l'apparente aporie entre la fixité des règles de l'énonciation et le mouvement d'un monde qui ne serait qu'une *suite ininterrompue de sensations que rien ne lierait*. Plus que le renversement d'un ordre donné, plus qu'un *détrônement* momentané du centralisé en faveur du multiple, le clavecin de Diderot conçoit l'unité d'un corps humain ou textuel en constante *tension* entre ses multiples antagonismes. L'homme-clavecin n'est pas un ramassis de partitions, ni un instrument artificiellement construit, ni un organisme singulier et complexe, mais tout cela à la

---

131 *Ibid.* Italiques de Bakhtine.

132 Pour ne prendre que lui, M. Angenot formule une critique concise des limites de la réflexion bakhtinienne dans la « Préface » de la récente édition électronique de son *1889. Un état du discours social*, § 17. Il y oppose sa propre méthode axiomatique, qui cherche dans l'ensemble du discours social des « lieux communs » et des « principes de cohésion ». Entre une pensée bakhtinienne polyphonique et une pensée angenotienne soi-disant axiomatique, difficile de ne pas capter des échos des mêmes tensions philosophiques que celles déjà présentes chez les Lumières : « À première vue, la vaste rumeur des discours sociaux donne l'impression du tohu-bohu, de la cacophonie, d'une extrême diversité de genres, de thèmes, d'opinions, de langages, de jargons et de styles ; c'est à cette multiplicité, cette "hétéroglossie" ou "hétérologie" que la pensée de Mikhaïl M. Bakhtine que tous discutaient alors passionnément semblait s'être surtout arrêtée. Au-delà de cette cacophonie apparente, ma démarche a consisté à rechercher des invariants, des présupposés, des "lieux communs" (usons de façon appropriée du mot d'Aristote), des dominantes et des récurrences, du régulé, des principes de cohésion, des contraintes et des coalescences qui font que le discours social n'est pas une juxtaposition de "formations discursives" autonomes, mais un espace d'interactions où des impositions de thèmes et de "manières de voir" viennent apporter au *Zeitgeist* une sorte de co-intelligibilité "organique" et fixer les limites de l'argumentable, du narrable, du scriptible et du pensable. »

fois, en mouvement. Son énergie est non pas séparée du corps comme le serait l'âme divine, ni située dans un lieu particulier comme la célèbre glande pinéale, mais *entre* la multiplicité des lieux liés : dans la tension au mitan de ceux-ci.

Il va sans dire que le *style-clavecin* du *Rêve* est profondément ancré dans une réflexion esthétique de longue haleine. Déjà à l'article « Beau » de l'*Encyclopédie*, Diderot reproche au *Traité du beau* de Jean-Pierre Crousaz d'« entendre par unité, la relation de toutes les parties à un seul but[133] ». Le savant helvète expliquait d'ailleurs la perception du *beau* de la même manière qu'un physiologiste comme Musschenbroek expliquait la perception des sons par les fibres de l'oreille. Toutefois, Crousaz conclut que certaines fibres sont *destinées* à recevoir certains sons, faisant de l'oreille un organe *fini*, pour lequel le beau ne serait qu'une affaire de correspondance directe et préétablie.

> Il y a toute apparence que chaque *fibre* est destinée à recevoir un certain *ton*, à peu près de la même maniere que dans les Clavessins, les plus grandes cordes sont pour les tons *graves*, & les plus courtes pour les *aigus*[134].

Le clavecin de Diderot, lui, n'est aucunement composé de fibres *destinées à recevoir* : ce n'est pas le clavecin de Batteux, qui ne réveillerait que les harmoniques à l'unisson, mais plutôt un organisme multiple, « sensible et animé », qui pourrait, s'il était doté de « la faculté de se nourrir et se reproduire », vivre et engendrer « de lui-même ou avec sa femelle, de petits clavecins vivants et résonnants[135]. »

Comme l'anticipait la remarque de Lessing, le clavecin du *Rêve* aura fini par *dire sérieusement* – avec ce sérieux léger, détaché et ironique du style de Diderot – ce que les *Bijoux* disaient *à la blague* et que l'*Encyclopédie* essayait tant bien que mal d'exprimer par des centaines de bouches. Le *Rêve* ne se place pas *à côté* de son objet pour le dire : plutôt, son style tente d'intégrer la distinction formelle entre opposés, jouant de la tension qui se développe dans l'entre-deux pour faire résonner leur chant.

---

133 Diderot, art. « Beau (*Métaphysique*) », *Encyclopédie*, t. II, p. 170.

134 J.-P. de Crousaz, *Traité du beau*, p. 174.

135 *Rêve*, p. 352.

AU CLAVECIN D'ANGÉLIQUE

Les *Leçons de clavecin* et autres préoccupations post-encyclopédiques

En 1771, Diderot a cinquante-sept ans ; il a déjà mené à terme la grande entreprise de sa vie, l'*Encyclopédie*, et « peut désormais se consacrer à la consolidation de sa modeste fortune et de sa famille[1]. » L'idée vient au fils de coutelier de planter les graines d'un futur capital culturel : ainsi voit le jour le projet de trouver un maître d'harmonie à la jeune Angélique Diderot qui démontre alors un intérêt pour la musique. De cette entreprise naissent les *Leçons de clavecin et principes d'harmonie.*

À ce moment, l'œuvre de Jean-Philippe Rameau trône toujours confortablement en tant qu'incontournable monolithe de la théorie musicale française. Malgré le fait que Diderot lui-même soit enchanté par cette « doctrine appuyée sur un phénomène naturel qui présentait une base solide à un art où l'on n'avait eu jusqu'alors d'autres guides que la routine et le génie[2] », l'écoute d'une musique nationale rameauiste « plate » et « insipide[3] » l'a convaincu qu'un certain retour vers le domaine du « sensible » est nécessaire. Le « verbiage » de Rameau s'est trop éloigné du « phénomène naturel » qui le fondait, de sorte qu'il n'en tient plus compte ; il devient dénaturé.

Le style lourd et indigeste de l'illustre musicien avait même fait écrire à Diderot dès 1748 « qu'il serait à souhaiter que quelqu'un tirât des obscurités qui l'enveloppent et mît à la portée de tout le monde[4] » ses théories. Selon Claude Dauphin, il est vraisemblable que Diderot ait

1 P. H. Meyer, « Diderot en 1771 », dans R. Lewinter, *Œuvres complètes*, t. XVI, p. I.

2 Diderot, *Leçons de clavecin et principes d'harmonie*, p. 378. Toutes les références de bas de page vaudront pour l'établissement le plus récent des textes mentionnés en bibliographie. Ainsi, l'établissement des *Leçons* auquel cette note fait référence est celui de la DPV, paru en 1983.

3 *Leçons*, p. 378.

4 Diderot, *Mémoires sur différents sujets de mathématique*, p. 265.

entrepris un tel projet pendant la rédaction de ses *Mémoires sur différents sujets de mathématiques*, mais que la publication des *Éléments de musique* de D'Alembert en 1752 ait fait taire son ambition[5]. Les années passent, l'obligation pour Diderot de se consacrer corps et âme à l'*Encyclopédie* s'assouplit et le philosophe fait la rencontre fortuite d'Anton Bemetzrieder. Appréciant ses compétences de théoricien musical, le philosophe l'emploie comme maître de clavecin de sa fille Angélique. En écoutant leurs leçons, il perçoit une opportunité renouvelée de vulgariser le métalangage musical, cette fois-ci en permettant à sa famille d'en profiter.

Si les *Leçons de clavecin et principes d'harmonie*[6] sont aujourd'hui inconnues du grand public, au moment de leur parution, elles ont joui d'un succès considérable. Le musicologue Jean Gribenski rapporte qu'elles sont traduites au moins en anglais, adaptées en espagnol et rééditées plus d'une dizaine de fois. En somme, elles sont une série de leçons de clavecin portées par le style du drame bourgeois[7]. L'agile utilisation que fait Diderot du dialogue, sa forme préférée, sert l'œuvre tant comme outil pédagogique que comme vecteur de réalisme théâtral. Voulant que « dans ces dialogues les interlocuteurs gardassent leur caractère[8] », ses principaux personnages sont assimilables aux réelles personnes qui les ont inspirés : le « Maître » correspond à Bemetzrieder, « l'Élève », à Angélique et le « Philosophe », à Diderot lui-même.

S'il est intéressant de s'attarder dans le cadre de cette étude à cet écrit relativement mineur et même à attribution trouble au sein du corpus diderotien, c'est que l'acte pédagogique qu'il suppose se déroule précisément entre corps et clavecin. Une fois adressées les questions générales de la genèse de l'œuvre puis de la forme de la contribution de Diderot à celle-ci, il nous sera possible d'éclaircir la manière dont la transmission y est mise en langage, ou, autrement dit, de savoir par quel discours, par quels dispositifs textuels les *Leçons* articulent le legs d'une instruction.

5 C. Dauphin, *La Musique au temps des encyclopédistes*, p. 107-109.

6 Elles sont rédigées entre novembre 1769 et août 1770 puis publiées en janvier 1771.

7 Voir C. Verba, *Music and the French Enlightenment*, p. 103, n. 46.

8 Diderot, « Sur les *Leçons de clavecin et principes d'harmonie* », DPV, t. XIX, p. 398.

GENÈSE DES *LEÇONS*

DIDEROT... MUSICIEN ?

Voltaire se plaisait à réserver l'affectueux sobriquet de « pantophile » à Diderot ; c'est à juste titre, puisque ce dernier entretenait une *libido sciendi* parfois déroutante. Son esprit s'attaquait avec une voracité notoire à tout ce qui sollicitait son attention ; il était « tout ouïe[9] » à une diversité de voix, même contradictoires – voire *surtout* contradictoires. Il est aisé d'imaginer sa vie intellectuelle ayant l'allure folâtre et intriguée de la marche qu'il décrit dans sa *Promenade Vernet*, depuis la philosophie jusqu'aux mathématiques et à l'anatomie, en passant même par le chant[10]. Aucun besoin, donc, pour le philosophe d'avoir acquis les lauriers de l'expertise dans un domaine particulier s'il voulait réfléchir aux phénomènes qui en dépendaient. En dépit de ce manifeste tiraillement de son attention, Paul Henry Lang soutient, dans son essai *Diderot as Musician*, que, de tous les arts, c'est sans doute la musique – dans toutes ses manifestations – qui aura retenu l'attention du philosophe le plus longtemps[11].

Cela étant dit, les ressorts musicaux du philosophe ont certainement besoin d'être nuancés en raison d'un « triple grief[12] » que soulève Jean Mayer. En premier lieu, Diderot se représente lui-même, dans son *Projet d'un nouvel orgue*, comme étant le sujet parfait pour un orgue simplifié à l'extrême :

> comme je ne suis point musicien, que j'aime beaucoup la musique, et que je voudrais bien la savoir et ne la point apprendre, à l'inspection de cet instrument, il me vint en pensée qu'il serait bien commode pour moi et pour mes semblables[13].

Ces propos, qu'ils soient honnêtes ou faussement modestes, ne seront pas perdus par la critique des *Mémoires*. Ils contribuent à asseoir une

9 J. Starobinski, « L'oiseau Diderot, tout ouïe et sur tous les tons », p. 82.

10 « Le titre de musicien ne me va plus. Il y a cinq ou six ans que j'ai perdu le peu de voix que j'avais [...] », écrit Diderot en 1754 à « Mme de M*** », cité dans J. Mayer, « Diderot et la musique », p. X.

11 P. H. Lang, « Diderot as Musician », p. 95.

12 Mayer, *op. cit.*, p. IX.

13 Diderot, *Mémoires sur différents sujets de mathématique*, p. 306.

réputation de non-musicien pour l'auteur, qui sera plus d'une fois représenté par la paraphrase suivante : « M. Diderot, mathématicien, bel esprit, bon Français, tour à tour solide et frivole, point musicien, mais aimant la musique, et qui voudrait bien la savoir et ne la point apprendre[14]. » Quelques années plus tard, avec la *Lettre sur les sourds et muets* de 1751, le philosophe gagne un peu en confiance. Il se permet une comparaison étayée entre « l'harmonie du style » et « l'harmonie musicale », puis se justifie de la légitimité de son expérience de cette façon : « N'allez pas vous imaginer à cette comparaison que c'est un grand musicien qui vous écrit. Il n'y a que deux jours que je commence à l'être. Mais vous savez combien l'on aime à parler de ce qu'on vient d'apprendre[15]. » Compte tenu de la tendance à la mystification de Diderot, son commentaire mérite certainement une reconsidération critique quant à son statut de non-musicien.

Secondement, une remarque posthume de la part de François-Louis d'Escherny en 1811 prouve que ce point de vue a survécu au philosophe lui-même. Au milieu d'un commentaire élogieux vantant les connaissances en arts de Diderot, d'Escherny lance que ce dernier, qui les avait décrits « dans l'*Encyclopédie*, parlait pertinemment de tous, excepté de celui de la musique qu'il voulait cependant se piquer de connaître et à laquelle il n'entendait rien[16]. » Le passage est réédité dans les *Œuvres complètes* de Diderot par Maurice Tourneux et Jules Assézat. Étant donné l'autorité accordée à d'Escherny – qui avait côtoyé les philosophes et qui se targuait de les « mieux connaître que quiconque » à cause d'une « intimité de plus de quinze ans[17] » – Mayer avance que son commentaire a « peut-être eu plus de poids auprès des lecteurs que les efforts d'Assézat pour prouver la compétence musicale de Diderot[18]. »

Un troisième grief est celui de la position de Diderot lors de la querelle des Bouffons. Pierre Citron relève qu'absolument aucun des quelques pamphlets que le philosophe a écrit n'a eu de « retentissement notable ni n'a pesé sérieusement dans les débats[19] ». De plus, ce qu'il publie n'est jamais signé. Sa part donc « mineure[20] » et son apparent laconisme lors du

14 P.-P. Clément, « Lettre XXIX », p. 161.
15 Diderot, *Lettre sur les sourds et muets*, p. 226.
16 F.-L. d'Escherny, *Mélanges de littérature, d'histoire, de morale et de philosophie*, p. 132-133.
17 *Ibid.*, p. 20.
18 J. Mayer, « Diderot et la musique », p. X.
19 P. Citron, « Introduction », p. 4.
20 *Ibid.*

débat musical le plus important de son époque auraient donc contribué à entériner, dans l'opinion de son lectorat et de ses critiques posthumes, le préjugé selon lequel il ne serait pas un connaisseur de musique.

Cependant, dès l'éloge de Rameau déguisé par le nom « d'Uremifasolasiututut » dans *Les Bijoux indiscrets* s'amorce une réflexion critique abondante sur la musique. Diderot rédige des essais, des centaines d'articles et un nombre faramineux de commentaires et remarques parsemées à travers son œuvre. Ses écrits musicaux traitent de sujets aussi divers que d'acoustique (de manière scientifique[21]) et de conception d'instruments[22], de sensibilité musicale[23], de la fameuse querelle des Bouffons[24], d'esthétique musicale[25] ou encore de la valeur sociale de l'activité musicale[26]. Le musicologue anglais Charles Burney fait d'ailleurs référence à ses écrits sur la musique avec grand respect, ce qui témoigne de la valeur « inestimable » qu'il leur attribue :

> [Diderot] a su pénétrer avec tant de zèle dans mes opinions concernant l'histoire de son art préféré [la musique] qu'il m'a présenté bon nombre de ses propres manuscrits, suffisants pour un volume in-folio sur le sujet. Ceux-ci, venant d'un tel écrivain, je les considère comme inestimables. « Tenez, prenez-les », m'avait-il dit, « je ne sais guère ce qu'ils contiennent : si certains vous sont utiles, utilisez-les dans vos travaux comme s'ils étaient les vôtres ; sinon, jetez-les au feu[27]. »

Pour le philosophe qui préférait « hasarder une idée ridicule [plutôt] que d'étouffer un projet utile[28] », un titre officiel comme celui de musicien

21 Voir *Principes généraux d'acoustique* dans les *Mémoires sur différents sujets de mathématiques.*
22 Voir *Projet d'un nouvel orgue* dans les *Mémoires.*
23 Voir *Le Rêve de D'Alembert*, la *Lettre sur les Aveugles*, la *Lettre sur les Sourds et muets*, etc.
24 Voir *Au Petit Prophète de Boehmischbroda*, *Les Trois Chapitres* et la *Correspondance.*
25 Voir la *Correspondance.*
26 Voir *Le Neveu de Rameau.*
27 C. Burney, cité dans F. Burney, *The Early Diary of Frances Burney 1768-1778*, p. 144 : "*He entered so zealously into my views concerning the history of his favourite art that he presented me with a number of his own manuscripts, sufficient for a volume in folio, on the subject. These, from such a writer, I regard as invaluable. 'Here, take them,' says he. 'I know not what they contain : if any materials for your purpose, use them in the course of your work, as your own property ; if not, throw them into the fire.*" Ce don au grand musicologue est cohérent avec la méthode détaillée dans « Sur ma manière de travailler » dans les *Mélanges pour Catherine II* : « Sur le moindre soupçon que [l'œuvre] peut être mieux faite par un autre que par moi, quelque avantage que je puisse y trouver, je la lui renvoie, car le point important n'est pas que je fasse la chose, mais qu'elle soit bien faite. », Œ (Versini), t. III, p. 354.
28 Diderot, « Première lettre d'un citoyen zélé », p. 218.

ou de musicologue n'était pas un prérequis afin de pouvoir légitimement poursuivre une réflexion sur un sujet donné. De manière plus ou moins dilettante, il a été auditeur, acousticien, inventeur, critique, certes. Au vu des documents dont la critique dispose actuellement, il n'a pas été interprète et compositeur, sauf peut-être en amateur, chez lui, sur le clavecin de sa fille.

À excepter les pamphlets écrits lors de la querelle des Bouffons et un petit *Mémoire sur le fondement des systèmes de musique des anciens peuples grecs, chinois et égyptiens*, la seule œuvre du philosophe qui soit entièrement consacrée à la musique reste, selon Jean Gribenski, les *Leçons de clavecin*[29]. Encore reste-il que son attribution est problématique : si la contribution de Diderot à la genèse de l'œuvre est incontestée, la proportion de cette contribution reste difficile à cerner.

CONFLIT AU SUJET DES *LEÇONS*

Au début des *Leçons*, dans une préface de « L'éditeur » signée par Diderot, le philosophe signale qu'il n'a seulement édité qu'une œuvre entièrement attribuable à Anton Bemetzrieder. Cependant, son insistance est telle qu'elle évoque un ton moqueur :

> Un autre fait que j'attesterai aussi fermement, parce qu'il est également vrai ; c'est qu'il n'y a rien dans cet ouvrage, mais rien du tout qui m'appartienne, ni pour le fond, ni pour la forme, ni pour la méthode, ni pour les idées. Tout est de l'auteur, M. Bemetzrieder.
>
> Je n'ai été que le correcteur de son français tudesque, mince reconnaissance des soins qu'il a donnés à mon enfant. [...]
>
> S'il arrivait donc à quelques personnes mal instruites ou mal intentionnées de flétrir mon cœur et de blesser la justice, en m'attribuant la moindre partie du travail d'autrui ; je les relègue dans la classe de ces ingrats qui cherchent à contrister ceux qui les éclairent ; et je leur réserve le plus souverain mépris. Je n'ai rendu à M. Bemetzrieder que le service que tout auteur peut recevoir d'un censeur bienveillant. Et je ne revendique que les fautes de langue et d'impression[30].

Il est envisageable que Diderot ait adopté un ton railleur par pure badinerie pour évoquer l'être orgueilleux et taciturne qu'était le « petit maître[31] » de sa fille, cet homme dont il corrigeait le « français tudesque ».

29 J. Gribenski, « À propos des *Leçons de clavecin* (1771) : Diderot et Bemetzrieder », p. 126.

30 *Leçons*, p. 57.

31 Diderot, « Lettre à Sophie Volland, du 2 novembre 1770 », cité dans J. Gribenski, *op. cit.*, p. 136.

Le caractère difficile d'Anton Bemetzrieder transparaît sans équivoque dans la correspondance du philosophe, entre autres dans une lettre à Grimm du mois de novembre 1770 : « Mon petit Bemetz est si singulier que j'ai craint de lui demander cette besogne, de peur que sa mauvaise grâce ou son refus ne me fachât[32]. »

Même lorsque l'atmosphère est à la fête, Diderot parle de l'Allemand avec dérision. Dans une lettre à Sophie Volland, qui fait écho à une scène des *Leçons*, l'auteur moque le peu de résistance de Bemetzrieder au vin, qui, « pour avoir voulu le suivre le jour de [sa] fête, et faire les honneurs de [sa] table et de son pays, en a pensé mourir[33]. » Dans cette optique, l'hypothèse que Diderot ait toujours pris Bemetzrieder de haut semble cadrer avec leur brouille et leur séparation rendue définitive par le départ de Diderot en Russie, le 10 mai 1773. Gribenski remarque d'ailleurs que la rancune de Bemetzrieder envers le philosophe se lit toujours en 1776, dans la préface qu'il rédige pour son *Traité de musique*, ouvrage qui se proposait de développer et d'arranger plus méthodiquement les notions présentées dans les *Leçons* :

> Je suis éditeur moi-même de mon ouvrage ; tout m'appartient, pour cette fois, jusqu'aux fautes d'orthographe.
>
> La lettre sur les *dièses* & sur les *bémols*, que j'ai publiée en 1773, a été entendue, quoique conçue, dictée et corrigée par moi seul. Des Connaissances, même des Gens de Lettres m'ont assuré qu'elle était écrite en bon français, & qu'elle n'avait rien de tudesque : on ajouta qu'il n'était pas nécessaire de recourir aux belles phrases, pour instruire ; que la plus grande simplicité possible était essentielle pour tout Ouvrage raisonné, & que je savais bien assez le français, pour écrire clairement la science que j'avais méditée, & que je professe tous les jours[34].

Tout ressentiment mis à part, la mention « pour cette fois » est intéressante : elle laisse présager un aveu public de Bemetzrieder qui va à l'encontre de la déclaration de Diderot dans la préface des *Leçons.* Ajoutons que la rancune de Bemetzrieder s'étend même au moins jusqu'à 1780, lorsque paraît une seconde édition de son *Traité.* Un « Avertissement » placé en tête du texte débute ainsi :

32 Diderot, « Lettre à Grimm, du 20 novembre 1770 », cité dans J. Gribenski, *op. cit.*, p. 144.

33 Diderot, « Lettre à Sophie Volland, du 2 novembre 1770 ».

34 A. Bemetzrieder, *Traité de musique*, cité dans J. Gribenski, *op. cit.*, p. 148. Italiques de Bemetzrieder.

> Dans mes *Leçons de Clavecin*, j'ai développé les principes de la *lecture musicale* & de *l'accompagnement* ; ici je traite des Élémens de la *composition.* Je ne parle pas des matieres musicales de pure érudition ; je n'explique pas les principes physiques de la résonnance du corps sonore ; je ne calcule pas les proportions de la division des cordes ; je ne dépouille ni ne défigure les Anciens ; je ne connois ni la Musique des *Chinois*, ni celle des *Égyptiens*, encore moins celle des *Chaldéens*, des *Grecs* & des *Romains* ; je m'occupe tout bonnement de notre Musique présente[35].

Impossible de ne pas y voir une tentative de pied de nez à la fois à Rameau et ses « matieres musicales de pure érudition », mais surtout à Diderot, puisqu'il cite – par ordre chronologique, qui plus est – les sujets précis de ses écrits sur la musique publiés jusqu'en date de la rédaction de « l'Avertissement » de Bemetzrieder. Pourquoi tant de précision quant à la bibliographie de Diderot s'il n'avait pas d'autre rapport aux *Leçons* que celui de correcteur ?

Diderot adresse un aveu encore plus radical au musicologue anglais Charles Burney dans une lettre du 18 août 1771 : « [Mr. Grimm] vous remettra, en saluant de ma part, un exemplaire de l'ouvrage de Mr. Bemetzrieder. [...] *C'est moi qui l'ai écrit* ; c'est à ma fille qu'il est dédié[36]. » Gribenski remarque que la phrase ne permet pas de donner définitivement au verbe « écrire » un sens trop précis. La vérité de sa contribution se trouve quelque part dans le large spectre que balisent un simple travail de correction et une composition complète. Si le musicologue Burney fait référence à la « forme élégante[37] » qu'apporte Diderot à la théorie de Bemetzrieder, c'est dans le journal intime de la fille de Burney – source candide s'il en est une puisqu'elle ne visait aucun lectorat – qu'il est possible de trouver la remarque la plus désintéressée quant à la position du philosophe dans la rédaction : « Susette [sa sœur] et moi sommes extrêmement dédiées à l'étude d'un ouvrage récemment publié sous la direction de M. Diderot, qu'il a envoyé à papa, et qui traite de Musique[38]. »

---

35 *Id.*, *Traité de musique, 2ᵉ édition*, p. I. Italiques de Bemetzrieder.

36 Diderot, « Lettre à Charles Burney, du 18 août 1771 », cité dans J. Gribenski, « À propos des *Leçons* », p. 139. Nos italiques.

37 C. Burney, « Lettre à Diderot, du 10 octobre 1770 », cité dans J. Gribenski, *op. cit.*, note 39. (*Elegant dress*). Traduction française de l'édition donnée.

38 F. Burney, *The Early Diary of Frances Burney 1768-1778*, p. 138. "*Susette and myself are extremely engaged at present in studying a book lately published under M. Diderot's direction, which he sent to papa, upon Music.*"

Ainsi, plus que les problématiques titres de « correcteur » ou d'« auteur », le rôle de « directeur » pose Diderot comme transformateur de la matière première qu'il puise chez Bemetzrieder, fidèle à la mise en scène du « Philosophe » qui observe de loin dans les *Leçons* elles-mêmes. Fidèle, aussi, aux *idiotismes de métier* du rôle qu'il quittait à la tête de l'entreprise encyclopédique. Il n'est pas un copiste, mais un metteur en scène, un « directeur », compris en tant que « [c]elui qui conduit une personne, qui a soin de la conscience de quelqu'un[39] ». Un témoignage du peintre Johann Christian von Mannlich, qui commence à fréquenter Diderot en 1772, semble confirmer cette position en imputant au philosophe une intention pédagogique précise :

> Diderot rassemblait avec soin les règles de Bemetzrieder, les mettait en bon français, et voulait, en les publiant, prouver que les écrivains les plus savants n'ont rien su nous apprendre jusqu'à présent sur l'art musical, car aucun d'eux n'avait réussi à donner à la science de l'harmonie une méthode fixe et sûre, – un secret qu'il était réservé au jeune homme de découvrir. Comme je rendais très souvent visite au philosophe, j'entendais parler de ce sujet qui lui tenait très à cœur. D'Alembert et Grimm partageaient ses vues et le poussaient à ce projet de publication, qui devait montrer sinon l'inutilité, du moins l'imperfection des ouvrages antérieurs[40].

La contribution de Diderot semble donc essentielle à l'existence des *Leçons* telles qu'elles sont connues. Renfort supplémentaire : en comparant la prose sèche et pédante du *Traité de musique concernant les tons, les harmonies, les accords et le discours musical* de Bemetzrieder avec celle des *Leçons*[41], il devient évident que le travail de révision est plus que considérable. Cependant le brouillage intentionnel des pistes qu'opère le philosophe relègue toute attribution spécifique d'un passage ou d'un autre au rang de supposition[42]. Il existe une « symbiose » entre les deux styles, de sorte qu'il est vraisemblable que même si Diderot a pu retranscrire littéralement les propos de Bemetzrieder et d'Angélique,

---

39 « Directeur », *Dictionnaire de l'Académie française*, 4e édition, 1762.

40 J. C. von Mannlich, *Ein deutscher Maler und Hofmann. Lebenserinnerungen des Joh. Christian v. Mannlich 1741-1822*, p. 214, cité dans J. Gribenski, *op. cit.*, p. 135-136.

41 P. H. Lang, « Diderot as Musician », p. 96.

42 Comme le remarque Guy Poitry dans son mémoire de licence « Les *Leçons de clavecin* de Diderot : un texte musical », il est intéressant de noter que les quelques moments de narration (par exemple le début de la troisième suite du douzième dialogue) sont assumés par le personnage du Philosophe.

ces mêmes propos auraient pu être à leur tour fortement influencés par ceux du philosophe, et inversement, dans tous les sens[43].

Roger Lewinter, quant à lui, observe que Diderot agit en comédien-metteur en scène qui tient à récuser toute part à la composition de la représentation afin de prétendre à son objectivité, afin que l'on puisse pleinement en apprécier la séduction[44]. Coup de grâce à la mystification de leur attribution, il est possible de lire à la fin de l'œuvre, dans la bouche du Maître des *Leçons*, le texte suivant :

> Je n'aurais peut-être jamais rien composé sur l'harmonie, sans vous [Angélique]. C'est pour votre instruction que j'ai écrit ces leçons ; je les ai perfectionnées en vous enseignant. C'est par le conseil de M. votre père que je leur ai donné la forme de dialogues ; c'est sa présence qui autorise la liberté et la gaieté qui y règnent ; son approbation qui m'enhardit à les publier[45].

La participation dynamique d'une pluralité de voix à la composition de l'œuvre renvoie au phénomène harmonique de la résonance des cordes vibrantes. Qu'importe de savoir d'où provient l'impulsion première, puisqu'elle se donne comme ni plus ni moins importante que chacune des notes de l'ensemble. Maître, Élève et Philosophe se retrouvent autour d'un clavecin ; chacun a ses prérogatives, ses savoirs, ses habiletés. Chacun ou chacune instruit autant qu'il ou elle n'apprend ; les *Leçons* ne sont que l'objet qui résulte d'une organisation particulière de la matière, puis d'une suite d'effets de causalité rendue stylistiquement par la rapide succession de points-virgules dans le bilan du Maître.

Humour référentiel et proprement diderotien, le Maître conclut l'œuvre avec un commentaire qui renvoie évidemment aux lignes placées à la tête du texte, contredisant leur sérieux : « Après cela, Monsieur, vous direz dans votre préface tout ce qu'il vous plaira[46]. »

RENCONTRE DE BEMETZRIEDER : DANS LES *LEÇONS* ET DANS LE *NEVEU*

Rédigées dans une période particulièrement prolifique de l'activité littéraire du philosophe, les *Leçons* partagent des passages avec d'autres

43 B. Didier, *La Musique des lumières*, p. 310.

44 R. Lewinter, « Introduction », p. 115.

45 *Leçons*, p. 386-387.

46 *Ibid.*, p. 387.

ouvrages de Diderot ; leur réutilisation tend à en souligner l'importance. Par exemple, la rencontre de Bemetzrieder et Diderot, brièvement évoquée dans les *Leçons*[47], est, tout en conservant le même jeu de questions et de réponses, plus explicitement décrite pour les lecteurs de la *Correspondance littéraire* :

> Ce jeune homme me fut adressé comme beaucoup d'autres ; je lui demandai ce qu'il savait. « Je sais, me répondit-il, les mathématiques. – Avec les mathématiques vous vous fatiguerez beaucoup et vous gagnerez peu de choses. – Je sais l'histoire et la géographie. – Si les parents se proposaient de donner une éducation solide à leurs enfants, vous pourriez tirer parti de ces connaissances ; mais il n'y a pas de l'eau à boire. – J'ai fait mon droit et j'ai étudié les lois. – Avec le mérite de Grotius on pourrait ici mourir de faim au coin d'une borne. – Je sais encore une chose que personne n'ignore dans mon pays, la musique ; je touche passablement du clavecin, et je crois entendre l'harmonie mieux que la plupart de ceux qui l'enseignent. – Eh, que ne disiez-vous donc ? Chez un peuple frivole comme celui-ci, les bonnes études ne mènent à rien ; avec les arts d'agrément on arrive à tout. Monsieur, vous viendrez tous les soirs à six heures et demie ; vous montrerez à ma fille un peu de géographie et d'histoire : le reste du temps sera employé au clavecin et à l'harmonie. Vous trouverez votre couvert mis tous les jours et à tous les repas ; et comme il ne suffit pas d'être nourri, qu'il faut encore être logé et vêtu, je vous donnerai cinq cents livres par an ; c'est tout ce que je puis faire. » Voilà mon premier entretien avec Bemetzrieder[48].

Dans la même période[49], la rencontre est même digne d'une révision littéraire et d'une insertion dans le *Neveu*. Elle survient lorsque le philosophe raconte à J.-F. Rameau une « conversation » qu'il aurait entendu entre « une espèce de protecteur et une espèce de protégé[50] ». Nous nous réservons de la recopier intégralement puisque si son style est plus léger, l'ordre de ses propos est identique à celle de la *Correspondance littéraire* citée ci-dessus. La rencontre se lit comme une entrevue d'embauche, l'un évaluant les qualités de l'autre. La paire conceptuelle « protecteur/protégé », rajoutée dans le *Neveu*, là où il ne pourrait être lu par

47 *Ibid.*, p. 158-159.

48 Diderot, *Correspondance littéraire, 1er et 15 septembre 1771*, cité dans J. Gribenski, *op. cit.*, p. 131.

49 Que l'insertion au *Neveu* précède ou ne précède pas l'épisode tel que repris dans la *Correspondance littéraire* fait l'objet d'un débat. Voir J. Gribenski, *op. cit.*, p. 133-134, n. 20.

50 Diderot, *Le Neveu de Rameau*, p. 174.

Bemetzrieder qu'après la mort du philosophe, instaure d'ailleurs une hiérarchie entre les deux hommes.

Au sein des *Leçons*, l'épisode a une fonction de transition : c'est le pivot qui mène des premiers dialogues entre le « Maître » et le « Disciple », à l'apparition du « Philosophe » et de « l'Élève ». Placé ainsi au seuil de l'entrée du lecteur dans le monde des Diderot, il dicte la nature première des rapports entre le philosophe et son employé allemand, c'est-à-dire une relation alimentaire d'interdépendance matérielle. Diderot s'assure que Bemetzrieder puisse être « nourri[,] logé et vêtu ». À son tour, ce dernier assure qu'Angélique puisse pourvoir à ces mêmes fins. Commentaire à résonance quasi-sadienne, il s'agit d'un père qui cherche à garantir la survie de sa fille non pas par le biais du développement de vertus propres à une demoiselle de bon ménage, mais par son adéquation aux mœurs d'un « peuple frivole ». Certes, le personnage d'Angélique n'est pas confronté aux mêmes problèmes que celles d'une Justine ou d'une Juliette – ou encore d'une Suzanne Simonin. Il reste que toutes ont en commun que leurs auteurs s'en servent pour présenter l'hypothèse voulant qu'une situation agréable du corps soit un préalable antérieur à l'art ou la moralité. Diderot reste donc sensible aux raisons matérielles à l'origine de la diversité des discours « que la sensation de la faim ou de la soif faisaient tenir en différentes circonstances[51] ». Le philosophe explique ainsi au Neveu sa motivation pour le projet pédagogique qu'il destine à sa fille :

> [p]uisque la nature a été assez ingrate envers elle pour [...] donner [à ma fille] une organisation délicate [...] et l'exposer aux mêmes peines de la vie que si elle avait une organisation forte [...], je lui apprendrai [...] à les supporter avec courage[52].

De plus, toujours dans le *Neveu*, la danse et la musique sont placées sous le signe de la nécessité de bien paraître en société lorsqu'il s'agit d'expliquer leur importance dans le cursus d'Angélique : pas davantage de musique que « deux heures par jour, pendant un ou deux ans », pas plus de danse « qu'il n'en faut pour faire une révérence[53] ».

51 *Ibid.*, p. 221-222.
52 *Ibid.*, p. 103.
53 *Ibid.*

Le personnage du Philosophe dans les *Leçons* reste du même avis. À la fin du quatrième dialogue, le « Disciple », personnage qui n'occupe que le début du livre, demande au Maître qui voulait s'absenter pour ripailler s'il ne voulait pas plutôt rester à discuter avec le Philosophe et lui-même : « Vous vous moquez ; est-ce que vous ne valons pas mieux que des huîtres, nous les plus graves philosophes de l'Europe ? » Évitant au Maître de devoir répondre à cette légère attaque, le Philosophe lance avec humour : « Une cloyère d'huîtres de Marenne !... des entretiens philosophiques !... Ma foi, au hasard de vous scandaliser... c'est une bonne chose que des huîtres[54] ! »

LA FORME DIALOGUÉE

CONVERSATION PÉDAGOGIQUE ET AGRÉABLE CHEMINEMENT

La disposition formelle de l'œuvre doit participer de l'idéal pédagogique diderotien, entériné par l'incontestable amour paternel de Diderot pour leur première destinataire. Or, les *Leçons* prennent la forme d'un dialogue. En quoi donc le dialogue, chez Diderot, n'est-il pas la disposition d'un propos qui aurait pu se dire ailleurs autrement, mais plutôt l'expression adéquate d'éléments de sa philosophie[55] ? Qu'est-ce qui rend cette forme indispensable ? La myriade d'études qui font prévaloir l'importance du dialogue dans l'œuvre de Diderot[56] n'a pas à être banalement résumée afin de saisir la forme idéale que prend l'activité philosophique chez l'encyclopédiste : d'autres moyens moins ennuyants s'offrent au lecteur. Par exemple, en se promenant à l'intérieur de l'*Encyclopédie* – cette œuvre dont les articles « conversent entre eux[57] »

54 *Leçons*, p. 160.

55 C. Duflo, « Et pourquoi des dialogues en des temps de systèmes ? », p. 96.

56 Voir D. J. Adams, *Diderot, Dialogue and Debate* ; G. Daniel, *Le Style de Diderot* ; C. Sherman, *Diderot and the Art of Dialogue* ; R. Mortier, « Diderot et le problème de l'expressivité, de la pensée au dialogue heuristique », etc.

57 C. Sherman, *Diderot and the Art of Dialogue*, p. 12. "[...] *the Encyclopédie, was conceived in part as a dialogue with the past* [...] *the articles it contained, by virtue of their cross-references, also contradicted, completed, and conversed with each other.*"

par l'entremise d'un système de références ramifiées – il est possible de consulter l'article « Dialogue », qui *discute* avec l'article « Dialectique », qui, quant à lui, renvoie à « Platonisme », article d'attribution diderotienne certaine. En tête de ce dernier est placée un dithyrambe admiratif portant sur le platonisme ainsi qu'une singulière description de la composition idéelle du mouvement philosophique :

> On voit Platon marcher d'un pas égal avec Aristote, & partageant l'attention de l'univers. Ce sont deux voix également éclatantes qui se font entendre l'une dans l'ombre des écoles, l'autre dans l'obscurité des temples. Platon conduit à sa suite l'éloquence, l'enthousiasme, la vertu, l'honnêteté, la décence & les grâces. Aristote a la méthode à sa droite, & le syllogisme à sa gauche : il examine, il divise, il distingue, il dispute, il argumente, tandis que son rival semble prophétiser[58].

Or, l'explication figurée que peint Diderot des idées du platonisme prend la forme d'un dialogue entre voix « rivales ». La quête de la Vérité ou la « lumière » du platonisme n'est pas une révélation ou une déduction méthodique : il s'agit d'une conversation qui s'étend. À la marche solitaire et aveugle du système édicté, du traité ou du monologue, le dialogue oppose une conduite mutuelle. « Ce n'est pas moi qui ai marché, c'est vous qui m'avez conduit[59] », remarque Diderot à Grimm à la fin d'un dialogue sur le luxe. Lorsque la conversation est liée à la marche ou au cheminement, elle se pose comme le moyen d'appréhender la multitude de « l'univers » par le biais d'une forme séquentielle. Évidemment, l'on reconnaît que c'est là toute l'entreprise de *Jacques le fataliste*, mais aussi, comme le remarque Julie Hayes, celle de la *Promenade Vernet* du *Salon de 1767* – et des *Leçons*[60].

Ainsi, comme pour le personnage-Diderot et l'abbé de la *Promenade* du *Salon*, le trope de la marche sert de dispositif à une mise en scène des personnages des *Leçons*, dont un personnage-Diderot, le Philosophe, fait également partie[61]. À la fin de la « Troisième suite du douzième

58 Diderot, art. « Platonisme ou Philosophie de Platon (*Histoire de la philosophie*) », *Encyclopédie*, t. XII, p. 745.

59 Diderot, *Salon de 1767*, p. 169.

60 J. Hayes, « Sequence and Simultaneity in the *Promenade Vernet* and the *Leçons de clavecin* », p. 292.

61 L'on pourrait d'ailleurs remarquer, d'après le célèbre incipit du *Neveu de Rameau*, que Diderot aimait bien se mettre en scène à la promenade. C'est cependant Jaucourt qui s'occupe de l'article « Promenade à pié » de l'*Encyclopédie* : « exercice modéré, composé du mouvement alternatif des jambes & des piés, par lequel on se transporte doucement & par récréation d'un lieu à un autre. »

dialogue », Diderot propose « une longue promenade à pied[62] ». C'est lors de celle-ci qu'Angélique fait preuve de sa plus grande rigueur intellectuelle. En marchant, elle remarque que les *Leçons*, jusqu'à ce point, contiennent « beaucoup d'exemples et peu de théorie, et que c'était moins aux principes qu'à la méthode qu'elle devait ses progrès[63] ». Ils s'arrêtent et Bemetzrieder rétorque une mince défense en faveur desdits « principes », mais sans ajouter de justification. Angélique et son père insistent : ils veulent connaître les raisons de la réplique de « Monsieur Bemetz… » Ce dernier consent alors à leur lire trois cahiers de théorie qu'il avait sur lui, mais à une condition : qu'ils l'écoutent « sans l'interrompre ». Pour la première fois, le dialogue semble vouloir se briser. Par contre, surprenant dispositif, en reprenant la route, le monologue systématisant de Bemetzrieder se fait interrompre aussitôt qu'il commence ! Angélique et son père ne peuvent se permettre de se taire et de ce fait, tout en recommençant à marcher, ils questionnent *naturellement* le discours de l'Allemand : le mouvement des marcheurs et le dialogue sont interdépendants.

Ainsi, la forme libre et flexible qu'emploie Diderot s'identifie, par un jeu référentiel avec la marche, à la tradition de l'école péripatéticienne. L'abbé Edmé-François Mallet, qui signe la première partie de l'article « Dialogue » de l'Encyclopédie, avance que « [l]e dialogue est la plus ancienne façon d'écrire[64] ». Ce superlatif temporel renvoie le lecteur à une position proprement diderotienne voulant que l'homme soit dès ses origines un animal social et sociable, par opposition à celle de l'homme naturellement solitaire, rousseauiste. « Celui qui ne sent pas augmenter sa sensation par le grand nombre de ceux qui la partagent a quelque vice secret ; il y a dans son caractère je ne sais quoi de solitaire qui me déplaît[65], » est-il possible de lire dans les *Entretiens sur le fils naturel.* Répondant naturellement aux stimuli de son entourage, c'est la sensibilité de l'homme qui, comme la « résonance » chez Jan Zwicky, le guide afin de tracer sa « ligne vraie[66] », par « une longue observation, par une expérience consommée, par un tact exquis, par un goût, un instinct, une sorte d'inspiration ». C'est aussi cette attention soutenue et *amatrice* qui

62 *Leçons*, p. 340.

63 *Ibid.*, p. 341.

64 E.-F. Mallet, Marmontel, J.-J. Rousseau, art. « Dialogue », *Encyclopédie*, t. IV, p. 936.

65 Diderot, *Entretiens sur le fils naturel*, p. 1157.

66 Diderot, *Salon de 1767*, p. 71.

« élève l'homme au dessus de sa condition » au point où il peut même lui « imprimer un caractère divin[67] ». Ainsi, une continuité est tracée des origines jusqu'au futur : le dialogue se pose tant comme l'état de nature de l'*homme social* que comme ce qui permet à cet homme de se dépasser.

Or, le philosophe impute à une expérience linéaire du temps et aux capacités limitées des organes perceptifs le fait que cette sensibilité ne peut se permettre de tout happer d'un coup. « Je ne crois point qu'il soit donné à un seul homme de connoître tout ce qui peut être connu ; de faire usage de tout ce qui est ; de voir tout ce qui peut être vu ; de comprendre tout ce qui est intelligible[68] » écrit Diderot à l'article « Encyclopédie ». Il lui faut plutôt progresser par étapes logiques, se faire un chemin, une « ligne ». Faisant écho à la pratique d'enseignement des péripatéticiens, la figure de la marche s'impose ici comme manifestation corporelle de la forme dialoguée. Chaque pas comme chaque réplique d'un dialogue fait avancer le corps pensant en équilibre, le portant à la fois de la « gauche » et de la « droite ». La marche représente une séquence libre, mais rythmée. Ainsi, un élève ou un « Disciple » cherchant à trop questionner, à conclure, à « savoir » échoue à exécuter sa marche harmonique et se fait rappeler à l'ordre :

> C'est votre faute [...]. Je vous solfiais la belle allemande qui vous plaît ; lorsque tout à coup vous faites des questions, il vous faut des principes, vous *courez* après l'érudition musicale, *vous vous livrez à toutes sortes d'écarts ; et nous arrivons où nous en sommes au lieu d'aller où vous vouliez*[69].

S'il y a un rythme pour l'apprentissage de la musique, il y en a donc un pour son interprétation. Corollaire d'une opposition à la régularité mécaniques des périodes du rythme musical, la notion du rythme des *Leçons* est elle aussi dynamisée, rapportée à la sensibilité du musicien : « on n'a plus d'égard à ces durées fixes et absolues ; c'est la mesure, le mouvement et le caractère de la pièce qui disposent de la valeur des sons[70]. » Autrement dit, « le goût est le vrai chronomètre[71] ».

---

67 *Ibid.*, p. 69.

68 *E.*, p. 635.

69 *Leçons*, p. 101. Italiques de l'auteur.

70 *Ibid.*, p. 121.

71 *Ibid.*, mais aussi dans les « Observations sur le chronomètre », quatrième des *Mémoires sur différents sujets de mathématiques*, dans la formulation suivante : « Le seul bon chronomètre que l'on puisse avoir, c'est un habile musicien qui ait du goût », p. 318.

D'ailleurs, que la musique emploie l'expression « marche harmonique » ou encore « chemin harmonique » pour désigner une succession de mouvements harmoniques se répétant par translation sur d'autres notes est une coïncidence qui plaît énormément à l'auteur des *Leçons*. Ironiquement, cette notion dépend et découle d'une systématisation de la musique tonale et, donc, de la théorie de Rameau. À proprement parler, dans une marche harmonique, le premier motif est appelé le « modèle » ; chacun des autres motifs imitant le modèle est appelé « reproduction » ou « imitation ». Le concept se prête ainsi aisément à une stylisation littéraire. D'ailleurs, les *Leçons* sont truffées de figures de style qui tendent à établir un lien entre les deux réalités – ces marches harmoniques et pédagogiques – en passant par la métaphore de la marche physique. « Promenez-vous à travers ces modulations, en suivant la marche que je vais vous prescrire[72] » dit, par exemple, le « Maître » au « Disciple ». La progression pédestre sous-tend la « ligne vraie » aristotélicienne que l'apprenant se doit de maintenir entre toutes tentations contraires, contradictoires. Elle peut à la fois rendre flexible l'exercice d'un système trop rigide, mais aussi rasséréner les « écarts » trop libres, gratuits. Lorsqu'Angélique tente figurativement de sauter du coq à l'âne en présentant un saut subit dans une harmonie d'emprunt à son professeur et à son père, il se déroule la scène suivante, qui témoigne de la démarche du projet pédagogique :

> L'ÉLÈVE. [...] souvent je me moque de toutes les règles, de cette marche compassée ; que je me mets à faire des gambades, tout au travers des modulations, et qu'on me trouve en un instant où l'on ne m'attendait guère.
>
> LE PHILOSOPHE. Ce n'est pas cela. Ne mens jamais, parce qu'il ne faut jamais mentir ; et puis tu mens mal, et je t'en félicite.
>
> LE MAÎTRE. Ces écarts sont quelquefois très heureux ; mais il faut en être avare ; réitérés dans une pièce, ils lui donneraient un caractère sauvage. Il faut même user avec sobriété des passages d'emprunt.
>
> Voilà, Monsieur, un court abrégé de nos leçons[73].

À l'instar de Platon et Aristote dans l'article de l'*Encyclopédie*, les *Leçons* avancent à l'aide d'un échange équilibré entre les règles d'une théorie « compassée » et une idéalisation de la sensibilité ; entre une systématisation cartésienne et un empirisme passionnel. Ou encore : entre la rigidité de la structure qu'est un clavecin et les organes du corps qui y joue.

---

72 *Leçons*, p. 352.

73 *Ibid.*, p. 326.

Pour lier cette idée à la pratique de l'improvisation d'une « marche harmonique », Julie Hayes étend cette dualité aux deux principaux axes d'appréhension de la musique suite à la théorie de Rameau, soit l'axe vertical et l'axe horizontal[74]. Le vertical correspond à l'harmonie, ou à la couleur que produit la superposition de sons provenant de multiples voix simultanées. L'horizontal correspond à la mélodie, ou la succession de sons à l'intérieur d'une seule voix. Le premier relève d'une érudition et d'une étude d'un système harmonique donné ; le deuxième fait appel à l'imagination, au « goût » et à la « sensibilité » du musicien. Ce n'est qu'avec la conciliation des deux que l'on devient « bon musicien ». Ainsi, lorsqu'Angélique trouve qu'il n'y a « pas moyen de faire un pas de plus » que ceux de la « route commune et battue[75] » *harmonique* que lui propose Bemetzrieder, ce dernier lui propose de s'allier à l'imagination *mélodique* de son père, Diderot, au lieu de s'y opposer. La musique du « bon musicien » est ainsi représentée comme un dialogue bipartite, mais uni :

> J'ai la vanité de me croire plus forte que lui[, dit-elle]. Chacun a son lot. Il me trouvera des chants, tant que j'en voudrai ; pour les harmonies, c'est mon affaire. Avec le temps, *nous ferons à nous deux un bon musicien.* Ah ! Monsieur, la bonne folie que de prétendre avec certains auteurs que c'est l'harmonie qui inspire les chants ! C'est le génie, le goût, le sentiment, la passion qui inspire le chant ; c'est l'étude qui rend profond l'harmoniste. Celui qui cherche la mélodie dans son cœur est un homme sensible ; celui qui la cherche dans son oreille est un automate bien organisé. Je me trompe fort, ou des chants qui n'émaneraient pas de l'âme qu'on ne donne point, mais qui résulteraient d'une combinaison d'accords, seraient souvent plats, décousus, maussades, bizarres, vides de sens, bons pour les tympans, mauvais pour les entrailles. Les sons retournent d'où ils viennent, de l'organe à l'organe, du cœur au cœur[76].

LE DIALOGUE COMME PARTITION DU « CLAVECIN DE LA SENSIBILITÉ ET DE LA MÉMOIRE »

En opposition aux remarques cartésiennes de Rameau qui incite à « prendre garde » à « l'Oreille du Musicien[77] », la « loi des appels » des *Leçons* repose sur un désir purement instinctuel de résolution de notes

74 J. Hayes, « Sequence and Simultaneity in the *Promenade Vernet* and the *Leçons de clavecin* », p. 297.

75 *Leçons*, p. 266.

76 *Ibid.* Italiques de l'auteur.

77 J.-P. Rameau, *Génération Harmonique*, p. 222.

« sensibles ». Elles mettent l'accent sur l'apprentissage de l'harmonie tonale dans le but de faire en sorte qu'Angélique « compose d'oreille[78] », au sens d'improviser par elle-même en se détachant des partitions. Dans le cadre d'un tel projet de formation du sujet sensible, le texte musical est une retranscription dont il s'agit de rester critique, comme le montre l'exemple d'une lecture « d'Emanuel Back » au neuvième dialogue. Dans l'acte de lecture, la partition ne doit pas être reçue comme un crédule à la messe reçoit l'Évangile du prêtre ; le maître incite l'Élève à toujours « rendre compte » de ce qu'elle joue, de toujours être attentivement à l'écoute de ce qui se passe dans la musique. L'Élève s'étonne : « Quoi, tout en exécutant certains morceaux d'Emanuel Back, vous suivriez sa marche, vous rendriez raison de ses écarts ? » Le Maître répond : « s'il arrivait qu'un auteur eût mal écrit ce que son génie lui aurait bien dicté, vous le remarqueriez[79]. » Par l'analogie avec le déchiffrage de partition, c'est la lecture même qui est adressée, supposant une « bipartition suivie d'une mise en balance des opposés[80] » plutôt qu'une simple réception unidirectionnelle. Il s'agit de ne n'ignorer ni « la règle » ni « l'organe[81] ». Comme le propose Julie Hayes, les *Leçons* « mettent en scène la dissolution des complexes relations structurales qui constituent l'harmonie et la réappropriation de cette harmonie de même que sa ré-assimilation en un modèle flexible, linéaire et discursif – plutôt à la manière d'un *chant*[82] ».

Ainsi, le développement textuel de *Leçons*, son ressort narratif, dépend d'un jeu « d'action » et de « réaction » entre une réplique donnée et une autre ; il renvoie aux « appels » et aux « chocs » harmoniques évoqués dans toute l'œuvre. Dans son étude sur ce couple conceptuel dans la science et philosophie occidentales, Jean Starobinski fait valoir qu'un jeu « d'action/réaction » se prête, par sa faible détermination sémantique, à chacun des contextes dans lesquels il est employé. Dans les *Leçons*, lorsqu'un concept musical est énoncé, la forme du dialogue semble

78 *Leçons*, p. 239.

79 *Ibid.*, p. 238-239.

80 J. Starobinski, « L'oiseau Diderot, tout ouïe et sur tous les tons », p. 83.

81 *Leçons*, p. 239.

82 J. Hayes, « Sequence and Simultaneity in the *Promenade Vernet* and the *Leçons de clavecin* », p. 298. "*In a profound sense, the* Leçons *stage the dissolution of the complex structural relationships constitutive of harmony, and harmony's reappropriation and reassimilation into a flexible, linear, discursive model – something rather like* chant." Italiques de Hayes.

le refléter ; comme une « musique à programme[83] » qui accomplit ce qu'un libretto énonce, Diderot semble donc construire un « texte à programme ». C'est ce qui transparaît lorsque le « Maître » donne un « exemple du corps sonore appelé par trois voix consonantes[84] » et que les voix de « l'Élève » et du « Philosophe » se rallient immédiatement après pour donner leur accord quant à sa démonstration. Leurs trois voix de concert « appellent » ainsi la question suivante, qui, s'il était possible d'étirer l'analogie, constitue une sorte de « tonique » de ce passage, qui alterne question et démonstration comme une pièce alterne consonance et dissonance. Georges Daniel note ce trait du style de Diderot dans les *Leçons*, en remarquant que toutes les fois que « l'énoncé s'ordonne suivant le modèle précédemment analysé, les similitudes observées au niveau de la forme font apparaître l'homogénéité des divers contenus qu'elles recouvrent[85] ». En d'autres mots, le philosophe établit une symétrie entre la réalité dénotée et la composition formelle de l'énoncé qui la signifie.

La communication nécessite ainsi un repli vers le sensible et un besoin de *s'accorder* par le dialogue, lui-même libre, associatif, reflétant la réalité des interlocuteurs. Si les *topoï* désignés individuellement perdent leur sens, c'est la « ligne vraie » que leur succession aura tracée qui pourra porter une signification.

D'où un passage particulièrement poétique des *Leçons* dans lequel le Maître invite son Élève au clavecin à se « promener » à travers les modulations qu'il lui prescrit. Après l'exécution, il compare l'enchaînement au trajet d'un « homme qui s'éveille au centre d'un labyrinthe » et qui en cherche l'issue. La phrase devient agile, saccadée : il « marche », « grimpe », « saute », « s'arrête », « s'égare » ; il « s'abandonne à son destin qui lui promet une issue et qui le trompe[86]. » Le Philosophe réagit tout de suite au passage :

> Et c'est là ce qui s'appelle enchaîner des sons dont la succession fasse penser ; savoir parler à l'âme et à l'oreille, et connaître les sources du chant et de la mélodie dont le vrai type est au fond du cœur ; entendez-vous, ma fille ?

83 Quoique l'heure de gloire du genre de la musique à programme soit au XIXe siècle avec les poèmes symphoniques, le XVIIIe n'en est pas exempt. Un exemple : *Les Fastes de la grande et ancienne Mxnxstrxndxsx (Ménestrandise)* de François Couperin, satire musicale sur le droit d'enseigner la musique.

84 *Leçons*, p. 362.

85 G. Daniel, *Le Style de Diderot*, p. 45.

86 *Leçons*, p. 353-354.

> Pénétrez-vous d'une première idée ; suivez-la, jusqu'à ce qu'elle en appelle une seconde, celle-ci une troisième, et tenez pour certain que vos successions, interprétées diversement par chacun de vos auditeurs, ne seront vides de sens pour aucun[87].

Ainsi, « l'idée » ponctuelle est « vide de sens » ; c'est la « ligne », la succession des points qui, malgré qu'elle soit « interprétée [...] diversement », réussit à signifier. De la sorte, la représentation séquentielle supplante la cartésienne surtout puisqu'elle tient compte des corps qui doivent la relayer. Cependant, la linéarité n'est pas strictement directe et prévisible. C'est plutôt une série d'appels protéiformes qui, comme la toile d'araignée dans le *Rêve*, peuvent se déployer dans la ou les directions qu'ils veulent. Barbara de Negroni parle d'un « *ordre vibratoire*, constitué d'une série de résonances » qui s'oppose à un « ordre déductif et géométrique[88] ». Ainsi, les « idées » en « appellent » d'autres d'après ce que le « désir » des interlocuteurs leur dicte, tout comme un accord de septième de dominante peut « appeler », avec ses degrés « sensibles », tant une résolution par le « corps sonore » de la tonique qu'une prolongation de l'écart sur un nouvel accord de septième de dominante de la dominante initiale. L'hybridité du point de vue est facile à saisir : d'une part, la construction artificielle de la signalétique musicale et linguistique est acquiescée et sert de matériau premier ; d'une autre, le ressort qui la fait « avancer », ce qui la fait signifier, c'est une succession « d'appels » sensibles.

L'avivement constant de la matière théorique présentée par l'entremise d'un *elenchos* candide entre « Maître », « Élève », et « Philosophe » semble mettre en scène le processus réflexif d'apprentissage que Diderot idéalise. Comme autant de contributeurs à l'*Encyclopédie*, ou encore comme chacune des cordes du clavecin du *Rêve*, aucun des personnages n'est entièrement détenteur du discours. C'est l'assemblage de leurs subjectivités qui permet de parcourir le sujet. En bon contrepoint musical, aucune voix, par la nature fragmentaire de ses capacités individuelles, n'est clairement dominante pour l'ensemble de l'œuvre, que ce soit celle du « petit maître » avec ses bafouillages, celle de « l'Élève » qui excelle en harmonie, mais qui, comme son pénible prélude le démontre, peine à ressentir la mélodie, ou celle du « Philosophe » qui peut inventer

87 *Ibid.*, p. 354.

88 B. de Negroni, « Notice » du *Rêve*, p. 1213. Nos italiques.

autant de chants qu'il le souhaite, tout en se décrivant comme « simple amateur » de musique.

L'expression du « génie », tant musical qu'autre, dépasse l'unique voix d'un entendement isolé. Colas Duflo pose que le dialogue, pour Diderot, est la forme par excellence pour dire non seulement la pluralité *des* hommes, mais aussi la pluralité *de* l'homme ou d'une pensée. Le dialogue tient sa puissance non pas « d'être le lieu où l'on vérifie qu'on dit bien la même chose », mais plutôt « d'être le lieu où se laisse le mieux entendre la diversité des expressions[89]. » Georges Daniel propose la notion d'une « esthétique du débordement » en remarquant cette caractéristique « organique » du dialogue diderotien qui, afin de mieux dire la pluralité, tend à souvent tracer une « nette limite du texte », puis à « transcender cette limite sous la pression des idées accessoires rencontrés en cours de route[90] ». C'est un trait formel distinctif qui se retrouve tant dans « La suite d'un entretien » du *Rêve*, dans le « Supplément au Voyage de Bougainville », que dans la *Correspondance* :

> « Un mot encore », « encore un mot », « encore un petit mot », « encore une petite digression », tous ces « encore » témoignent d'une conception du texte qui postule le dépassement des limites et le dérapage du discours, dont la liberté, dès lors, prend une fois de plus le sens d'une fatalité[91].

Les *Leçons* elles-mêmes comptent dans leur partie finale une coda de trois « suites » au douzième dialogue. Le texte, comme le cerveau, est perçu comme étant une « substance molle », une « masse sensible et vivante [...] susceptible de toutes sortes de formes, n'en perdant aucunes de celles qu'elle a reçues, et en recevant sans cesse de nouvelles qu'elle garde[92] ». Le philosophe ne saurait être plus clair lorsqu'il ajoute :

> Voilà le livre. Mais où est le lecteur ? Le lecteur c'est le livre même. Car ce livre est sentant, vivant, parlant ou communiquant par des sons, par des traits l'ordre de ses sensations, et comment se lit-il lui-même ? en sentant ce qu'il est, et en le manifestant par des sons[93].

89 C. Duflo, « Et pourquoi ces dialogues en temps de systèmes ? », p. 104.

90 G. Daniel, *Le Style de Diderot*, p. 135.

91 *Ibid.*

92 Diderot, *Éléments de physiologie, IIIe partie*, p. 432. C'est le point de vue des empiristes, par opposition aux innéistes. Les philosophes sensualistes comme D'Holbach et Condillac récupèrent une ancienne analogie en comparant le cerveau à une « cire molle ».

93 *Ibid.*

Le texte apparaît alors comme la partition « d'Emanuel Back » décrite plus haut. Il ne suffirait pas de le lire pour l'assimiler ; il s'agit d'entrer en conversation attentive avec ses éléments constitutifs. Dans un jeu de dédoublement réflexif, la structure du dialogue met en scène la relation idéale supposée entre le lecteur et le texte. Tout ce que qui est dit par un interlocuteur peut être repris par l'autre et vice versa ; le fonctionnement de l'être sensible n'est rien d'autre qu'une seule grande opération alternativement coordonnée par l'« action » et la « réaction », jamais seulement l'un, jamais seulement l'autre. Une idée peut servir à en éveiller d'autres sans que sa parenté ait une quelconque importance. La musique est apprise dans un livre, certes, mais ce que le lecteur en fait est une affaire de choix personnels. L'impératif, c'est de faire de la musique ; le dogmatisme et ses conclusions limitatives sont tenus à l'écart. Ainsi le Maître se garde de conclure quant à l'origine « naturelle » ou « humaine » de la gamme musicale en disant à l'Élève : « Si cela est, la gamme sera un produit commun de la nature et de l'art [...]. Quoi qu'il en soit ; c'est l'affaire de Rameau, et non la mienne. Je suis venu ; j'ai trouvé sept sons ordonnés comme les voilà ; et cela me suffit[94]. »

PLAISIRS DU CORPS (SONORE)

FONDEMENT D'UNE ESTHÉTIQUE « NATURELLE » ET « AGRÉABLE »

L'idée de la voix comme instrument idéal est aussi appuyée par le principe mathématique de la division des cordes qui impose la nécessité de tempérer les instruments à touches – et donc de rendre leurs hauteurs légèrement imparfaites afin de moduler librement. La voix peut se permettre une justesse supposément parfaite au gré des modulations qu'elle emploie tandis qu'un instrument à hauteurs fixes, s'il veut pouvoir moduler, doit s'accommoder d'une égalisation des différences entre ses degrés. Dans les *Leçons*, Diderot explique cette dualité par l'existence de « deux lois [...] point du tout contradictoires », soit

94 *Leçons*, p. 342.

une pour « la résonance des corps sonores » et une pour « la division des cordes vibrantes ». Une « corde vibrante » est perçue comme étant effectivement un « corps sonore », mais les « deux expériences diverses ont donné deux résultats différents, en conséquence desquels il a fallu tempérer les instruments à touches fixes, comme le clavecin ». Apprenant que « tous les intervalles de [s]on clavecin sont altérés », le « Disciple » s'entretient ainsi avec son « Maître » :

> LE DISCIPLE. Fi, le vilain instrument ; ne m'en parlez plus, et vive le violon, où l'on promène ses doigts le long des cordes, et où l'on forme des intervalles aussi justes qu'il plaît à l'oreille. Je veux chanter.
>
> LE MAÎTRE. Chanter ! j'y consens. La voix est sans contredit le plus beau des instruments ; la musique vocale la plus belle musique ; la musique instrumentale la plus parfaite n'est qu'une imitation inarticulée du cri animal. Je vous conseille de chanter[95].

Inutile de souligner le malaise que suscite une œuvre qui dit l'infériorité de l'instrument face au violon, instrument à hauteurs indéterminées, puis face à la voix humaine tout en étant une méthode d'apprentissage pour le clavecin. Le système harmonique tonal rappelle l'idée d'un « systématique » Rameau qui « force » et « tord si bien les faits, que, bon gré, mal gré, il les ajuste avec ses idées ». L'ultime justesse est dans la voix ; le clavecin n'en n'est que simulacre, comme le canard digérateur de Vaucanson en serait celui du système digestif.

Pour Diderot, le modèle reste ce qui est perçu comme naturel. Le désir d'un fondement explicatif rationnel à sa théorie est tout de même présent, mais ce fondement doit refléter la nature et doit aussi être déployé dans la perspective d'une perfectibilité ou un avancement continuel. « Une science physique ou morale est bien avancée, lorsque la première intonation de nature est connue » dit le Maître. C'est nécessaire, afin que « les règles de pratique [prescrites] ne continuassent à [...] paraître arbitraires[96]. » Cette « première intonation », est le son naturel du « corps sonore », l'accord parfait majeur, et les relations qu'il entretient avec les autres sons de la gamme. La réflexion musicale se « suppléera » d'elle-même à partir de l'ouverture de

> la voie à l'entrée de laquelle la nature a tracé ces mots, *Il n'y a que trois sons naturels*, UT, MI, SOL, et le doigt de l'art a écrit au-dessous, *et quatre sons* SI,

95 *Leçons*, p. 111-112.
96 *Ibid.*, p. 381-382.

> RÉ, FA, LA *qui joignent et choquent les trois sons naturels*, et forment, par ces chocs pénibles, la variété des appels au corps sonore et à ses harmoniques ; toute la mélodie, et toute l'harmonie[97].

D'où vient donc cette « première intonation » qui permet de considérer ainsi le « corps sonore », fondateur de l'esthétique développée dans les *Leçons* ? Jacques Chouillet[98] avance qu'en 1748, dans ses *Principes généraux d'acoustique*, Diderot marque un tournant décisif dans sa perception de la musique par le sujet écoutant. Ce premier essai des *Mémoires*, synthèse des travaux de Taylor, Euler, Rameau, Sauveur et Wallis, tente d'établir ce qui se produit dans la sensibilité de l'auditeur lorsqu'une corde entre en vibration. Le principe d'isochronie y est central, et Diderot l'aborde ainsi : « Si l'on veut qu'un son soit uniforme, ou garde en s'éteignant le même rapport à un son donné que celui qu'il avait en commençant, il faut que les vibrations qui fixent son degré soit isochrones[99]. » C'est là toute l'idée du « corps sonore » telle que développée dans les *Leçons* : un corps sonore indivis donne un nombre « x » d'oscillations par seconde lorsqu'il est pincé – appelons-le « ut ». Ce corps sonore ou cette corde vibrante divisée en deux parties égales donnera, pour chaque partie, un nombre « x/2 » d'oscillations par secondes et donnera l'octave de « ut ». Il en va ainsi, selon d'autres rapports, pour les autres notes de la gamme. Cependant, ce sont les divisions dues aux trois premiers *nombres premiers* qui constituent la « première intonation » de la nature, soit la tonique *ut*, « 1/2 », la dominante *sol*, « 1/3 », et la médiante *mi*, « 1/5 ». Pour en revenir à l'isochronie, c'est son existence qui permet de situer l'oreille et lui offrir le *plaisir* musical. Dans la théorie des *Leçons*, c'est l'écart du « corps sonore » ut-mi-sol, autrement dit des degrés « appelés », qui force l'appel. Diderot reprend l'observation d'Euler voulant qu'il y ait un rapport entre le défaut d'isochronie et l'absence de plaisir musical :

> Le chagrin de l'organe naît de ce que le défaut d'isochronisme dans les vibrations, rendant le rapport d'un son variable, il ne sait en quelle raison ce son qui le frappe est à celui qui le précède, l'accompagne ou le suit. Ce qui démontre que le plaisir musical consiste dans la perception des rapports des sons[100].

---

97 *Ibid.*, p. 381.
98 Voir J. Chouillet, *Diderot, poète de l'énergie*, p. 250-253.
99 Diderot, *Mémoires sur différents sujets de mathématiques*, p. 255.
100 *Ibid.*, p. 255-256.

Somme toute, le plaisir musical diderotien opère à la manière d'un mouvement d'éloignement puis de rapprochement des tons naturels. Si l'on reconnaît là d'où l'on s'est écarté, c'est donc à cause d'un principe empiriquement observé, celui d'isochronie entre les oscillations des corps sonores de la tonalité donnée. Fait étonnant que souligne également Chouillet, c'est que Diderot, fort de la conviction qu'il édicte quant à la musique, ne sait résister à l'envie de généraliser la métaphore :

> Mais cette origine n'est pas particulière au plaisir musical. Le plaisir en général consiste dans la perception des rapports : ce principe a lieu en poésie, en peinture, en architecture, en morale, dans tous les arts et dans toutes les sciences. Une belle machine, un beau tableau, un beau portique ne nous plaisent que par les rapports que nous y remarquons : ne peut-on pas dire qu'il en est en cela d'une belle vie comme d'un beau concert[101] ?

LEÇONS ENTRE DEUX EPISTÉMÈ[102]

Comment connaît-on le beau, puis comment transmet-on cette connaissance ? Chez Diderot, le plaisir provoqué par une belle musique – ou une belle analogie – s'accompagne d'une réflexion sur les moyens de connaissance de cette perception du beau. Or, sa réflexion se situe à un point particulièrement sensible de l'effritement de l'epistémè classique qui s'opère, selon Michel Foucault, au tournant des XVIIIe et XIXe siècles. Les notions complémentaires de *mathesis* et de *taxinomia* aident à comprendre « l'espace d'empiricité » de l'âge classique, période contenue entre la fin de la Renaissance et le début du Romantisme et où l'Homme, la Vie et la Nature « s'offrent spontanément et passivement à la curiosité du savoir[103]. » La *mathesis* sert à ordonner des natures simples par l'entremise de l'algèbre – le principe de division des cordes[104], par exemple. La *taxi-*

101 *Ibid.*, p. 256.

102 « Ce sont tous ces phénomènes de rapport entre les sciences ou entre les différents discours dans les divers secteurs scientifiques qui constituent ce que j'appelle *épistémè* d'une époque. » M. Foucault, *Dits et écrits*, t. I, 1954-1969, p. 1239.

103 M. Foucault, *Les Mots et les choses*, p. 86.

104 Relayant ce que Diderot synthétise, considérons l_n la longueur de la corde au niveau de la *n*ième division de la corde – ou la *n*ième frette – et donc par extension l_0, la longueur de la corde à vide. Le fait que chaque division est située à un demi-ton de la précédente signifie que monter d'une division correspond à multiplier la fréquence de la corde par une valeur fixe, noté *r*, et donc à diviser la longueur de la corde par ce même nombre. *r* constitue de ce fait la raison d'une suite géométrique telle que $l_0/2 = l_0.(1/r)^{12}$ car la

nomia sert à ordonner des natures complexes en instaurant un système de signes qui leur fait référence – saurait-on en trouver un meilleur exemple que l'*Encyclopédie* ? L'une et l'autre ne sont pas mutuellement exclusives, évidemment : au contraire, elles dépendent l'une de l'autre dans la composition de l'espace représentatif central qu'est le *tableau.* Ayant comme modèle premier la systématique de Carl von Linné, Foucault affirme que ce qui caractérise l'epistémè classique, c'est bien que

> [l]es sciences portent toujours avec elles le projet même lointain d'une mise en ordre exhaustive : elles pointent toujours aussi vers la découverte des éléments simples et de leur composition progressive ; et en leur milieu, elles sont tableau, étalement des connaissances dans un système contemporain de lui-même[105].

À cet égard, la systématisation de Rameau est pour l'harmonie ce que le *Systema Naturæ* de Linné est pour les sciences naturelles : un tableau synthétique, une représentation voulue tabulaire et immédiate de l'avancement de la science dans à un moment et un milieu précis. Dans les *Leçons*, Diderot confronte l'acte pédagogique ou l'expérience de l'assimilation de notions à une telle forme synthétique. Pour avoir fini de diriger l'un des plus grands *tableaux* de son siècle, au moment de la rédaction des *Leçons*, le philosophe n'est plus dupe quant à l'impossibilité qu'une seule sensibilité puisse accéder à un savoir universel. Sans doute à force d'éditer des milliers d'articles, une angoisse épistémologique se développe chez le philosophe quant à ce qu'un signe peut représenter. Il perçoit que lorsque deux auteurs utilisent le même mot, aucun des deux ne peut y rattacher une expérience sensorielle identique à celle de l'autre. Que vaut donc une *taxinomia* musicale si l'on ne peut s'entendre sur ce qu'elle schématise ? Que vaut toute la théorie de Rameau si ce à quoi elle aboutit chez ceux qui la suivent à la lettre est une musique qui, à l'écoute, est « plate » et « insipide » ? À quoi peut se référer l'acte pédagogique si les signes à eux seuls ne peuvent représenter l'objet à transmettre ? L'appréhension du signifié par le seul signifiant l'étiole donc ; du moins, elle frémit puissamment. Cette angoisse se ressent dans le célèbre passage du *Salon de 1767* où Diderot rappelle l'image leibnizienne des grains de sable :

---

douzième division correspond à l'octave, d'où $r = 2^{1/12}$. La longueur de la corde entre la division n et le chevalet est donc donnée par la formule $l_n = l_0.2^{-n/12}$.

105 Foucault, *op. cit.*, p. 89.

> [L]es philosophes disent que deux causes diverses ne peuvent produire un effet identique ; et s'il y a un axiome dans la science qui soit vrai, c'est celui-là ; et deux causes diverses en nature, ce sont deux hommes... [...] les deux parleurs qui ont dit la même chose dans les mêmes mots ; les deux poètes qui ont fait les deux mêmes vers sur un même sujet, n'ont eu aucune sensation commune [...]. La quantité des mots est bornée. Celle des accents est infinie. C'est ainsi que chacun a sa langue propre, individuelle, et parle comme il sent, est froid, ou chaud, rapide ou tranquille, est lui et n'est pas lui, tandis qu'à l'idée et à l'expression il paraît ressembler à un autre. [...] C'est la langue de la nature. C'est le modèle du musicien. C'est la source vraie du grand symphoniste. Je ne sais quel auteur a dit, *musices seminarium accentus*[106]... C'est Capella... Jamais aussi vous n'avez entendu chanter le même air, à peu près de la même manière par deux chanteurs. [...] C'est qu'alors la langue du sentiment, la langue de nature, l'idiome individuel était parlé en même temps que la langue pauvre et commune. C'est que la variété de la première de ces langues détruisait toutes les identités de la seconde, des paroles, de la mesure et du chant. Jamais, depuis que le monde est monde, deux amants n'ont dit identiquement je vous aime ; et dans l'éternité qui lui reste à durer, jamais deux femmes ne répondront identiquement vous êtes aimé. [...] – Cela est dur à avancer. – Et à croire. – Cela n'en est pas moins vrai. – C'est la thèse des deux grains de sable de Leibniz[107].

C'est aussi cette image des « deux molécules » du *Rêve* : l'unicité de l'expérience sensorielle de tout organisme s'oppose à une conception classique de la matière inerte, passive – et donc désignable. Dans le *Rêve*, c'est la corde vibrante qui est la « machine de guerre » contre « toute séparation de la matière et de la vie[108] ». Observateur comme observé sont en mouvement constant et participent à l'accomplissement d'un même geste ; la remise en question de la limite prétendument claire qui les séparaient force une reconsidération des moyens épistémologiques dont dispose le sujet observant. Les œuvres littéraires portent le reflet de cette préoccupation : Paul Henry Lang note que la période de gestation d'œuvres comme le *Rêve* ou les *Leçons* est celle d'une transition entre une esthétique cartésienne et celle d'un empirisme passionnel[109]. Pour Rousseau, par exemple, la musique est déjà sans équivoque une affaire de « cœur[110] ». Cependant,

---

106 « L'accentuation est la pépinière de la mélodie », traduit lui-même Diderot dans le *Neveu*, p. 159.

107 Diderot, *Salon de 1767*, p. 220-221.

108 B. de Negroni, « Les cordes vibrantes : matière inerte, matière sensible », p. 1213.

109 P. H. Lang, « Diderot as Musician », p. 102-103.

110 J.-J. Rousseau, *Essai sur l'origine des langues*, cité dans J. Chouillet, *La Formation des idées esthétiques de Diderot*, p. 121.

plus qu'une simple victoire du *goût* sur la *raison*, les *Leçons* délimitent un espace qui laisse toujours coexister les deux.

Diderot cherche donc à développer cette « application » du mécanisme par lequel se transmet une « image sensible » par plusieurs moyens et dans plusieurs domaines – par exemple, par l'assimilation du plaisir auditif à l'isochronie des cordes vibrantes. Lorsqu'il s'agit de musique, c'est sans doute dans deux passages très similaires de la *Lettre sur les sourds et muets* et des *Leçons* que Diderot pousse à l'extrême la démonstration appliquée en versant dans les micro-interactions, en procédant *pas à pas*, de note en note, de modulation à modulation afin de décortiquer « l'étonnante variété de sensations momentanées et fugitives[111] » que peut ressentir l'oreille. Tout d'abord, celui de la *Lettre*, où il est question de comment la poésie, la musique et la peinture expriment, par leurs langages propres, la réalité d'une femme mourante. Les poèmes de Virgile et Lucrèce accompagnent la mélodie :

> Le musicien commencera par pratiquer un intervalle de semi-ton en descendant (*a*) ; *illa graves oculos conata attollere rursus deficit.* Puis il montera par un intervalle de fausse quinte (*r*) ; et après un repos, par l'intervalle encore plus pénible du triton (*b*) ; *ter sese attollens* : suivra un petit intervalle de semi-ton en montant (*c*) ; *oculis errantibus alto quaesivit coelo lucem.* Ce petit intervalle en montant sera le rayon de lumière. C'était le dernier effort de la moribonde ; elle ira ensuite toujours en déclinant par des degrés conjoints (*d*), *revoluta toro est.* Elle expirera enfin et s'éteindra par un intervalle de demi-ton (*e*), *vita quoque omnis, omnibus e nervis atque ossibus exsolvatur.* Lucrèce peint la résolution des forces par la lenteur de deux spondées *exsolvatur* ; et le musicien la rendra par deux blanches en degrés conjoints (*f*) ; la cadence sur la seconde de ces blanches sera une imitation très frappante du mouvement vacillant d'une lumière qui s'éteint[112].

L'artiste ressent, puis traduit, puis transmet. Chaque *pas* de la mélodie participe de la « ligne » totale qui, lorsqu'exécutée, *dit* la femme mourante. Plus subtil encore, le passage suivant des *Leçons* n'affirme pas ce que le musicien « fait », mais plutôt ce qu'il *pourrait* lui *plaire* de faire : ainsi, sa propre sensibilité agit en marionnettiste des âmes de ceux qui l'écoutent :

> Après vous avoir égarés dans les détours d'un labyrinthe, à l'aide des seules harmonies principales des vingt-quatre modulations ; s'il m'avait plu d'y appeler le silence avec les ténèbres ; le silence et les ténèbres se seraient faits.

111 *Leçons*, p. 354.

112 Diderot, *Lettre sur les sourds et muets*, p. 238-239.

> S'il m'avait plu de déchirer tout à coup ce silence et ces ténèbres par des cris ; la plainte et les cris redoublés étaient sous ma main. Si je m'étais proposé d'accroître la tristesse de la solitude, par l'horreur de la nuit, d'ouvrir des tombeaux, d'en évoquer les mânes, et de vous effrayer de leur murmure, vous les auriez entendus à vos côtés ; vous en auriez frémi, vous vous seriez écriés, âmes de mes pères, parlez ; âmes en peine, que voulez-vous de moi ? Puis tout à coup, dérangeant un seul de mes doigts, le jour aurait reparu, tous les tristes fantômes se seraient dissipés ; et si la fantaisie m'en était venue, j'aurais été le maître de leur faire succéder le cortège du plaisir, les ris, les jeux, les amours, la tendresse et la volupté. Quelle foule de tableaux divers s'entassent quelquefois dans un seul récitatif obligé ! *Le cœur s'émeut, la touche est pressée, et le sentiment est rendu*[113].

À force de le tirer, la fièvre de l'exhaustivité diderotienne découvre que le fil d'Ariane qu'il s'agit de démêler afin de sortir du « labyrinthe » de l'expression tabulaire est « infini » et que la promesse d'une « issue » ou d'une connaissance complétée n'est qu'un leurre. Comme autant de modulations au clavecin, l'expression se ramifie, s'étend, se renouvelle sans cesse : « Mais vous me laisseriez aller à l'infini, si je ne m'arrêtais pas de moi-même[114]. » Ce qui arrête, donc, ce qui rythme, qui tranche, qui détermine et ordonne le flux illimité de l'expression, c'est le « goût », la sensation du corps qui se « fatigue » naturellement après avoir connu la « jouissance[115] ».

> L'ÉLÈVE. [...] Est-ce que la discorde se mêle aussi dans l'harmonie ?
>
> LE MAÎTRE. Assurément ; et elle y fait le même rôle que dans l'univers ; c'est la peine qui rend le plaisir piquant ; c'est l'ombre qui fait valoir la lumière ; c'est à la fatigue que la jouissance doit sa douceur [...]. Un bonheur que rien n'altère devient fade[116].

Pour échapper à la perspective « labyrinthique » d'une énumération sans fin de rapports illimités, Diderot choisit le dialogue sensible. Le geste pédagogique, qu'il tente dans les *Leçons* de léguer à sa descendance, n'est dès lors plus motivé par une quête de démonstration universelle, ni même une « issue » au « labyrinthe » des représentations, mais plutôt par la recherche asymptotique d'une vérité esthétique qui tient compte de l'existence du corps, ou, en autres mots, de l'appareil sensible duquel

113 *Leçons*, p. 355. Italiques de l'auteur.
114 *Ibid.*, p. 307.
115 *Ibid.*, p. 196.
116 *Ibid.*

elle dépend. Les signes et leur interaction doivent être au service d'un plaisir sensoriel donné par « l'organe » sensible. Ainsi : « Qu'est-ce donc que la musique ? On s'élèvera contre mon opinion ; mais l'expérience se réunira avec moi pour la définir, l'art de choquer les sons naturels pour en rendre le retour plus agréable[117]. »

Le philosophe pose ainsi les jalons d'une praxis de la réflexivité, en opposition à celle d'une exhaustivité. Le *tableau* de l'épistémè classique, où tout l'étalement de ses composantes est saisi au « premier coup d'œil[118] » n'est donc plus possible puisque « ce qui l[e] fonde », un temps absent lors de l'âge classique comme le souverain qui manque dans *Les Ménines* de Vélasquez, est rappelé à y retourner. Kant n'est plus bien loin : pour le matérialisme vitaliste de Diderot, il s'agira de l'indissociabilité de la matière et de l'esprit, ce qui place dès lors la sensibilité au premier rang du jugement esthétique. Le *tableau* devient un *chant* « composé à l'oreille » : une succession de notes guidée par le « goût » de leur interprète en réaction constamment renouvelée par les vibrations qu'elle perçoit.

Ce qui s'esquisse dans les *Leçons*, c'est l'idée que la pédagogie diderotienne se veut expérientielle. En d'autres mots, c'est une pédagogie qui laisse à elle-même la productivité de l'esprit ; qui laisse l'esprit *jouer*, se proposant moins de l'instruire que de l'exercer. La tension qu'elle veut résoudre entre *ratio* et *gustus* est donc entièrement déterminée par la recherche d'une parole qui sache *faire penser* et non dire *quoi penser*. La genèse de l'œuvre elle-même est gage de son message : elle est composée à partir de diverses sources théoriques – Bemetzrieder, Rameau –, les opinions de Diderot – à leur tour inspirées d'autres penseurs, d'Angélique et du Disciple, sans qu'aucune ne prétende au dernier mot. Ce n'est pas un Maître qui donne sa matière à un Élève : c'est une pluralité de voix qui participe de l'acte pédagogique. Formellement, ce qui « accorde » l'expérience de tous, c'est le dialogue. La forme dialoguée permet la diffusion du savoir par un jeu semblable à celui des « cordes vibrantes » : « cent fois » les questions « embarrassantes » de « l'Élève » font trouver au « Maître » des « choses auxquelles [il] n'aurai[t] peut-être jamais pensé[119]. » Ainsi, en « permettant les écarts qui délassent, [la forme

117 *Ibid.*, p. 358.

118 M. Foucault, *Les Mots et les choses*, p. 29.

119 *Leçons*, p. 308.

dialoguée] assujettit à la méthode la plus rigoureuse[120]. » Le « corps sonore », faisant entendre un son complexe et capable de faire résonner d'autres corps, réalité physique sur laquelle s'est penché Diderot, apparaît comme trope fondateur tant de l'esthétique du philosophe que d'un refus d'une conception classique de la matière. Au-delà du bouquet des idées philosophico-esthétiques de Diderot que les *Leçons* rassemblent, elles se lisent comme un *chant* d'amour paternel cherchant à assurer le bonheur sensitif de leur destinataire par la promesse d'un compagnon éternel, la musique :

> Ma fille, [...] travaillez, exercez-vous ; occupez-vous sérieusement d'un art où vous êtes déjà fort avancée et qui deviendra un jour la plus puissante consolation des peines qui vous attendent ; car nul n'en est exempt sous le ciel, et il est heureux d'avoir un ami toujours à portée de soi[121].

120 *Ibid.*, p. 307.
121 *Ibid.*, p. 339.

CODA

En guise de conclusion – ou de *coda*, puisque cette section termine l'ouvrage plus qu'elle ne le conclut –, rappelons le parcours que nous avons tracé de l'analogie à l'étude. En 1745, Diderot dédie à son frère une traduction qu'il fait de Shaftesbury ; ce geste inscrit l'homme-clavecin dans le contexte d'une conversation entre frères qui espère révéler une sympathie entre « deux instruments de constitution semblable ». Censée susciter une *étincelle* dans l'esprit de son parent, l'analogie elle-même représente cette dimension intersubjective et proprement « lyrique » au sens où l'entend Jan Zwicky : sa signification se constitue par la « résonance » des tensions qu'elle cherche à accorder. En cela, son sens n'est pas uniquement imputable à ce que ses termes dénotent, mais aux multiples rapports qu'ils entretiennent. De ce fait, l'analogie procède à la manière d'un théorème de Thalès ; ainsi Diderot l'emploie-t-il pour se positionner au sein d'un débat proprement grammatical : soit celui concernant l'ordre naturel du langage. Plutôt que de choisir entre les thèses du rationalisme port-royaliste et celles du sensualisme de Batteux et même de Condillac, Diderot suggère que le débat est mal posé puisqu'il sous-entend que le langage est une entité qui a toujours été achevée ; en d'autres mots, le débat néglige la formation même du langage. Pour Diderot, le langage relève d'un ordre sonore dont les mots naissent ou meurent au gré de la perception d'euphonies.

Le « trait poétique » que trace le clavecin oculaire du Père Castel flatte ainsi l'oreille de l'encyclopédiste qui y voit un modèle pour sa propre entreprise. Plus qu'un simple « ponpon », le trope du clavecin enchante : il possède un furieux pouvoir de productivité intellectuelle et contribue ainsi à animer le mouvement d'une longue quête sans fin qui cherche à « rassembler les connaissances éparses sur la surface de la terre[1] ». Effectivement, si l'*Encyclopédie* n'aboutit pas – ne *peut* aboutir –

1 *E.*, p. 635.

à une somme finie des savoirs humains, le branle-bas épistémologique qu'elle fomente dans nombre de sciences a laissé des marques dont l'influence est incontestable. La part de l'école vitaliste dans la rédaction des articles de la section « Médecine » en fait état : l'on se réfèrera à la prodigieuse énergie créatrice dégagée par leur projet de développer un lexique capable de tenir compte de l'âme et la sensibilité humaines – c'est-à-dire du *mouvement vital* – en employant des termes propres à la profession médicale et non ceux des théologiens ou des philosophes. Entre autres, la notion de matière fibrillaire de Haller, développée par des médecins encyclopédistes, fait du corps un organisme vibrant ; fait que les phénomènes qui y sont observés sont rapprochés empiriquement plutôt que stylistiquement des cordes d'instruments de musique. Le rapprochement est séduisant : saurait-on expliquer les mouvements du corps à l'aide des mêmes systèmes dont on se sert pour tenir compte du comportement des cordes d'un clavecin ? La théorie harmonique ramiste, qui connaît l'apogée de son succès à la moitié du siècle, offre un fondement rêvé pour l'élaboration d'un tel traité. Or, comme en est conscient Diderot – qui prête d'ailleurs sa plume à Rameau –, il s'agit tout au plus d'une conjecture sans fondement solide. Pensant parvenir à expliquer l'ensemble des phénomènes physiques à l'aide de sa théorie, le grand musicien se laisse convaincre par l'élégance de ses axiomes et, ce faisant, illustre les dérives possibles d'un esprit qui s'accroche trop fermement à ses inductions – surtout celles issues d'un trait poétique.

De manière généralement[2] plus raisonnée puisqu'il cherche moins souvent à conclure, ce sont ces mêmes traits poétiques qui excitent la plume de Diderot. Dans ses « *Bijoux* plus sçavans qu'*indiscrets*[3] », l'anecdote relative au médecin Ferrein devant l'Académie royale des sciences lui arrache des passages d'un singulier humour ; ce sont aussi des passages qu'il inscrit dans une parodie des fonctions du langage et de l'entendement dans les affaires de la Cité. Qui plus est, le caractère hybride des voix des personnages féminins des *Bijoux* n'y est pas traité comme une « monstruosité » grotesque et insignifiante, mais plutôt comme un objet d'intérêt à la fois artistique et scientifique : les mélanges

2 Si le style de Diderot porte la plupart du temps la marque d'une tempérance désillusionnée des effets de la rhétorique, nous ajoutons un « généralement » pour excepter la fougue emportée et presque ironiquement *fanatique* d'œuvres de jeunesse plus revendicatrices comme les *Pensées philosophiques* de 1746.

3 J. O. de La Mettrie, *Supplément à l'ouvrage de Pénélope*, p. 257-258.

inouïs ne sont pas à bannir, mais, au contraire, l'activité qu'ils suscitent fait avancer une société comme celle, fictive, de Banza. En cela, le roman mi-libertin, mi-satirique de 1748 peut être lu comme un éloge de la polyphonie : tant celle de l'ensemble des voix réunies chez un être humain – comme elles le seront dans le personnage du *Neveu* – que celle formée par les centaines de voix de l'atelier encyclopédique. Si les « savants s'entretiennent : ils écrivent : ils font valoir leurs découvertes : ils se contredisent : ils sont contredits[4] », leur activité est proprement sonore, vibratoire ; l'accord de leurs voix ne peut se faire que guidé par le plaisir de l'organe auditif, attentif à la « justesse », à « l'euphonie » et à « l'harmonie » de telle idée, de tel rapport. C'est là écarter le savoir d'une finalité démonstrative ou argumentative pour en faire une activité proprement expressive. De cette perspective découle ce que nous avons appelé le « miel » du parcours intellectuel diderotien : le « style-clavecin », illustré à son plus haut degré dans le *Rêve de D'Alembert.* L'énergie, l'*impetus* du style ne provient plus d'une source externe, mystique, ou interne, cachée : comme pour un clavecin, elle provient de l'organisation même de l'instrument. Les idées, en tension, arrivent à s'éveiller comme des cordes qui entrent en résonance – elles *se pincent elles-mêmes* ; elles se suffisent pour former un système vivant, ouvert et changeant.

C'est ce système dont Diderot tentera l'application à un contexte pédagogique lors du projet des *Leçons de clavecin* de 1771. La transmission du savoir dans les *Leçons* profite d'analogies musicales et d'inventions formelles qui expriment la sensibilité et l'entendement du corps humain en récupérant les mêmes mots que ceux de la théorie harmonique. Formellement organisée par le dialogue, la « matière » du langage est souple : les personnages comme l'instrument prennent des « marches harmoniques », et la composition musicale est pensée avec les mêmes « chocs » et « appels » que les échanges entre interlocuteurs.

4 *E.*, p. 647.

L'HOMME-CLAVECIN, CETTE NOTION CONFUSE

Rappelons l'exclamation de Diderot lorsqu'il lit la comparaison entre un instrument de musique et le corps humain chez Shaftesbury : « Nous ressemblons à de *vrais* instruments » ! Cette réaction à une analogie « ni claire ni distincte[5] » porte en soi un indice quant à la fonction heuristique que joue l'homme-clavecin. En effet, si l'analogie en question ne saurait être prise comme un jugement de vérité à prouver ou à infirmer, elle peut à tout le moins provoquer une étincelle lyrique, une réponse. Peu importe qu'elle soit jugée *vraie* ou pas : afin d'en comprendre la portée, il est plutôt question de prendre la mesure des contextes énonciatifs dans lesquels elle occupe une place génératrice de discours. Remarquons que si la critique parle parfois du *concept* d'homme-clavecin – c'est-à-dire en tant que représentation générale, abstraite et stabilisée d'un objet dans une communauté de savoir à un moment déterminé – l'analogie semble plutôt fonctionner en tant que *notion*, c'est-à-dire une connaissance intuitive qui synthétise les caractères essentiels d'un objet, mais qui, contrairement au concept, ne prétend pas à la scientificité. Rajoutons une strate supplémentaire à cette hypothèse : l'homme-clavecin y agirait en tant que « notion *confuse* », une idée formulée par Eugène Dupréel, puis développée par son élève Chaïm Perelman. La confusion, en deux temps, en ferait tout l'intérêt : d'un côté, la « confusion » liée au contexte d'assignation permet d'augmenter l'accord des esprits au prix de l'indétermination (effet d'écoles de pensée sectaires), mais d'un autre côté, la « confusion » liée au contexte d'interprétation provoque des désaccords qui conduiront à davantage de détermination (tâtonnements théoriques menant à des définitions plus ou moins stables). Autrement dit, personne ne se dispute sur le sens d'un mot ou d'une expression claire. En revanche, pourvu qu'elle suscite l'intérêt, une métaphore *ni claire ni distincte* porte en elle un immense pouvoir générateur pour les sciences et les arts ; l'angoisse de ne pas savoir ce qu'elle veut dire force des prises de positions, puis des synthèses, puis de nouvelles prises de position aussitôt que les synthèses peuvent être remises en question. Ce que même le personnage de Julie

5 J. Proust, « Source et portée de la sensibilité généralisée dans le *Rêve de D'Alembert* », p. 430.

de l'Espinasse dans le *Rêve* appelle un « galimatias de cordes vibrantes et de fibres sensibles[6] » est, par-delà la belle figure de style, une analogie à vocation polémique autour de laquelle se sont disposés des antagonismes sur les enjeux de nombre de disciplines. Dans les mots de Dupréel : « Lorsque des tendances ou des intérêts opposés sont liés à des acceptions diverses d'une notion confuse, l'activité qui résulte de ce conflit tend à éclaircir la notion[7] ». Ainsi, « les notions confuses offrent d'autant plus de ressources à la pensée qu'elles sont, justement, confuses[8]. » On ne peut s'empêcher de penser que celui qui prétend « plutôt à former des nuages qu'à les dissiper[9] » aurait été d'accord.

D'ailleurs, le refus diderotien de trancher entre des modèles empiristes ou rationalistes pave la voie vers une compréhension rhétorique du phénomène « social » de la vérité. Tout comme le narrateur de *Jacques le Fataliste* refuse de conclure dans l'absolu sur le sort des femmes[10], le narrateur des *Leçons* se garde de rejeter un moyen de connaissance plus qu'un autre. Pour Diderot, la vérité n'existe pas à l'extérieur des sujets qui la conçoivent. De plus, comme un clavecin qui n'attendrait qu'on en joue, le sujet sensible doit rester *potentiellement* ouvert à tout ce qui peut le faire résonner/raisonner. Le dialogue l'aidera à accorder son expérience sensible avec celle d'autres sujets, jusqu'à la constitution de communautés de pensée, d'*essaims* ou de *monastères*. Au contraire, s'isoler de ce lent processus de véridiction, c'est faire fausse note par rapport à l'ensemble duquel on participe – ce qui n'est pas sans profit pour l'ensemble, qui devra alors justifier un rejet de la fausse note ou se réajuster à elle.

L'accordage d'un clavecin offre une intéressante analogie pour comprendre un aspect fondamental de la perspective perelmanienne sur

6 *Rêve*, DPV, t. XVII, p. 116.

7 E. Dupréel, « Sur les rapports de la logique et de la sociologie, ou Théorie des idées confuses », p. 517-522.

8 M.-A. Bernier, « Préface. Renaissances de la rhétorique. Perelman aujourd'hui », p. 19.

9 *LSM*, DPV, t. IV, p. 162.

10 *Jacques le Fataliste*, DPV t. XXIII, p. 42 : « Et les voilà embarqués dans une querelle interminable sur les femmes, l'un prétendant qu'elles étaient bonnes, l'autre méchantes, et ils avaient tous deux raison ; l'un sottes, l'autre pleines d'esprit, et ils avaient tous deux raison ; l'un avares, l'autres libérales, et ils avaient tous deux raison ; l'un belles, l'autre laides, et ils avaient tous deux raisons ; l'un bavardes, l'autre discrètes ; l'un franches, l'autre dissimulées ; l'un ignorantes, l'autre éclairées ; l'un sages, l'autre libertines ; l'un folles, l'autre sensées ; l'un grandes, l'autre petites, et ils avaient tous deux raison. »

la vérité : « la vérité n'est pas quelque chose d'absolu ; ce n'est pas non plus un phénomène purement subjectif : c'est un phénomène social[11]. » Une note ou un énoncé ne sont jamais *justes* ou *faux* en eux-mêmes. Plutôt, c'est leur rapport à l'ensemble des cordes au sein desquelles ils figurent à un moment particulier – cordes tempérées selon un système de rapports donnés, puis ajustées à un diapason choisi – qui en détermine la justesse ou la fausseté.

Les éventuelles folies de savants comme Castel, Haller, Stahl ou Rameau sont purement inductives, au sens où l'entend Perelman : « affirmation que l'on croit soutenue par la simple expérience, qui se renforce cependant par l'attitude propre au savant de croire à la permanence soit des propriétés des êtres qu'il étudie, soit de leur évolution[12]. » Les « petits clavecins vivants et résonnants[13] » du *Rêve*, tout en cherchant à exprimer l'idée de la sensibilité générale de la matière, parodient aussi l'irrationalité des énoncés prétendument universels. L'*Origine des sciences* de Rameau hasarde des images non moins saisissantes[14]. Valeur scientifique et postérité nonobstant, le *clavecin oculaire* de Castel, comme la *matière fibrillaire* d'Haller et le *corps sonore* de Rameau, malgré la précision des modèles mathématiques et des observations qui les appuient, sont des analogies qui laissent encore libre cours à l'interprétation en ce qu'elles sont *confuses.* Cette confusion en ferait à la fois l'identité et l'intérêt : Blumenberg parle de l'impossibilité de réaliser le rêve cartésien d'une « objectivation intégrale » du langage philosophique et scientifique, défendant l'état « provisoire » de tout langage conceptuel qui doit avancer au gré de ses métaphores[15]. Par

11 C. Perelman, *Le statut social des jugements de vérité*, p. 7.

12 *Id.*, *De l'arbitraire dans la connaissance*, p. 11.

13 *Rêve*, p. 352.

14 Par exemple, ce développement dans lequel Rameau critique les systèmes musicaux des Chinois et des Grecs en filant le parallèle avec la forme d'un arbre. Le sous-entendu est que *son* système, contrairement aux leurs, sait fidèlement épouser les formes de cette prétendue Nature : « On commence par renverser tout l'ordre de la Nature : on ne laisse entrevoir que quelques branches de l'arbre au lieu de la racine, qu'il falloit déterrer avant toute chose : on propose la grandeur pour objet de la Géométrie, où pour lors la plus grande grandeur tient lieu de cette racine, qu'on y perd de vue. Pour la découvrir on est forcé de s'attacher d'abord au sommet de l'arbre, je veux dire, aux branches dont il a fallu démêler tous les rapports, avant que de descendre au tronc qui les distribue. Quel bonheur pour le Géomètre d'avoir trouvé dans ce tronc dispensateur des Loix, dont sa racine s'est reposée sur lui ? », p. 15.

15 Voir H. Blumenberg, *Paradigmes pour une métaphorologie*. p. 7.

exemple, les « savants qui les premiers ont décrit l'électricité comme un "courant" ont pour toujours donné, dans ce domaine, une forme à la science[16]. » Ce n'est pas moins vrai au XXe siècle lorsque le physicien Gabriele Veneziano propose, en 1968, l'expression « théorie des cordes[17] » comme une alternative pour décrire « l'interaction forte ». Les métaphores, les *figures* du discours philosophico-scientifique, agissent en tant qu'éléments constitutifs fondamentaux du discours philosophique ; des « transferts[18] » (*Übertragungen*) comme ceux entre un corps humain et un clavecin impossibles à réduire au concept ou à la logicité pure, mais essentiels au raisonnement, quel que soit le domaine de connaissance desquels se raisonnement se réclame.

16 T. Swann Harding, « Science at the Tower of Babel », cité dans Perelman et Olbrechts-Tyteca, *Traité*, p. 517.

17 Il nous semble ici nécessaire, par souci d'honnêteté, d'avouer que la physique moderne dépasse largement notre champ de compétences. Or, des études sur le rôle du langage dans l'histoire des sciences et de leur développement sont rarement dépourvues d'intérêt. Afin de donner davantage de contexte, nous nous replions sur le début de la section « Introduction » du module « Théorie des cordes » de l'initiative « Voyage vers l'infiniment petit » de l'École normale supérieure <www.diffusion.ens.fr/vip/pageJ01.html>, qui insiste sur l'importance de la *description* : « La théorie des cordes a initialement été conçue comme une alternative pour *décrire* l'interaction forte : il s'agissait par exemple de décrire le processus de collision entre deux hadrons comme la collision de deux cordes qui, en se brisant, forment d'autres hadrons. En 1968, Gabriele Veneziano trouve une formule mathématique pour décrire un tel processus ; ces théories, appelées modèles duaux, font naître de grands espoirs. Quelques années plus tard une théorie concurrente apparaît : la chromodynamique quantique. Le succès des expériences de l'accélérateur SLAC (Stanford) en 1969 et la mise en évidence de la liberté asymptotique en 1973 imposent par la suite la chromodynamique quantique, la plupart des physiciens abandonnent alors les modèles duaux, à l'exception de quelques-uns. Ainsi, en 1975, Joël Scherk et John Schwarz montrent que la *théorie des cordes* contient une particule de spin 2 et de masse nulle, susceptible d'être identifiée au graviton, c'est-à-dire au quantum de la gravitation. Les cordes pourraient être donc plus adaptées pour *décrire* l'interaction gravitationnelle que l'interaction forte. »

18 Blumenberg, *op. cit.*, p. 10.

CREVEL, LÉNINE ET LA POSTÉRITÉ DU CLAVECIN DE LA SENSIBILITÉ

En 1932, soit trois ans avant son suicide, René Crevel publie aux Éditions surréalistes *Le Clavecin de Diderot*, un opuscule qu'il dédie à André Breton et Paul Éluard et dont ces derniers, peu impressionnés par leur disciple trop exalté, ne font que peu de cas[19]. L'ouvrage est réédité chez Jean-Jacques Pauvert en 1966, préfacé d'un article que Claude Courtot titre « René Crevel ou Le Clavecin mal tempéré », évoquant le peu d'estime qu'il réservait au pauvre jeune doctorant désœuvré et suicidaire. Il s'agit d'une brève chronologie suivie d'un hommage doux-amer à Crevel ; l'article se concentre surtout sur le tort que les surréalistes et proches du Parti communiste français ont fait à son image posthume. Quelques lignes de Courtot tentent mollement de le réhabiliter, tout en synthétisant prestement l'ambition du poète :

> *Le Clavecin de Diderot* constitue un réflexe spontané de défense contre une société qui est l'incarnation de ce dualisme déchirant, une civilisation qui ne s'emploie guère qu'à élargir à tout propos l'irrémédiable cassure psychique dont Crevel souffre de façon aiguë et permanente. [...] *L'âme et la peau : d'une part l'Église où l'on prie, le salon où l'on cause, et d'autre part le bordel où l'on baise*[20]...

En lisant toute l'inadéquation et la révolte de Crevel face au monde dans lequel il vivait, le lecteur comprend aisément le titre de la préface. Suffisamment de temps après sa mort pour que son souvenir puisse être embelli par le vernis des années passées, Breton le décrit ainsi :

> Crevel, avec ce beau regard adolescent que nous gardent quelques photographies, les séductions qu'il exerce, les craintes et les bravades aussi promptes à s'éveiller en lui... à travers tout cela c'est l'angoisse qui domine. Il est d'ailleurs psychologiquement très complexe, contrecarré dans une sorte de frénésie qui le possède par son amour du XVIIIe [siècle] et particulièrement de Diderot[21].

---

19 Courtot mentionne aussi qu'après le suicide de Crevel, par « *respect pour la volonté du mort*[,] un texte de Breton sera lu cependant au congrès, mais par Éluard », toutefois ce sera vite fait, « dans le brouhaha d'une fin de séance ». Voir C. Courtot, « René Crevel ou Le Clavecin mal tempéré », p. 15.

20 *Ibid.*, p. 21-22. Les italiques sont de Courtot qui cite Crevel.

21 A. Breton, *Entretiens*, (NRF, 1952) p. 84. Cité dans C. Courtot, *op. cit.*, p. 18.

Pour le jeune poète angoissé et frénétique, la « belle surface lisse » du clavecin de Diderot représentait cette « masse exacte », c'est-à-dire cette seule matérialité, à laquelle rien de superflu, rien de ces « répugnants petits menuets de souvenirs verlainiens » ou de cette « poudre de perlimpinpin[22] » parnassienne ne pouvait coller. À ses oreilles, ce clavecin n'était pas le piano qui « trône dans l'appartement bourgeois de ses parents[23] » ; il était à mille lieux de cette « boîte hermétiquement close dont les cordes, faute d'être pincées, ne vont cesser d'aller se désaccordant[24] ». C'était plutôt « le piano de Salvador Dalí sur les touches duquel apparaissent dix visages de Lénine[25] ». Diderot se retrouve même dans le *Chien andalou* : « le premier film de Buñuel et Dali [...] ressuscite le clavecin de Diderot, sous forme d'un piano qui a toutes ses dents et tous ses nerfs et offre son clavier au délire de Guillaume Tell et de ses compagnons[26] ».

Soit dit en passant, en ce qui concerne son intérêt pour Diderot, Crevel semble avoir eu plus qu'une simple affinité d'amateur : une décennie avant son *Clavecin*, il avait entrepris des études doctorales à la Sorbonne avec un projet de thèse sur « Diderot romancier[27] ». Si ces études seront rapidement abandonnées, son intérêt pour un philosophe habituellement exécré par les surréalistes[28] reste, en 1932, intact. Crevel est explicite quant au rôle exemplaire qu'il fait jouer à l'*Encyclopédie* :

> Clavecin sensible : Les encyclopédistes dans leur immense entreprise, au cours d'un siècle de bouts rimés, n'ont cessé de témoigner du véritable esprit poétique, d'un esprit qui voulait faire quelque chose, fit quelque chose, puisqu'il prépara la chose à faire la Révolution, et ainsi, fut digne de l'étymologie de son admirable qualificatif poétique du grec *poiein*, faire[29].

---

22 R. Crevel, *Le Clavecin de Diderot*, p. 30.

23 M. Delon, *Diderot cul par-dessus tête*, p. 367.

24 Crevel, *op. cit.*, p. 150.

25 Delon, *op. cit.*, p. 366.

26 Crevel, *op. cit.*, p. 166.

27 Courtot, *op. cit.*, p. 10.

28 Voir D. Foucault, « Vibrations du clavecin de Diderot : des Lumières vers le marxisme et le surréalisme », p. 337 : « En 1920, Louis Aragon, André Breton, Paul Éluard, Théodore Fraenkel, Jean Paulhan, Benjamin Péret et Philippe Soupault ont donné une *note* à environ deux cents écrivains. Sur un barème de -20 à 20, Diderot s'est vu attribuer, respectivement : 0, 1, -20, -20, 0, -10 et 0. »

29 Crevel, *op. cit.*, p. 167.

Pour Crevel comme pour Breton, la poésie ne peut demeurer un exercice solitaire : elle doit être action. C'est ce qu'il fait de la prose de Diderot : un acte révolutionnaire au sens où Lénine l'entendait.

Car Crevel n'est pas le seul à faire de Diderot un *préparateur de la Révolution.* En 1908, au tout début de son *Matérialisme et empiriocriticisme*, l'homme politique russe donne le clavecin de Diderot comme formant la synthèse des « conceptions philosophiques[30] » de l'encyclopédiste. Quelques pages plus loin, il clarifie sa position partisane, contre « l'ennemi » empiriocritique, le physicien autrichien Ernst Mach :

> Quant au matérialisme, auquel Mach oppose ici encore ses conceptions, sans nommer tout franc et tout net l'« ennemi », l'exemple de Diderot nous a montré quelle était la véritable façon de voir des matérialistes. Elle ne consiste pas à dégager la sensation du mouvement de la matière ou à l'y ramener, mais à considérer la sensation comme une des propriétés de la matière en mouvement. Sur ce point Engels partageait le point de vue de Diderot. [...] Mais Mach, qui oppose sans cesse ses conceptions aux matérialistes, ignore bien entendu, tous les grands matérialistes, Diderot autant que Feuerbach, Marx et Engels[31].

Évidemment, il ne s'agit pas ici de statuer au sujet des polémiques politico-philosophiques du début du XXe siècle, mais plutôt, après s'être arrêtés en différents points du parcours de l'analogie homme-clavecin dans l'univers diderotien, de remarquer que l'analogie, comme le langage, n'est pas un phénomène que l'on peut expliquer par des causes efficientes ; son mouvement ne meurt pas plus avec l'auteur qu'avec l'époque qui en ont été les porteurs. Ainsi le passé littéraire n'est pas, comme le voudrait la conception moderne d'un temps linéaire allant d'une supposée origine jusqu'à un supposé aboutissement, qu'une époque révolue dont les idées ne sauraient plus résonner. C'est notamment ce qui transparaît lorsque le *maître*

30 En effet, il est possible de lire sous la plume de Lénine que « Dans son *Entretien avec D'Alembert*, Diderot expose ainsi ses conceptions philosophiques : "Supposez au clavecin de la sensibilité et de la mémoire, et dites-moi s'il ne se répétera pas de lui-même les airs que vous aurez exécutés sur ses touches. Nous sommes des instruments doués de sensibilité et de mémoire. Nos sens sont autant de touches qui sont pincées par la nature qui nous environne, et qui se pincent souvent elles-mêmes ; et voici, à mon jugement, tout ce qui se passe dans un clavecin organisé comme vous et moi." » Voir « En guise d'introduction – comment certains "marxistes" en 1908 et certains idéalistes en 1710 réfutaient le matérialisme » dans V. I. Lénine, *Matérialisme et empiriocriticisme*, p. 23-24.

31 Lénine, *Matérialisme*, p. 34-35.

des communistes s'imagine marcher dans les pas du « maître des encyclopédistes[32] » : il compare sa propre réfutation des prémisses de l'empiriocriticisme de Mach à la réfutation que Diderot oppose non seulement aux prémices de l'idéalisme de Berkeley, mais aussi à celles du sensualisme de Condillac.

Au-delà de l'intrigante forme d'autorité recherchée par Lénine dans une affiliation à Diderot – cet auteur tant goûté par Hegel et Marx –, le parallèle historique qu'il établit laisse ressentir les diverses tensions indissociables de tout énoncé analogique. Si Ricœur parle d'une « triple tension[33] » de l'analogie, il ne tient compte que d'un moment de lecture unique, *anhistorique* – presque virtuel. Ajoutons une quatrième tension, celle entre le moment d'énonciation d'une analogie et celui de sa réception par un auditoire donné. Les singulières formes que prend le clavecin de Diderot sous les plumes de Lénine et de Crevel permettent de prendre la mesure de la distance entre leur époque et celle du *camarade Diderot*[34].

32 *Ibid.*, p. 23.

33 C'est-à-dire, comme il a été dit plus tôt : tension entre « les mots » (philosophe et clavecin), puis tension « entre les deux interprétations » (interprétation littérale et interprétation métaphorique) et finalement tension entre « l'identité et la différence » des objets.

34 Voir l'étude de J.-F. Hamel, *Camarade Mallarmé*, qui traite de l'invention posthume d'une lecture politique du poète symboliste. En exergue, une citation de Gracq annonce bien le propos : « "C'est la faute à Voltaire – c'est la faute à Rousseau" : réflexe intellectuel maintenant bi-séculaire d'un pays où l'écrivain est recruté par les partis au besoin à son corps défendant, comme les mauvais sujets de l'Ancien Régime dans les armées du roi. Ainsi pour Balzac, engagé volontairement, mais muté d'autorité à titre posthume du parti blanc au parti rouge, ainsi pour Baudelaire et Flaubert. Et voici maintenant ce pauvre Mallarmé sac au dos et promu clairon dans les troupes du progressisme métalinguistique. » Ainsi le *clavecin de la sensibilité* de Diderot fait-il aussi largement l'affaire de Lénine qui en fait un féroce adversaire de toute forme d'idéalisme. Si le prestige de *grands écrivains* comme le *maître des encyclopédistes* est récupéré par des groupes en soif de légitimation, au passage, ces groupes fondent un *sens nouveau* aux discours qu'ils citent. Ainsi va, par exemple, le mot « révolution » : lorsque Diderot écrit à l'article « Encyclopédie » qu'il y aura une « révolution qui se fera dans l'esprit des hommes, & dans le caractère national », le mot n'a pas pour lui le même sens que quand Crevel l'emploie pour dire que le *clavecin sensible* est une « chose à faire la Révolution ». La 8e édition du dictionnaire de l'Académie française, de l'année de la publication du *Clavecin de Diderot*, note que *révolution* « se dit particulièrement du Renversement brusque d'un régime politique par la force », sens qui apparaît après la Révolution française. Or, la 4e édition du même dictionnaire, datée en 1762, parle tout au plus d'un « changement qui arrive dans les affaires publiques ». Qui plus est, le sens premier reste le « retour d'une Planète, d'un Astre au même point d'où il était parti ». En soi, le parcours sémantique du mot *révolution* est évocateur d'un changement de paradigme depuis une conception du temps cyclique (sens premier) vers une conception du temps linéaire, progressiste et en à-coups (sens second).

BIBLIOGRAPHIE

INSTRUMENTS DE RECHERCHE

Bibliothèque nationale de France, *Gallica*, 1997-, <gallica.bnf.fr>.

CIORANESCU, Alexandre, *Bibliographie de la littérature française du dix-huitième siècle*, Paris, Éditions du Centre national de la recherche scientifique, 1969, t. II (D-M).

GALE CENGAGE LEARNING, *Eighteenth Century Collections Online*, Independence, Kentucky, 2008-2013.

KLAPP, Otto, *Klapp online : Bibliographie der französischen literaturwissenschaft*, Frankfürt am Main, Klostermann, 2012-.

MODERN LANGUAGE ASSOCIATION OF AMERICA, *MLA International Bibliography of Books and Articles on the Modern Languages and Literatures*, New York, 1921-2001.

MORRISSEY, Robert (dir.), *ARTFL-FRANTEXT*, University of Chicago, CNRS, 1982-, <http://artfl-project.uchicago.edu/>.

ONLINE COMPUTER LIBRARY CENTER, Inc., *WorldCat*, Dublin, Ohio, 2001-.

ŒUVRES[1]

CORPUS

BEMETZRIEDER, Anton, DIDEROT, Denis, *Leçons de clavecin et principes d'harmonie*, Paris, Bluet, 1771, 362 p.

DIDEROT, Denis, *Correspondance*, Georges Roth (éd.), Paris, Éditions de Minuit, 1955, 16 vols.

1 Un volume cité en alinéa signifie qu'il est contenu à l'intérieur de l'œuvre qui le précède dans la bibliographie.

DIDEROT, Denis, *Diderot : Œuvres complètes*, Herbert Dieckmann, Robert Mauzi, Jacques Proust et Jean Varloot (éds.), Paris, Hermann, 1975-, 33 t[2].

DIDEROT, Denis, *Éléments de physiologie*, Paolo Quintili (éd.), Paris, Honoré Champion, coll. « Âge des Lumières », n. 27, 2004, 506 p.

DIDEROT, Denis, *Œuvres*, Michel Delon (éd.), Paris, Gallimard, coll. « Bibliothèque de la Pléiade », 2004-, 2 vol. [4 vol. prévus].

« Les Bijoux indiscrets », « La Religieuse », « Mystification », « Les Deux amis de Bourbonne », « Entretien d'un père avec ses enfants », « Ceci n'est pas un conte », « Madame de La Carlière », « Supplément au Voyage de Bougainville », « Le Neveu de Rameau », « Jacques le fataliste et son maître », « Éloge de Richardson » dans Michel Delon, Jean-Christophe Abramovici, Henri Lafon, Stéphane Pujol (éd.) *Œuvres, vol. 1 : Contes et romans*, Paris, Gallimard, coll. « Bibliothèque de la Pléiade », 2004.

« Pensées philosophiques », « Promenades de Cléobule », « Lettre sur les aveugles », « Lettre sur les sourds et muets », « Pensées sur l'interprétation de la Nature », « Le Rêve de D'Alembert », « Éléments de physiologie [Extraits] », « Principes philosophiques sur la matière et le mouvement », « Réfutation d'Helvétius », « Entretien d'un philosophe avec Mme la maréchale de *** », « Essai sur les règnes de Claude et de Néron » dans Michel Delon et Barbara de Negroni (éds.), *Œuvres, vol. 2 : Œuvres philosophiques*, Paris, Gallimard, coll. « Bibliothèque de la Pléiade », 2010.

DIDEROT, Denis, *Œuvres complètes*, Jules Assézat et Maurice Tourneux (éd.), Paris, Garnier, 1875, 20 vol.

DIDEROT, Denis, *Œuvres de Denis Diderot*, Jacques-André Naigeon (éd.), Paris, 1800, 15 v.

DIDEROT, Denis, *Le Rêve de D'Alembert*, Colas Duflo (éd.), Paris, GF-Flammarion, 2002, 245 p.

Encyclopédie, ou dictionnaire raisonné des sciences, des arts et des métiers, etc., Denis DIDEROT et Jean le Rond D'ALEMBERT (éd.), Chicago, University of Chicago, ARTFL Encyclopédie Project, Spring 2013 Edition, Robert Morrissey (éd.), <http://encyclopedie.uchicago.edu/>

AUTRES ŒUVRES

ALLETZ, Pons-Augustin, *Dictionnaire des richesses de la langue françoise, et du néologisme qui s'y est introduit*, Paris, Saugrain, 1770, 496 p.

2 Les renvois à ce monumental chantier éditorial sont signalées dans les notes du document par « [*Titre de l'œuvre*], DPV t. [X], p. [x]. »

ARISTOTE, *De l'âme*, Edmond Barbotin (trad.), Paris, Les Belles Lettres, coll. « Collection des universités de France », 1966, 118 p.

ARISTOTE, *Rhétorique*, Charles-Émile Ruelle (trad.), Paris, Librairie générale française, coll. « Classiques de la philosophie », n. 4607, 407 p.

BACON, Francis, *Novum organum*, Alfred Lorquet (trad.), Paris, Hachette, 1857, 226 p.

BACH, Carl Philipp Emmanuel, *Essai sur la véritable manière de jouer des instruments à clavier* [1759], Jean-Philippe Coulon (tr.), fichier TEX pour la International Music Score Library Project, 24 novembre 2008.

BATTEUX, Abbé Charles, *Les Beaux-Arts réduits à un même principe*, Paris, Durand, 1743, 308 p. Fac-simile : New York, Johnson Reprint Corporation, 1970, 308 p.

BATTEUX, Abbé Charles, « Traité de la construction oratoire » dans *Principes de littérature*, t. V, Avignon, Chez François Chambeau, 1809, p. 3-66.

BEMETZRIEDER, Anton, *Traité de musique concernant les tons, les harmonies, les accords et le discours musical, seconde édition*, Paris, Gueffier, 1780, 254 p.

BERTIN, Joseph, *Lettre à M. D*** [Dodart] sur le nouveau systeme de la voix*, La Haye, Chez Jean-Neaulme, 1745, 40 p.

BICHAT, Xavier, *Recherches physiologiques sur la vie et la mort* [1800], Genève, Alliance culturelle du livre, 1962.

BONNET, Charles, *Essai de psychologie* [1754], dans Collection Complète des Œuvres, t. VIII, Neuchâtel, S. Fauche, 1783.

BOUHOURS, Dominique, *Les Entretiens d'Ariste et d'Eugène* [1671], Bernard Beugnot et Gilles Declercq (éd.), Paris, Honoré Champion, coll. « Sources classiques », 2003, 592 p.

BRUNETIÈRE, Ferdinand, *Histoire de la littérature française classique*, v. 3 « Le dix-huitième siècle », Paris, Delagrave, 1921, 4 vols.

BÜCHNER, Louis, *Force et matière ou Principes de l'ordre naturel de l'univers mis à la portée de tous avec une théorie de la morale basée sur les principes*, 7e édition française d'après la 17e édition allemande, A. Regnard (tr.), Paris, C. Reinwald & Co., 1894.

CARTAUD DE LA VILLATE, François, *Essai historique et philosophique sur le goust*, De Maudouyt, À Amsterdam [Paris], 1736, 226 p.

CASTEL, Louis-Bertrand, « Clavessin pour les yeux », dans *Esprit, saillies et singularités du P. Castel*, Amsterdam & se trouve à Paris Chez Vincent, 1763, p. 278-348.

CASTEL, Louis-Bertrand, *L'Optique des couleurs*, Paris, Chez Briasson, 1740, 487 p.

CASTEL, Louis-Bertrand, « Reflexions sur la nature & la source du sublime dans le Discours, sur le vrai Philosophique du Discours poëtique, & sur l'Analogie qui est la clef des découvertes », *Journal de Trévoux ou Mémoires pour servir à l'histoire des sciences et des arts*, octobre 1733, Article LXXVII, p. 1747-1762.

CASTEL, Louis-Bertrand, « Clavecin pour les yeux, avec l'art de Peindre les sons, & toutes sortes de Pieces de Musique. *Lettre écrite de Paris le 20. Fevrier 1725 par le R. P. Castel, Jesuite, à M. Decourt, à Amiens.* », *Mercure de France*, novembre 1725, p. 2552.

CAYLUS, Anne Claude Philippe, comte de, *Nocrion, conte allobroge*, Paris, s.n., 1747, 38 p.

CHABANON, Michel Paul Guy de, *De la musique considérée en elle-même et dans ses rapports avec la parole, les langues, la poésie et le théâtre* [1785], Paris, Pissot.

CHAUBERT, Hugues-Daniel (éd. de 1734 à 1766), *Journal de Trevoux ; ou mémoires pour servir à l'histoire des sciences et des arts*, Genève, Slatkine Reprints, 1969, 67 vols.

CHAUMEIX, Abraham-Joseph, *La petite encyclopédie, ou, Dictionnaire des philosophes*, À Anvers, Chez Jean Gasbeck, 1771, 176 p.

CICÉRON, *De l'Orateur*, l. 3, Edmond Courbaud et Henri Bornecque (trad.), Paris, Les Belles Lettres, 2010 [6e tirage de l'édition de 1930], 117 p.

CONDILLAC, Étienne Bonnot, Abbé de, « Essai sur l'origine des connoissances humaines » [1746], dans Raymond Bayer (éd.), *Corpus général des philosophes français*, t. XXXIII, *Œuvres philosophiques de Condillac, vol. 1*, Paris, Presses universitaires de France, 1947, p. 1-118.

CONDILLAC, Étienne Bonnot, Abbé de, « Traité des sensations » [1754], dans Raymond Bayer (éd.), *Corpus général des philosophes français*, t. XXXIII, *Œuvres philosophiques de Condillac, vol. 1*, Paris, Presses universitaires de France, 1947, p. 219-319.

CREVEL, René, *Le Clavecin de Diderot* [1932], Paris, Jean-Jacques Pauvert éditeur, coll. « Libertés », n. 38, 1966, 175 p.

CROUSAZ, Jean-Pierre de, *Traité du beau*, Francine Markovits (éd.) Paris, Fayard, coll. « Corpus des œuvres de philosophie en langue française », 1985, 488 p.

D'ALEMBERT, Jean Le Rond, *Élémens de musique suivant les principes de M. Rameau* [1752], Lyon, Bruyset, 1779, 171 p. Fac-simile : Plan-de-la-Tour, Éditions d'Aujourd'hui, coll. « Les introuvables », 1984, 171 p.

D'ALEMBERT, Jean Le Rond, « Observations sur l'art de traduire en général », dans *Mélanges de littérature, d'histoire, et de philosophie*, Amsterdam, Chez Zacharie Chatelain & fils, 1763.

D'ALEMBERT, Jean Le Rond, *Essai sur les éléments de philosophie, ou, Sur les principes des connaissances humaines*, Catherine Kintzler (éd.), Paris, Fayard, coll. « Corpus des œuvres de philosophie de langue française », 1986, 361 p.

DESCARTES, René, « Lettre au marquis de Newcastle. 23 novembre 1646 », *Œuvres et lettres*, Paris, Gallimard, coll. « La Pléiade », 1987, p. 1254-1257.

D'HOLBACH, Paul-Henri Thiry, baron, *Système de la nature ou Des lois du monde physique et du monde moral* [1770], Paris, Étienne Ledoux, « Nouv. éd., avec des notes et des corrections par Diderot », 1821, 2 vols.

DODART, Denis, *Mémoire sur les causes de la voix de l'homme et ses différents tons*, s.l., mémoire lu à l'Académie royale des sciences le 13 novembre 1700, tirage à part des Mémoires de l'Académie, 50 p.

DU HALDE, Jean-Baptiste, *Description géographique, historique, chronologique, politique et physique de l'Empire de la Chine et de la Tartarie chinoise*, t. I, Paris, Chez P. G. Le Mercier, 1735, 592 p.

DUMARSAIS, César Chesneau, *Traité des Tropes* [1730], Paris, Le Nouveau Commerce, 1977, 322 p.

DUMARSAIS, César Chesneau, « Traité de l'inversion », dans *Œuvres de Du Marsais*, t. III, Paris, De l'Imprimerie de Pougin, 1797-AN V, p. 337-376.

FRÉRON, Élie (dir.), *Année littéraire*, Genève, Slatkine Reprints, 1968, 6 vols.

GRÉTRY, André-Ernest-Modeste, *Mémoires, ou Essais sur la musique*, Paris, Prault, 1797, 565 p. Fac-simile : New York, Da Capo Press, 1971, 3 vol.

HARTLEY, David, *Observations on Man : His Frame, His Duty, His Expectations*, London, Printed by S. Richardon, 1749, 2 vols.

HALLER, Albrecht von, *Elementa physiologiae corporis humani*, Lausannae, Sumptibus Marci-Michael, 1757-1766, 8 vol.

HALLER, Albrecht von, *Mémoires sur la nature sensible et irritable des parties du corps animal*, Lausanne, M. M. Bousquet, 1756-1760, 4 vol.

HALLER, Albrecht von, *Sur la formation du cœur dans le poulet : sur l'œil, sur la structure du jaune &c. : premier mémoire. Exposé des faits : second mémoire*, Lausanne, Chez Marc-Michel Bousquet & Comp., 1758, 2 vols.

HÉRACLITE D'ÉPHÈSE, *Fragments*, Michel Conche (éd.), Paris, Presses Universitaires de France, 1986, 496 p.

HERDER, Johann Gottfried von, *Du connaître et du sentir de l'âme humaine : observations et rêves* [1778], Clair Pagès (tr.), Paris, Allia, 2013, 109 p.

Histoire de l'Académie royale des Sciences (1725-1744), Amsterdam, Chez Pierre Mortier, 1747. Fac-simile : HathiTrust. <hdl.handle.net/2027/hvd.hxkkyh>.

HORACE, « Art poétique », dans *Épîtres*, Ferdinand de Villeneuve (trad.), Paris, Les Belles Lettres, 1961, p. 179-226.

HUME, David, *L'Entendement. Traité de la nature humaine, livre I et appendice* [1739], Philippe Baranger et Philippe Saltel (tr. et éds.), Paris, GF Flammarion, 1995, 433 p.

JAMES, Robert, *Dictionnaire universel de médecine* [1746], t. I, Diderot, Eidous & Toussaint (tr.), Paris, Briasson, David & Durand.

KAAU-BOERHAAVE, Abraham, *Impetum faciens dictum Hippocrati per corpus consentiens, philologice et physiologice illustratum observationibus et experimentis*, Lugduni Batavorum, Apud Samuelem Luchtmans, 1745, 480 p.

KAAU-BOERHAAVE, Abraham, *Perspiratio dicta Hippocrati per universum corpus anatomice illustrata*, Lugduni Batavorum, Apud Samuelem Luchtmans, 1738, 445 p.

KANT, Emmanuel, *Critique de la faculté de juger*, Alexis Philonenko (trad.), Paris, Librairie Philosophique J. Vrin, 1993, 480 p.

KANT, Emmanuel, *Premiers principes métaphysiques de la science de la nature*, Jean Gibelin (trad.), Paris, Librairie Philosophique J. Vrin, 1990, 165 p.

KANT, Emmanuel, « De l'organe à l'âme » [1795], dans Grégoire Chamayou (tr. et éd.), *Écrits sur les corps et l'esprit*, Paris, GF Flammarion, 2007, p. 96-101.

KRÜGER, Johann Gottlob, *Traüme*, Halle, Johann August Eberhard, 1754, 672 p.

LA METTRIE, Julien Offray de, « L'Homme-machine », dans *Œuvres philosophiques I*, Francine Markovits (éd.), Paris, Fayard, coll. « Corpus des œuvres de philosophie en langue française », 1987, p. 55-118.

LA METTRIE, Julien Offray de, *Politique du médecin de Machiavel, ou, Le chemin de la fortune ouvert aux médecins : ouvrage réduit en forme de conseils*, Amsterdam [Paris], Chez les frères Bernard, 1746, 96 p.

LA METTRIE, Julien Offray de, *Supplément à l'ouvrage de Pénélope, ou Machiavel en médecine par Aletheius Demetrius*, Berlin [Leyde], Chez Élie Luzac, 1750, 386 p.

LE LABOUREUR, Louis, *Avantages de la langue françoise sur la langue latine*, Paris, Chez Guilaume de Luyne, 1669, 359 p.

LEIBNIZ, Gottfried Wilhelm, « Discours de métaphysique », dans Lucy Prenant (éd.) *Œuvres de G. W. Leibniz*, t. I, Paris, Aubier-Montagne, 1972, 489 p.

LEIBNIZ, Gottfried Wilhelm, « Réplique aux réflexions de Bayle sur l'harmonie préétablie » [1702], dans *Leibniz – Opera philosophica*, Paris, Joannes Eduardus Erdmann (éd.), New York, Sumtibus B. Eichleri, 1840, p. 183-190.

LÉNINE, Vladimir Ili'ch, *Matérialisme et empiriocriticisme. Notes critiques sur une philosophie réactionnaire* [1908], Paris, Éditions Sociales, 1973, 383 p.

LESSING, Gotthold Ephraim, *Dramaturgie de Hambourg* [1767-1769], Édouard de Suckau (trad.), Paris, Didier et cie., 1869, 473 p.

LEVESQUE DE POUILLY, Louis-Jean, *Théorie des sentimens agréables* [1736], Genève, Barrillot, 1747. Fac-simile : Genève, Slatkine, 1971.

LOCKE, John, *Essai philosophique concernant l'entendement humain*, Pierre Coste (tr.), Paris, Chez Savoye, 1774, 4 vol.

LUCRÈCE, *De Rerum natura*, José Kany-Turpin (trad.), Paris, Flammarion, 1997, 552 p.

MONTMIGNON, Jean-Baptiste, *Système de prononciation figurée : applicable à toutes les langues et exécuté sur les langues françoises et angloise*, Paris, Royez, 1785, 143 p.

MUSSCHENBROEK, Pieter van, *Essai de physique*, Pierre Massuet (tr.), Leyde, Samuel Luchtmans, 1739, 2 t.

NAIGEON, Jacques-André, *Mémoires historiques et philosophiques sur la vie et les ouvrages de Denis Diderot* [1795], Genève, Slatkine Reprints, 1970, 434 p.

NIETZSCHE, Friedrich, *Le gai savoir*, Alexandre Vialatte (trad.), Paris, Gallimard, coll. « Idées », n. 50, 1970, 379 p.

NIETZSCHE, Friedrich, « Ainsi parlait Zarathoustra », Henri Albert (tr.), *Œuvres complètes*, Paris, Société du Mercure de France, 6e éd., 1903, vol. 9.

PALISSOT DE MONTENOY, Charles, *Les Philosophes : comédie, en trois actes, en vers*, Paris, Chez Duschesne, 1760, 91 p.

PASCAL, Blaise. *Pensées*, Michel Le Guern (éd.), Paris, Gallimard, 2004, 764 p.

PHILIBERT, J.-C[3], *Introduction à l'étude de la botanique*, Paris, Imprimerie de Digeon, an VII, 3 vols.

RAMEAU, Jean-Philippe, *The Complete Theoretical Writings of Jean-Philippe Rameau*, Erwin R. Jacobi, American Institute of Musicology, 1967-1972, 6 vols.

RAMEAU, Jean-Philippe, *Musique raisonnée*, [textes choisis et commentés par] Catherine Kintzler et Jean-Claude Malgoire, Paris, Stock, coll. « Musique », 1980, 220 p.

RAMEAU, Jean-Philippe, *Génération harmonique, ou Traité de musique théorique et pratique*, Paris, Prault fils., 1737, 227 p.

RAMEAU, Jean-Philippe, *Origine des Sciences. Suivie d'une Controverse sur le même Sujet*, Paris, Impr. de Sébastien Jorry, 28 p.

RAMEAU, Jean-Philippe, *Traité de l'harmonie réduite à ses principes naturels*, Jean-Baptiste-Christophe Ballard, Paris, 1722, 4 vol. Fac-simile : Jean-Michel Bardez (éd.), Genève, Slatkine, 1986, 432 p.

RIVAROL, Antoine de, *De l'universalité de la langue française* [1784], Paris, Obsidiane, 1991, 71 p.

RIVAROL, Antoine de, « Lettre à M. le président de *** sur le Globe aérostatique, sur les Têtes parlantes, et sur l'état présent de l'opinion publique à Paris », dans *L'art de l'insolence*, Maxence Caron (éd.), Paris, Robert Laffont, coll. « Bouquins », 2016, p. 485-504.

ROGER, Jean-Louis, *Traité des effets de la musique sur le corps humain* [1758], Étienne Sainte-Marie (tr.), Paris, Brunot, an XI (1803), 397 p.

ROUSSEAU, Jean-Jacques, « Dictionnaire de musique », dans *Œuvres complètes*, Bernard Gagnebin et Marcel Raymond (éds.), Paris, Gallimard, coll. « Bibliothèque de la Pléiade », 1959, p. 156-404.

3 Les initiales ne sont pas rattachées à un nom réel ; il s'agit du pseudonyme d'un Legendre.

ROUSSEAU, Jean-Jacques, *Lettre sur la musique françoise*, s.l., s.n., 1753, 92 p.

ROUSSEAU, Jean-Jacques, *Essai sur l'origine des langues où il est parlé de mélodie et de l'imitation musicale*, Charles Porset (éd.), Bordeaux, Ducros, 1968, 245 p.

SÉNÈQUE, *Les œuvres de Séneque le philosophe, tr. en françois par feu M. La Grange*, 2e édition [1782], Londres [Bouillon], Société Typographique de Bouillon, 7 vol. [Le volume 7 comprend l'*Essai sur les règnes de Claude et de Néron* de Diderot, retravaillé et augmenté depuis la première version, soit l'*Essai sur la vie de Sénèque le philosophe* de la 1re édition des *Œuvres* en 1778.]

SHAFTESBURY, Anthony Ashley Cooper, 3rd Earl of, « An Inquiry Concerning Virtue or Merit », dans *Characteristics of Men, Manners, Opinions, Times*, Lawrence E. Klein (éd.), Cambridge, Cambridge University Press, coll. « Cambridge Texts in the History of Philosophy », 1999, p. 163-230.

SHAFTESBURY, Anthony Ashley Cooper, 3rd Earl of, *Inquiry Concerning Virtue, or Merit* [1714], David Walford, (éd.), Manchester, Manchester University Press, 1977, 130 p.

SMITH, Adam, *The Theory of Moral Sentiments* [1759], Cambridge, Cambridge University Press, coll. « Cambridge Texts in the History of Philosophy », 2002, 411 p.

STERNE, Lawrence, *The Life and Opinions of Tristram Shandy* [1759], Middlesex, Penguin Books, 1967, 659 p.

VOLTAIRE, « Discours sur la nature du plaisir », dans *Discours sur la nature de l'homme* [1737], dans *Œuvres complètes, vol. 17*, Oxford, Voltaire Foundation, 1968-, p. 503-512.

WOODHOUSELEE, Alexander Fraser Tytler, Lord, *Essay on the Principles of Translation* [1790], London, J. M. Dent & Co., 1907, 268 p.

CORPUS CRITIQUE ET THÉORIQUE

MONOGRAPHIES ET VOLUMES D'ÉTUDES RECUEILLIES

ALBRECHT, Florent, *Ut musica poesis : modèle musical et enjeux poétiques de Baudelaire à Mallarmé (1857-1897)*, Paris, Honoré Champion, 2012, coll. « Romantisme et modernités », n. 135, 498 p.

ANDRAULT, Raphaële, *La raison des corps. Mécanisme et sciences médicales*, Paris, Vrin, coll. « Problèmes de la raison », 2016, 220 p.

ARNOUX, Sylvain, *La sémiotique des encyclopédistes. Essai d'épistémologie historique des sciences du langage*, Paris, Payot, 1979, 333 p.

BAERTSCHI, Bernard, *Les Rapports de l'âme et du corps. Descartes, Diderot et Maine de Biran*, Paris, Vrin, 1992, 434 p.

BAKHTINE, Mikhaïl, *Esthétique de la création verbale*, Paris, Gallimard, coll. « Bibliothèque des Idées », 1984, 400 p.

BARDEZ, Jean-Michel, *Diderot et la musique : valeur de la contribution d'un mélomane*, Paris, Champion, 1975, 168 p.

BELAVAL, Yvon, *L'esthétique sans paradoxe de Diderot*, Paris, Gallimard, 1950, 310 p.

BLOCH, Olivier, *Matière à histoires*, Paris, Vrin, coll. « Histoire de la philosophie », 1997, 464 p.

BLUMENBERG, Hans, *La Lisibilité du monde*, Paris, Cerf, coll. « Passages », 2007, 414 p.

BLUMENBERG, Hans, *Paradigmes pour une métaphorologie*, Paris, Vrin, coll. « Problèmes et controverses », 2006, 203 p.

BROSSE, Jean-Patrice, *Le clavecin des Lumières*, Paris, Bleu Nuit Éditeur, 2004, 176 p.

BRUYERON, Roger, *La sensibilité. Analyse de la notion, étude de textes. Aristote, Rousseau, Kant, Freud, Merleau-Ponty*, Paris, Colin, coll. « Vocation philosophique », vol. 4, 153 p.

CANGUILHEM, Georges, *Études d'histoire et de philosophie des sciences*, Paris, Vrin, coll. « Problèmes et controverses », 1994, 394 p.

CANNONE, Belinda, *Philosophies de la musique (1752-1780)*, Paris, Aux Amateurs de Livres, coll. « Théorie et critique à l'âge classique », 1990, 310 p.

CANNONE, Belinda, *Musique et littérature au XVIIIe siècle*, Paris, Presses Universitaires de France, coll. « Que sais-je ? », 1998, 127 p.

CATHERINE, Florence, *La pratique et les réseaux savant d'Albrecht von Haller (1708-1777), vecteurs du transfert culturel entre les espaces français et germaniques au XVIIIe siècle*, Paris, Honoré Champion, coll. « Les dix-huitièmes siècles », n. 161, 2012, 719 p.

CERNUSCHI, Alain, *Penser la musique dans l'*Encyclopédie *: étude sur les enjeux de la musicographie des Lumières et les liens sur l'encyclopédisme*, Paris, Champion, 2000, 789 p.

CHARBONNEAU, Frédéric (dir.), *Fabrique de la modernité scientifique : discours et récits du progrès sous l'Ancien Régime*, Oxford, Voltaire Foundation, 2015.

CHARRAK, André, *Raison et perception : fonder l'harmonie au XVIIIe siècle*, Paris, Vrin, coll. « Mathesis », 2001, 319 p.

CHOUILLET, Jacques, *Diderot, poète de l'énergie*, Paris, Presses universitaires de France, 1984, 303 p.

CHRISTENSEN, Thomas, *Rameau and Musical Thought in the Enlightenment*, Cambridge, Cambridge University Press, 1993, 327 p.

CLARK, Andrew Herrick, *Diderot's Part*, Hampshire, Ashgate Publishing, 2008, 232 p.

DANIEL, Georges, *Le style de Diderot : Légende et structure*, Genève, Librairie Droz, coll. « Histoire des idées et critique littéraire », vol. 240, 1986, 467 p.

DAUPHIN, Claude, *La Musique au temps des encyclopédistes*, Paris, Ferney-Voltaire, Centre international d'études du XVIIIe siècle, 2001, 147 p.

DELON, Michel, *Diderot cul par-dessus tête*, Paris, Albin Michel, 2013, 416 p.

DELON, Michel, *L'idée d'énergie au tournant des Lumières (1770-1820)*, Paris, Presses Universitaires de France, 1988, 521 p.

DESANTI, Jean Toussaint, *La philosophie silencieuse : ou, Critique des philosophies de la science*, Paris, Seuil, 1975, 283 p.

DIDIER, Béatrice, *La musique des Lumières : Diderot, l'Encyclopédie, Rousseau*, Paris, Presses universitaires de France, 1985, 478 p.

DIECKMANN, Herbert, *Cinq leçons sur Diderot*, J. Pommier (pr.), Genève, Droz, 1959, 149 p.

DUFLO, Colas, *Diderot philosophe*, Paris, Honoré Champion, coll. « Travaux de philosophie », 2003, 543 p.

DURAND-SENDRAIL, Béatrice, *La musique de Diderot. Essai sur le hiéroglyphe musical*, Paris, Kimé, 1994, 219 p.

DUCHESNEAU, François, *La Physiologie des Lumières. Empirisme, Modèles et Théories*, coll. « Archives internationales d'histoire des idées », n. 95, Martinus Nijhoff Publishers, La Haye, 1982, 611 p.

FONTENAY, Élisabeth de, *Diderot ou le matérialisme enchanté*, Paris, Grasset, 1981, 281 p.

FOUCAULT, Michel, *L'archéologie du savoir*, Paris, Gallimard, coll. « Tel », 1969, 288 p.

FUBINI, Enrico, *Les philosophes et la musique*, Danièle Pistone (tr.), Paris, Champion, 1983, 290 p.

GEPNER, Corinna, *Le père Castel et le clavecin oculaire : carrefour de l'esthétique et des savoirs dans la première moitié du XVIIIe siècle*, Paris, H. Champion, coll. « Les dix-huitièmes siècles », n. 172, 2014, 192 p.

GOODDEN, Angelica, *Diderot and the Body*, Oxford, Legenda, University of Oxford European Humanities Research Center, 2001, 209 p.

GRMEK, Mirko et REY, Roselyne, Dossier « Physiologie et médecine », *Dix-huitième Siècle*, n. 23, 1991, vol. 23 / 1, 1991, p. 5-190.

GRENET, Paul, *Les Origines de l'analogie philosophique dans les dialogues de Platon*, Paris, Boivin, 1948, 300 p.

HANKINS, Thomas et SILVERMAN, Robert, *Instruments and the Imagination*, Princeton, Princeton University Press, 1995, 337 p.

IBRAHIM, Annie (dir.), *Diderot et la question de la forme*, Paris, Presses universitaires de France, coll. « Débats philosophiques », 1999, 184 p.

IBRAHIM, Annie, *Diderot. Un matérialisme éclectique*, Paris, J. Vrin, coll. « Bibliothèque des philosophies », 2010, 240 p.

JACOT GRAPA, Caroline, *L'homme dissonant au dix-huitième siècle*, Oxford, Voltaire Foundation, Studies on Voltaire and the Eighteenth Century, 1997, 386 p.

JACOT GRAPA, Caroline, *Dans le vif du sujet : Diderot, corps et âme*, Michel Delon et Jacques Berchtold (dir.), Paris, Éditions Classiques Garnier, 2009, 504 p.

JAMAIN, Claude, *L'imaginaire de la musique au siècle des Lumières*, Paris, Champion, 2003, 404 p.

KINTZLER, Catherine, *Jean-Philippe Rameau, Splendeur et naufrage de l'esthétique du plaisir à l'âge classique*, Paris, Le Sycomore, 1983, 278 p.

LOVEJOY, Arthur, *The Great Chain of Being : A Study of the History of an Idea* [1936], Cambridge, Harvard University Press, 2009. En ligne : ProQuest ebrary, 24 mai 2016.

MANDOSIO, Jean-Marc, *Le Discours de la méthode de Denis Diderot*, Paris, Éditions de l'éclat, coll. « Philosophie imaginaire », 2013, 142 p.

MARCEL, Louis, Chanoine, *Le frère de Diderot : Didier-Pierre Diderot, chanoine de la cathédrale et grand-archidiacre du diocèse, fondateur des écoles chrétiennes de Langres*, Paris, Champion, 1913, 213 p.

MESCHONNIC, Henri, *Critique du rythme. Anthropologie historique du langage*, Paris, Éditions Verdier, 1982, 713 p.

MORTIER, Roland et HASQUIN, Hervé, *Autour du Père Castel et du clavecin oculaire*, Bruxelles, Éditions de l'Université de Bruxelles, coll. « Études sur le XVIIIe siècle », vol. XXIII, 1995, 222 p.

MOUNIN, Georges. *Les Belles infidèles*, Paris, Cahiers du Sud, 1955, 159 p.

PERELMAN, Chaïm et OLBRECHTS-TYTECA, Lucie, *Traité de l'argumentation*, 6e édition, Bruxelles, Éditions de l'Université de Bruxelles, coll. « UBlire fondamentaux », 2008, 740 p.

PERELMAN, Chaïm, *Le statut social des jugements de vérité*, Bruxelles, Imprimerie Scientifique et Littéraire, « Extrait de la *Revue de l'Institut de Sociologie* (Treizième année, 1933, n° 1) », 7 p.

PERELMAN, Chaïm, *De l'arbitraire dans la connaissance*, Bruxelles, M. Lamertin, 1933, 44 p.

POTULICKI, Élizabeth, *La modernité dans la pensée de Diderot dans les œuvres philosophiques*, Paris, Nizet, 1980, 189 p.

PROUST, Jacques, *L'objet et le texte : pour une poétique de la prose française du XVIIIe siècle*, Genève, Librairie Droz, coll. « Histoire des idées et critique littéraire », vol. 183, 1980, 313 p.

PROUST, Jacques, *Diderot et l'*Encyclopédie, Paris, Armand Colin, 1967, 624 p.

RICŒUR, Paul, *La Métaphore vive*, Paris, Seuil, coll. « Ordre philosophique », 1975, 413 p.

SAINT-AMAND, Pierre, *Diderot : Le labyrinthe de la relation*, Paris, Vrin, 1984, 159 p.

SALAÜN, Franck, *Le genou de Jacques. Singularités et théorie du moi dans l'œuvre de Diderot*, Paris, éditions Hermann, collection « Fictions pensantes », 2010, 172 p.

SCHLANGER, Judith, *Les Métaphores de l'organisme*, Paris, J. Vrin, coll. « Bibliothèque d'histoire et de philosophie », 1971, 269 p.

SCHMITT, Éric-Emmanuel, *Diderot ou la philosophie de la séduction*, Paris, Albin Michel, coll. « Idées », 1997, 327 p.

SEMI, Maria, *Music as a Science of Mankind in Eighteenth-Century Britain*, 2012, Surrey, Ashgate Publications, 185 p.

SEZNEC, Jean. *Essais sur Diderot et l'Antiquité*, Oxford, Clarendon Press, coll. « Mary Flexner Lectures », 1957, 149 p.

SHERMAN, Carol, *Diderot and the Art of Dialogue*, Genève, Librairie Droz, coll. « Histoire des idées et critique littéraire », vol. 156, 1976, 155 p.

SPITZER, Leo, *Classical and Christian Ideas of World Harmony ; Prolegomena to an Interpretation of the Word 'Stimmung'*, Balitmore, John Hopkins University Press, 1963, 232 p.

SPITZER, Leo, *Études de style*, Éliane Kaufholz, Alain Coulon et Michel Foucault (tr.), Paris, Gallimard, 1970, 531 p.

SPITZER, Leo, « The Style of Diderot », dans *Linguistics and Literary History. Essays in Stylistics*, New York, Princeton University Press, 1948, p. 135-191.

STAROBINSKI, Jean, *Action et réaction, Vie et aventures d'un couple*, Paris, Seuil, coll. « La Librairie du XXe siècle », 1999, 450 p.

STAROBINSKI, Jean, *Diderot, un diable de ramage*, Paris, Gallimard, coll. « Bibliothèque des idées », 2012, 420 p.

STENGER, Gerhardt, *Nature et liberté chez Diderot après l'*Encyclopédie, Paris, Universitas, 1994, 340 p.

TOCANNE, Bernard, *L'idée de nature en France dans la seconde moitié du XVIIe siècle*, Paris, Klincksieck, coll. « Bibliothèque française et romane » n. 67, 1978, 503 p.

VANDERHEYDEN, Jennifer, *The Function of the Dream and the Body in Diderot's Works*, Berne, Peter Lang, 2004, 163 p.

VENTURI, Franco, *Jeunesse de Diderot (1713-1753)* [1939], Juliette Bertrand (trad.), Genève, Slatkine Reprints, 1967, 418 p.

VILA, Anne C., *Enlightenment and Pathology. Sensibility in the Literature and Medicine of Eighteenth-century France*, Baltimore, John Hopkins University Press, 1998, 391 p.

WÅHLBERG, Martin, *La Scène de la musique dans le roman du XVIIIe siècle*, Paris, Classiques Garnier, coll. « L'Europe des Lumières », n. 36, 2015, 453 p.

WALL, Anthony, *Ce corps qui parle : pour une lecture dialogique de Diderot*, Montréal, XYZ, 2005, 292 p.

WITTGENSTEIN, Ludwig, *Recherches philosophiques*, Françoise Dastur, Maurice Élie, Jean-Luc Gautero, Dominique Janicaud, Élisabeth Rigal (trad.), Paris, Gallimard, coll. « Tel », 2004, 372 p.

ZWICKY, Jan, *Lyric Philosophy*, 2nd edition, revised & corrected, Edmonton, Brush Education, 2014, 861 p.

ZWICKY, Jan, *Wisdom & Metaphor*, 2nd edition, revised & corrected, Edmonton, Brush Education, 2014, 300 p.

ARTICLES, ESSAIS ET CHAPITRES

ABRAMOVICI, Jean-Christophe, « Notice » et « Notes » des *Bijoux indiscrets*, dans *Diderot. Contes et romans*, Paris, Gallimard, coll. « Bibliothèque de la Pléiade », 2004, p. 915-972.

ANGENOT, Marc, « 1889 : pourquoi et comment j'ai écrit ce livre – et quelques autres », dans *1889. Un état du discours social*, édition électronique de Guillaume Pinson et al., <http://www.medias19.org/index.php?id=13856>. Consulté le 14 juillet 2016.

ARBO, Alessandro, « Diderot et l'hiéroglyphe musical », *Recherches sur Diderot et sur l'Encyclopédie*, n. 30, avril 2001, p. 65-80. < http://rde.revues.org/60>.

AUDIDIÈRE, Sophie, « La *Lettre sur les aveugles* et l'éducation des sens », *Recherches sur Diderot et l'Encyclopédie*, n. 28, avril 2000, p. 67-82.

BELAVAL, Yvon, « Trois lectures du *Rêve de D'Alembert* », *Diderot Studies*, vol. 18, Librairie Droz, 1975, p. 15-32.

BERNIER, Marc-André, « La *Lettre sur les sourds et muets* (1751) de Diderot : une rhétorique du *punctum temporis* », dans *Lumen : travaux choisis de la Société canadienne d'étude du dix-huitième siècle*, vol. 18, 1999, p. 1-11.

BERNIER, Marc-André, « Préface. Renaissances de la rhétorique. Perelman aujourd'hui », dans Marc Angenot, Marc-André Bernier, Marcel Côté (dir.), *Renaissances de la rhétorique. Perelman aujourd'hui*, Nota Bene, 2016, p. 7-28.

BUCHMANN, Guy, « Une œuvre paradoxale : les Leçons de clavecin et principes d'harmonie de Bemetzrieder », dans Henri Coulet (dir.) *Diderot, les Beaux-Arts et la musique, actes du colloque international tenu à Aix-en-Provence les 14, 15 et 16 décembre 1984*, Aix-en-Provence, Presses de l'Université de Provence, 1984, p. 185-208.

BUREL, Charlotte, « Le corps sensible dans le roman du XVIIIe siècle », dans Michel Delon et Jean-Christophe Abramovici (dir.) *Le Corps des Lumières, de la médecine au roman*, Nanterre, Presses de l'Université Paris-X, Centre des Sciences de la Littérature, 1997, p. 101-120.

CAMMAGRE, Geneviève, « Une poétique de la connaissance : Diderot et le rêve », *Recherches sur Diderot et l'Encyclopédie*, n. 33 *Varia*, en ligne, mis en ligne le 4 mars 2011. < http://rde.revues.org/75>. Consulté le 5 juin 2016.

CANGUILHEM, Georges, « Du singulier et de la singularité en épistémologie biologique », dans *Études d'histoire et de philosophie des sciences*, seconde édition, Paris, Vrin, 1970, p. 211-225.

CARTWRIGHT, Michael, « Diderot and the Idea of Performance and the Performer », in *Studies in Eighteenth-century French Literature Presented to Robert Niklaus*, John H. Fox, Mark H. Waddicor, Derek Arthur Watts (éds.), Exeter, University of Exeter, 1975, p. 31-42.

CERNUSCHI, Alain, « La pratique concrète des encyclopédistes. Quelques perspectives sur l'étude des encyclopédistes des Lumières », dans Marie Leca-Tsiomis (éd.), *Diderot, l'*Encyclopédie *& autres études. Sillages de Jacques Proust*, Ferney-Voltaire, Centre international d'étude du XVIIIe siècle, 2010, p. 95-106.

CERNUSCHI, Alain, « Cordes sonores, cordes vocales, cordes vibrantes… du statut de l'acoustique au milieu du XVIIIe siècle » dans Ulla Kölving et Irène Passeron (dir.), *Sciences, musiques, Lumières. Mélanges offerts à Anne-Marie Chouillet*, Ferney-Voltaire, Centre international d'études du XVIIIe siècle, 2002, p. 115-125.

CHANIER, Paul, « L'opposition Majeur-mineur est-elle dans la nature ? », dans Henri Coulet (dir.) *Diderot, les Beaux-Arts et la musique, actes du colloque international tenu à Aix-en-Provence les 14, 15 et 16 décembre 1984*, Aix-en-Provence, Presses de l'Université de Provence, 1984, p. 159-174.

CHARTIER, Pierre, « Je ne compose point, je ne suis point auteur… », *Recherches sur Diderot et sur l'Encyclopédie*, n. 36, avril 2004, p. 7-15.

CHRISTENSEN, Thomas, « Eighteenth-Century Science and the *Corps Sonore :* The Scientific Background to Rameau's Principle of Harmony », *Journal of Music Theory*, n. 9, 1987, p. 18-41.

CHRISTENSEN, Thomas, « Bemetzrieder's Dream : Diderot and the Pathology of Tonal Sensibility in the *Leçons de clavecin* », dans Linda Austern (dir.) *Music, Sensation and Sensuality*, New York, Garland Press, 2001, p. 39-56.

CHOUILLET, Anne-Marie, « Le père Castel et son clavecin oculaire », dans Roland Mortier et Hervé Hasquin (dir.) *Autour du Père Castel et du clavecin oculaire*, Bruxelles, Éditions de l'ULB, 1995, p. 9-15.

CHOUILLET, Anne-Marie, « Présupposés, contours et prolongements de la polémique autour des écrits de Jean-Philippe Rameau », dans *Jean-Philippe Rameau. Actes du colloque international organisé par la Société Rameau, Dijon, 21-24 septembre 1983*, Jérôme De La Gorce (éd.), Paris, Honoré Champion, 1987, p. 425-443.

CITRON, Pierre, « Introduction », dans Jean Mayer et Pierre Citron (éds.), *Diderot : Œuvres complètes, t.* XIX *: Musique*, Paris, Hermann, 1983, p. 3-9.

CITTON, Yves, « Le réseau comme résonance : présence ambiguë du spinozisme dans l'espace intellectuel des Lumières », Wladimir Berelowitch & Michel Porret (dir.), *Réseaux de l'esprit en Europe, des Lumières au XIXe siècle*, Droz, Genève, 2009, p. 229-249.

COUVREUR, Manuel, « Aperçus d'un naufrage : les ouvrages perdus ou inédits du père Castel », dans *Autour du Père Castel et du clavecin oculaire*, Bruxelles, Éditions de l'Université de Bruxelles, coll « Études sur le XVIIIe siècle », n. 23, p. 109-127.

COUVREUR, Manuel, « Anton Bemetzrieder et C.P.E. Bach », dans Roland Mortier et Michèle Mat (dir.), *Diderot et son temps*, Bruxelles, Bibliothèque Royale Albert 1er, 1985, p. 126-129.

CRÉPEL, Pierre, « Peter van Musschenbroek et son *Essai de physique* dans l'*Encyclopédie* », *Sources et suites de l'*Encyclopédie, projet d'*Édition Numérique Collaborative et CRitique de l'*Encyclopédie (ENCCRE), en ligne, <http://enccre.academie-sciences.fr/encyclopedie/enc_sources_suites_Musschenbroek_Essai_de_physique.php>. Consulté le 14 juillet 2016.

DANIEL, Georges, « Autour du *Rêve de D'Alembert* : réflexions sur l'esthétique de Diderot », *Diderot Studies*, vol. 12, Librairie Droz, 1969, p. 13-73.

DARLOW, Mark, « Diderot's voice(s) : music and reform, from the *Querelle des Bouffons* to *Le Neveu de Rameau* », dans James Fowler (dir.), *New Essays on Diderot*, Cambridge, Cambridge University Press, 2011, p. 203-219.

DELON, Michel, « Diderot, Crevel ou le clavecin à quatre mains », *Europe*, n. 679, novembre 1985, p. 48-55.

DELON, Michel, « *Le Rêve de D'Alembert*, métaphore, conjecture, hypothèse », *Immaginazione e conoscenza nel settecento italiano e francese*, Sabine Verhulst (éd.), Milan, Franco Angeli, coll. « Collona di filosofia », 2002, p. 169-177.

DELON, Michel, « Carte blanche à l'imagination. Diderot et l'affirmation de l'imagination créatrice », *Revue d'histoire littéraire de la France*, vol. 111, n. 2, 10 juin 2011, p. 283-292.

DE MAN, Paul, « The Epistemology of Metaphor », dans *Aesthetic Ideology*, Minneapolis, University of Minnesota Press, coll. « Theory and History of Literature », vol. 65, 1996, p. 34-50.

DERRIDA, Jacques, « La mythologie blanche (la métaphore dans le texte philosophique) », *Poétique*, n. 5, 1970, p. 1-52.

DI LIBERTI, Giuseppe, « Denis Diderot : Le système des arts comme système des sens », dans Marie-Pauline Martin et Chiara Savettieri (dir.) *La Musique face au système des arts, ou les vicissitudes de l'imitation au siècle des Lumières*, Paris, Vrin, coll. « MusicologieS », 2014, p. 57-66.

DIDIER, Béatrice, « Aspects de la pédagogie musicale chez Diderot », dans

Anne-Marie Couillet et Jacques Chouillet (dir.), *Colloque International Diderot (1713-1784)*, Paris, Aux Amateurs de Livres, coll. « Mélanges de la Bibliothèque de la Sorbonne », 1985, p. 309-319.

DIDIER, Béatrice, « Le Texte de la musique », dans Élisabeth de Fontenay et Jacques Proust (éds.), *Interpréter Diderot aujourd'hui*, Paris, Sycomore, 1984, p. 287-317.

DIDIER, Béatrice, « Diderot and the aesthetics of the libretto », dans *New Essays on Diderot*, Cambridge, Cambridge University Press, 2011, p. 220-233.

DIDIER, Béatrice, « L'Écoute musicale chez Diderot », dans *Diderot Studies*, t. XXIII, vol. 23, Genève, Librairie Droz, 1988, p. 55-73.

DIDIER, Béatrice, « La réflexion sur la dissonance chez les écrivains du XVIIIe siècle : D'Alembert, Diderot, Rousseau », *Revue des sciences humaines*, n. 205, 1987, p. 13-25.

DIECKMANN, Herbert, « The Metaphoric Structure of the *Rêve de D'Alembert* », *Diderot Studies*, vol. 17, Librairie Droz, 1973, p. 15-24.

DION-SIGODA, Françoise, « L'homme-clavecin. Évolution d'une image », dans Jean-Louis Jam, René Pomeau (éds.), *Éclectismes et cohérences de Lumières : Mélanges offerts à Jean Ehrard*, Paris, Nizet, 1994, p. 221-228.

DOMINICY, Marc, « La querelle des inversions », dans *Dix-huitième siècle, revue annuelle publiée par la Société d'études françaises du dix-huitième siècle*, n. 16, numéro spécial sur D'Alembert, 1984, p. 109-122.

DUBRUQUE, Julien, « Théorie et esthétique musicales dans la "Lettre sur les sourds et muets" », *Recherches sur Diderot et sur l'Encyclopédie*, n. 46, avril 2011, p. 57-70.

DUFLO, Colas, « Diderot et Ménuret de Chambaud », *Recherches sur Diderot et sur l'Encyclopédie*, n. 34 « Le Rêve de D'Alembert », en ligne, mis en ligne le 24 février 2011, <http://rde.revues.org/157>. Consulté le 30 juin 2016.

DUFLO, Colas, « Et pourquoi des dialogues en des temps de systèmes ? » dans *Diderot Studies*, t. XXVIII, Genève, Librairie Droz, 2000, p. 95-109.

DUFLO, Colas, « Introduction », dans Denis Diderot, *Le Rêve de D'Alembert*, Colas Duflo (éd.), Paris, GF-Flammarion, 2002, p. 9-46.

DULAC, Georges, « La complétude comme convention : les *Œuvres complètes* de Diderot », dans *La notion d'œuvres complètes. Studies on Voltaire dans the Eighteenth Century*, n. 370, 1999, p. 67-84.

DULAC, Georges, « Pour un *Diderot électronique* associé à l'édition DPV des *Œuvres complètes* », dans Gianluigi Goggi et Didier Kahn (éd.), *L'Édition du dernier Diderot. Pour un Diderot électronique*, Paris, Hermann, 2007, p. 181-193.

DUPRÉEL, Eugène, « Sur les rapports de la logique et de la sociologie, ou Théorie des idées confuse », *Revue de métaphysique et de morale. Numéro exceptionnel : IVe Congrès de Philosophie*, juillet 1911, p. 517-522.

DURAND-SENDRAIL, Béatrice, « Sur quelques métaphores musicales dans la pensée de Diderot », *Romance Quarterly*, n. 37, 1990, p. 267-278.

DURAND-SENDRAIL, Béatrice, « Diderot et Rameau : Archéologie d'une polémique », dans *Diderot Studies*, t. XXIV, Genève, Librairie Droz, 1991, p. 85-104.

FEDI, Laurent, « L'humain en philosophie : la parenthèse de la culpabilité », *Le Philosophoire*, 2004/2, n. 23, p. 134-148.

FOUCAULT, Didier, « Vibrations du clavecin de Diderot : des Lumières vers le marxisme et le surréalisme », *Littératures classiques*, n° 85, 2014/3, p. 327-341.

FRANTZ, Pierre, « Dialogue et conversation selon Diderot », dans Jean-Pierre Sarrazac (dir.), *Dialoguer, un nouveau partage des voix, actes du colloque des 24, 25, 26 et 27 mars 2004*, Louvain-la-Neuve, Études théâtrales, 2005, p. 36-45.

GAILLARD, Aurélia, « Un monde de machines : l'objet inventé au XVIIIe siècle – réflexions à partir de quelques machines célèbres », dans Christophe Martin, *Esthétique et poétique de l'objet au dix-huitième siècle*, 2005, *LUMIÈRES*, n. 5, Centre interdisciplinaire bordelais d'étude des Lumières, Bordeaux, p. 65-78.

GIGANDET, Alain, « Lucrèce vu en songe. Diderot, *Le Rêve de D'Alembert* et le *De rerum natura* », *Revue de métaphysique et de morale* 2002/3, n. 35, p. 415-427.

GRIBENSKI, Jean, « À propos des Leçons de clavecin (1771) : Diderot et Bemetzriede », *Revue de musicologie*, t. 66, n. 2, 1980, p. 125-178.

HAKIM, Zeina, « Illusion et mystification. Le dialogue selon Diderot », *Studies on Voltaire and the Eighteenth Century*, t. XLIII, no. 7, 2005, p. 135-152.

HAYES, Julie Chandler, « Sequence and Simultaneity in Diderot's "Promenade Vernet" and "Leçons de Clavecin" », *Eighteenth-Century Studies*, vol. XXIX, n. 3, 1995-1996, p. 291-305.

HAYOZ, Jean-Michel, « Un traité d'harmonie dans l'œuvre de Diderot », *Schweizerische Musikzeitung*, vol. XCVII, 1957, p. 468-472.

HERCKE, Karine Van, « Le journal du clavecin oculaire : philosophique, esthétique, apologétique ou poétique ? », dans Roland Mortier et Hervé Hasquin (dir.) *Autour du Père Castel et du clavecin oculaire*, Bruxelles, Éditions de l'ULB, 1995, p. 17-21.

IBRAHIM, Annie, « Matière des métaphores, métaphores de la matière », *Recherches sur Diderot et sur l'*Encyclopédie, n. 26 « Diderot, philosophie, matérialisme », mis en ligne le 4 août 2007. <rde.revues.org/1001>. Consulté le 14 juillet 2016.

IBRAHIM, Annie, « Introduction. Diderot : forme, difforme, informe », dans *Diderot et la question de la forme*, Paris, Presses Universitaires de France, coll. « Débats philosophiques », 1999, p. 1-16.

JOVICEVICH, Alexandre, « A Forgotten Text by Diderot : A Review of the

Traité de Musique of Antoine Bemetzrieder », *French Review*, vol. XLVI, n. 2, décembre 1927, p. 271-277.

LANG, Paul Henry, « Diderot as Musician », dans *Diderot Studies*, t. X, Genève, Librairie Droz, 1968, p. 95-107.

LANNOY, Cyprien, « La sensibilité épistémologique de Diderot. Expression matérialiste d'un désir d'identité », dans *Recherches sur Diderot et sur l'Encyclopédie*, n. 27, octobre 1999, p. 59-88.

LE COAT, Gérard, « L'expression musicale pour Diderot : Instinct ou éloquence ? », dans *Diderot Studies*, t. XXVIII, Genève, Librairie Droz, 2000, p. 175-184.

LE RU, Véronique., « Clavecin », dans Sophie Audidière et al. (dir.), *L'*Encyclopédie *du* Rêve de D'Alembert *de Diderot*, Paris, CNRS Éditions, 2006, p. 95-96.

LE RU, Véronique, « De la serinette à la tournette : l'ambivalence de la critique du mécanisme cartésien dans le *Rêve de D'Alembert* », *Recherches sur Diderot et sur l'Encyclopédie*, avril 2003, en ligne, <rde.revues.org/161>.

LEWINTER, Roger, « Introduction [aux *Leçons*] », dans *Œuvres complètes*, t. IX, Paris, Club du livre français, 1971, p. 114-124.

LOJKINE, Stéphane, « Le matérialisme biologique du *Rêve de D'Alembert* », *Littératures*, n° 30, printemps 1994, p. 27-49.

MAGNAN, André, *Rameau le neveu : textes et documents*, Paris, CNRS Éditions, coll. « Lire le dix-huitième siècle », 1993, 246 p.

MARKOVITS-PESSEL, Francine, « L'homme pluriel », *Cahiers philosophiques*, 2015/1, n. 140 « Diderot polygraphe », p. 9-23.

MAURSETH, Anne Beate, « La règle de trois : l'analogie dans le *Rêve de D'Alembert* », *Recherches sur Diderot et sur l'*Encyclopédie, n. 34 « Le *Rêve de D'Alembert* », 2003/1, <rde.revues.org/164>. Consulté le 14 juillet 2016.

MAYER, Jean, « Diderot et la musique », préface à Jean Mayer et Pierre Citron (éds.), *Diderot : Œuvres complètes, t. XIX : Musique*, Paris, Hermann, 1983, p. IX-XXII.

MAYER, Jean, « Angélique et l'art musical : deux passions du philosophe », dans Henri Coulet (dir.), *Diderot, les Beaux-Arts et la musique, actes du colloque international tenu à Aix-en-Provence les 14, 15 et 16 décembre 1984*, Aix-en-Provence, Presses de l'Université de Provence, 1984, p. 147-158.

MORTIER, Roland, « Diderot et les "philosophes" dans les souvenirs de Grétry », dans Sylvain Auroux (éd.), *L'« Encyclopédie », Diderot, l'esthétique. Mélanges en hommage à Jacques Chouillet (1915-1990)*, Paris, Presses universitaires de France, 1991, p. 69-80.

NAKAGAWA, Hisayasu, « Genèse d'une idée diderotienne. La sensibilité comme propriété générale de la matière. », dans Béatrice Fink et Gerhardt Stenger (dir.) *Être matérialiste à l'âge des Lumières. Hommage offert à Roland Desné*, Paris, Presses universitaires françaises, 2000, p. 199-217.

NEGRONI, Barbara de, « Notice », dans *Diderot. Œuvres philosophiques*, Paris, Gallimard, coll. « Bibliothèque de la Pléiade », 2010, p. 1207-1223.

NIDERST, Alain, « Diderot et la musique (1748-1760) », dans Henri Coulet (dir.), *Diderot, les Beaux-Arts et la musique, actes du colloque international tenu à Aix-en-Provence les 14, 15 et 16 décembre 1984*, Aix-en-Provence, Presses de l'Université de Provence, 1984, p. 135-146.

NIKLAUS, Robert, « Diderot and the *Leçons de clavecin* », dans Thomas Edward Lawrenson, Richard Sutcliffe, Gilbert Gadoffre (éds.), *Modern Miscellany Presented to Eugène Vinaver by Pupils, Colleagues and Friends*, Manchester, Manchester University Press, 1969, p. 180-194.

PEROL, Lucette, « Diderot, le P. Castel et le clavecin oculaire », Roland Mortier et Hervé Hasquin (dir.) *Autour du Père Castel et du clavecin oculaire*, Bruxelles, Éditions de l'ULB, 1995, p. 83-94.

PIMENTA, Pedro, « Diderot et la science naturelle, ou la science de l'abeille », *Recherches sur Diderot et sur l'*Encyclopédie, 2015/1, n. 50, p. 83-96.

PINAULT-SØRENSEN, Madeleine, « La nature est belle », dans Ulla Kölving et Irène Passeron (éd.), *Sciences, musiques, Lumières. Mélanges offerts à Anne-Marie Chouillet*, Ferney-Voltaire, Centre international d'études du XVIIIe siècle, 2002, p. 213-228.

PINAULT-SØRENSEN, Madeleine et KAFKER, Frank, « Notices sur les collaborateurs du recueil de planches de l'*Encyclopédie* », *Recherches sur Diderot et l'*Encyclopédie, 1995, vol. 18, n° 1, p. 200-230.

POITRY, Guy, « Les Leçons de clavecin et principes d'harmonie : un ouvrage à plusieurs mains », dans Henri Coulet (dir.), *Diderot, les Beaux-Arts et la musique, actes du colloque international tenu à Aix-en-Provence les 14, 15 et 16 décembre 1984*, Aix-en-Provence, Presses de l'Université de Provence, 1984, p. 209–220.

POITRY, Guy, « Dans le labyrinthe. Le clavecin de Diderot », dans Jacques Berchtold, Michel Porret (éd.), *La peur au XVIIIe siècle. Discours, représentations, pratiques*, Genève, Librairie Droz, coll. « Recherches et rencontres », 1994, p. 153-164.

PROUST, Jacques, « Source et portée de la théorie de la sensibilité généralisée dans le *Rêve de D'Alembert* », dans *La quête du bonheur et l'expression de la douleur dans la littérature et la pensée françaises. Mélanges offerts à Corrado Rosso*, Genève, Droz, 1995, p. 429-437.

REY, Roselyne, « Diderot et la médecine de l'esprit », Anne-Marie Chouillet (dir.), *Colloque international Diderot (1713-1784) : Paris, Sèvres, Reims, Langres, 4 juillet 1984 : actes*, Paris, Amateurs du livre, 1985, p. 287-296.

REY, Roselyne, « L'âme, le corps et le vivant », dans *Histoire de la pensée médicale en Occident, t. II. De la Renaissance aux Lumières*, M. Grmek (dir.), Paris, Seuil, 1997, p. 117-155.

RICKEN, Ulrich, « Die Kontreverse Du Marsais und Beauzée gegen Batteux, Condillac und Diderot. Ein Kapitel der Auseinandersetzung zwischen Sensualismus und Rationalismus in der Sprachdiskussion der Aufklärung », dans *History of Linguistic Thought and Contemporary Linguistics*, New York, W. de Gruyter, 1976, p. 460-487.

ROELENS, Maurice, « Le dialogue d'idées au dix-huitième siècle », dans *Histoire littéraire de la France*, t. VI, Paris, Éditions Sociales, 1976, p. 259-289.

ROUILLARD, Maurice, « Cabanis, homme de l'art. De la sensibilité d'organe à la sensibilité d'esprit. Un itinéraire intellectuel. », dans *Des « Passeurs »entre science, histoire et littérature. Contribution à l'étude de la construction des savoirs (1750-1840), suivi de L'histoire des montagnes et l'harmonie du monde chez Roman de Carbonières*, Gilles Bertrand et Alain Guyot (dirs.), Grenoble, ELLUG, coll. « Savoirs littéraires et imaginaires scientifiques », p. 91-107.

ROUSSEL, Jean, « La musique "à la coupelle de la raison" : de Rousseau à Diderot », dans Henri Coulet (dir.), *Diderot, les Beaux-Arts et la musique, actes du colloque international tenu à Aix-en-Provence les 14, 15 et 16 décembre 1984*, Aix-en-Provence, Presses de l'Université de Provence, 1984, p. 221-232.

SAUZEAU, Pierre, « L'arc, une "lyre sans corde" ou bien 'une lyre à une seule corde'. À propos du jeu de l'esprit », *Revue de philologie, de Littérature et d'Histoire Anciennes*, 2010, n. 84-1, p. 105-117.

SCHMITT, Éric-Emmanuel, « L'art du dialogue », dans *Actualité de Diderot. Actes du Forum 2000 à Langres*, Langres, Forum Diderot-Langres, 2002, p. 62-71.

SPITZER, Leo, « The Style of Diderot », dans *Linguistics and Literary History. Essays in Stylistics*, Princeton University Press, 1948, p. 134-191.

STALNAKER, Joanna, « Diderot's Word Machine », dans *The Unfinished Enlightenment : Description in the Age of Encyclopedia*, Ithaca, Cornell University Press, 2010, p. 99-123.

STAROBINSKI, Jean, « Diderot et la parole des autres », *Critique*, n. 296, 1972, p. 3-22.

STAROBINSKI, Jean, « L'oiseau Diderot, tout ouïe et sur tous les tons », *Le Magazine littéraire*, n. 537, novembre 2013, p. 82-86.

SUMI, Yoichi, « L'enfant prodige et le musicien raté : Mozart et le Neveu de Rameau », dans Hisayasu Nakagawa, Shin-ichi Ichikawa et Yoichi Sumi (éd.), *Ici et ailleurs : le XVIIIe siècle au présent. Mélanges offerts à Jacques Proust*, Tokyo, 1996, p. 159-177.

THOMAS, Jean, « Diderot, les Encyclopédistes, et le grand Rameau », *Revue de synthèse*, vol. LXIX, 1951, p. 46-67.

TRAHARD, Pierre, « La sensibilité musicale de Diderot », dans *Les maîtres de la sensibilité française au XVIIIe siècle*, Paris, Boivin et cie., 1932, vol. 2, p. 243-270.

VERBA, Cynthia, « Music and the Enlightenment », dans M. Fitzpatrick et al. (éd.), *The Enlightenment World*, London, Routledge, 2004, p. 307-322.

VERBA, Cynthia, « Music as Art and Science : Synthesis by Diderot » dans *Music and the French Enlightenment : Reconstruction of a Dialogue 1750-1764*, Oxford, Clarendon Press, 1993, p. 73-112.

VEXLER, Felix, « Diderot and the *"Leçons de clavecin"* », dans *Todd Memorial Volumes*, n. 2, New York, Columbia University Press, 1930, p. 231-249.

VISSIÈRE, Isabelle, « Une originalité de Diderot : le Texte-Image », dans Henri Coulet (dir.), *Diderot, les Beaux-Arts et la musique, actes du colloque international tenu à Aix-en-Provence les 14, 15 et 16 décembre 1984*, Aix-en-Provence, Presses de l'Université de Provence, 1984, p. 109-122.

WARMAN, Caroline, « Les *Éléments de physiologie* de Diderot : inconnus ou clandestins ? Le cas de Garat », dans I. Moreau (dir.) *Les Lumières en mouvement : la circulation des idées au XVIII*[e] *siècle*, Paris, ENS Éditions, 2009, p. 65-87.

WOLFE, Charles Thomas, « Machine et organisme chez Diderot », *Recherches sur Diderot et sur l'Encyclopédie*, n. 26, *Diderot, philosophie, matérialisme*, [En ligne], mis en ligne le 7 août 2007. <http://rde.revues.org/1832>.

ZELLE, Carsten, « *Commercium mentis et corporis.* La contribution de Johann Gottlob Krüger à l'anthropologie littéraire autour de 1750 », G. Darras (trad.), *Revue germanique internationale*, n. 10, 2009, p. 11-29.

THÈSES ET MÉMOIRES

ASINARI, Pierguido, *Le « Leçons de clavecin » di Denis Diderot*, thèse de doctorat, Bologne, Università degli Studi di Bologna, 1995, 405 p.

BRANCH, Beverly, *The "Neveu de Rameau" and the Dialogue Tradition*, thèse de doctorat, Urbana, University of Illinois, 1966, 265 p.

CLARK, Andrew Herrick, *Fibers, organs, lines and strings : A study of physiology and aesthetics in the works of Denis Diderot*, thèse de doctorat, Princeton, Princeton University, novembre 2003, 482 p.

GESSELE, Cynthia Marie, *The Institutionalization of Music Theory in France : 1764-1802*, thèse de doctorat, Princeton, Princeton University, 1989, 342 p.

GORE, Sarah, *Sonorous Bodies. Music in the novels of Diderot and Burney*, thèse de doctorat, Cambridge, Harvard University, 1994, 197 p.

LEDUC, Éric, *Vers une théorie matérialiste du perfectionnement du jugement. Corps de philosophie et philosophie du corps chez Diderot*, mémoire de maîtrise, Université d'Ottawa, 2014, 120 p.

MARTIN, Nathan, *Rameau and Rousseau : Harmony and History in the Age of Reason*, thèse de doctorat, Montréal, Université McGill, 2008, 319 p.

POITRY, Guy, *Les* Leçons de clavecin *de Diderot : un texte musical*, mémoire de licence, Jean Starobinski (dir.), Université de Genève, 1981, 57 p.

RIOUX-BEAULNE, Mitia, *Diderot et la productivité de l'esprit : Aspects gnoséologiques, épistémologiques et esthétiques de l'invention*, thèse de doctorat, Montréal, Université de Montréal, 2007, 418 p.

AUTRES

DELON, Michel, *Album Diderot*, Paris, Gallimard, coll. « Bibliothèque de la Pléiade », 2004, 298 p.

Exposition permanente de la Maison des Lumières Denis Diderot, 1, place Pierre Burelle, 52200 Langres, <www.maisondeslumieres.org>.

HAMEL, Jean-François, *Camarade Mallarmé. Une politique de la lecture*, Paris, Éditions de Minuit, coll. « Paradoxe », 2014, 206 p.

LOUVEAUX, Jean, « La technologie du miel », *Apidologie*, vol. 2, n. 4, 1959, p. 343-354.

Recueil de planches sur les Sciences les Arts Libéraux et les Arts Mécaniques, avec leur explication. Fac-simile : Wikipedia Commons. <https://commons.wikimedia.org/wiki/Encyclop%C3%A9die,_ou_Dictionnaire_raisonn%C3%A9_des_sciences,_des_arts_et_des_m%C3%A9tiers>.

RIMBAUD, Arthur, *Lettres du voyant (13 et 15 mai 1871)*, Gérald Schaeffer (éd.), Genève, Droz, coll. « Textes littéraires français », n. 217, 195 p.

ROTH, Chrétien Frédéric Guillaume, *Essai d'une distribution généalogique des Sciences et des Arts selon l'Explication détaillée du Système des Connaissances Humaines dans le Discours préliminaire des Éditeurs de l'Encyclopédie publiée par M. Diderot et M. D'Alembert, à Paris en 1751. Reduit en cette forme pour découvrir la connaissance Humaine d'un coup d'œil*, Weimar, 1769. Fac-simile : ARTFL, <http://encyclopedie.uchicago.edu/content/arbre-g%C3%A9n%C3%A9alogique>.

SAINT-AUBIN, Charles-Germain de, « [Caricature du père Castel] », eau-forte, encre et graphite, 18.7 x 13.2 cm, dans *Livre de caricatures tant bonnes que mauvaises*, 1740, conservé dans la collection Rothschild du Waddesdon Manor. <waddesdon.org.uk/collection/special-projects/st.-aubin>.

VINCENT, Jean-Didier, *Celui qui parlait presque*, Paris, Éditions Odile Jacob, 1993, 193 p.

INDEX DES NOMS

TABLE DES MATIÈRES

DANS LA MÊME COLLECTION

1. Caroline JACOT GRAPA, *Dans le vif du sujet. Diderot, corps et âme*, 2009
2. Léonard BURNAND, *Les Pamphlets contre Necker. Médias et imaginaire politique au* XVIIIe *siècle*, 2009
3. Christophe MARTIN, *« Éducations négatives ». Fictions d'expérimentation pédagogique au dix-huitième siècle*, 2016
4. Marie-Florence SGUAITAMATTI, *Le Dialogue et le conte dans la poétique de Crébillon*, 2010
5. Maëlle LEVACHER, *Buffon et ses lecteurs. Les complicités de l'*Histoire naturelle, 2011
6. Laure CHALLANDES, *L'âme a-t-elle un sexe ?. Formes et paradoxes de la distinction sexuelle dans l'œuvre de Jean-Jacques Rousseau*, 2011
7. *Voltaire à l'opéra*, études réunies par François JACOB, 2011
8. René SIGRIST, *La Nature à l'épreuve. Les débuts de l'expérimentation à Genève (1670-1790)*, 2011
9. Jean-Christophe IGALENS, *Casanova. L'écrivain en ses fictions*, 2011
10. Stéphanie LOUBÈRE, *Leçons d'amour des Lumières*, 2011
11. Morihiko KOSHI, *Les Images de soi chez Rousseau. L'autobiographie comme politique*, 2011
12. Christof SCHÖCH, *La Description double dans le roman français des Lumières (1760-1800)*, 2011
13. Fabrice CHASSOT, *Le Dialogue scientifique au* XVIIIe *siècle. Postérité de Fontenelle et vulgarisation des sciences*, 2011
14. Rudy LE MENTHÉOUR, *La Manufacture de maladies. La dissidence hygiénique de Jean-Jacques Rousseau*, 2012
15. Christine HAMMANN, *Déplaire au public : le cas Rousseau*, 2012
16. Noémie JOUHAUD, *L'Aventure éditoriale de Jean-Jacques Rousseau*, 2012
17. *La Question sexuelle. Interrogations de la sexualité dans l'œuvre et la pensée de Rousseau*, sous la direction de Jean-Luc GUICHET, 2012
18. Audrey GUITTON, *L'Autre lointain en dialogue. La quête de la voix idéale au siècle des Lumières*, 2012
19. Guilhem FARRUGIA, *Bonheur et fiction chez Rousseau*, 2012
20. Arnaud TRIPET, *Jean-Jacques Rousseau : la tension et le rythme*, 2012
21. Sergey ZANIN, *Société idéale et horizon d'utopie chez J.-J. Rousseau*, 2012
22. Jean-Christophe ABRAMOVICI, *Encre de sang. Sade écrivain*, 2013
23. Florence LOTTERIE, *Le Genre des Lumières. Femme et philosophe au* XVIIIe *siècle*, 2013
24. *Penser l'homme. Treize études sur Jean-Jacques Rousseau*, sous la direction de Claude HABIB et Pierre MANENT, avec la collaboration de Christophe LITWIN, 2013
25. Eleonora BARRIA-PONCET, *L'Italie de Montesquieu. Entre lectures et voyage*, 2013
26. Lucien NOUIS, *De l'infini des bibliothèques au livre unique. L'archive épurée au* XVIIIe *siècle*, 2013
27. Fumie KAWAMURA, *Diderot et la chimie. Science, pensée et écriture*, 2013
28. Charles VINCENT, *Diderot en quête d'éthique (1773-1784)*, 2014

29. Cyril FRANCÈS, *Casanova. La mémoire du désir*, 2014
30. Chiara GAMBACORTI, *Sade : une esthétique de la duplicité. Autour des romans historiques sadiens*, 2014
31. *Philosophie de Rousseau*, sous la direction de Blaise BACHOFEN, Bruno BERNARDI, André CHARRAK et Florent GUÉNARD, 2014
32. Stéphanie GÉHANNE GAVOTY, *L'Affaire clémentine. Une fraude pieuse à l'ère des Lumières*, 2014
33. Jacques GUILHEMBET, *L'Œuvre romanesque de Marivaux. Le parti pris du concret*, 2014
34. Élise PAVY-GUILBERT, *L'Image et la Langue. Diderot à l'épreuve du langage dans les* Salons, 2014
35. Vincenzo DE SANTIS, *Le Théâtre de Louis Lemercier entre Lumières et romantisme*, 2015
36. Martin WÅHLBERG, *La Scène de musique dans le roman du XVIIIe siècle*, 2015
37. Jocelyn HUCHETTE, *La gaieté, caractère français ?. Représenter la nation au siècle des Lumières (1715-1789)*, 2015
38. Sophie LEFAY, *L'Éloquence des pierres. Usages littéraires de l'inscription au XVIIIe siècle*, 2015
39. Rachel DANON, *Les Voix du marronnage dans la littérature française du XVIIIe siècle*, 2015
40. Valentina VESTRONI, *Jardins romanesques au XVIIIe siècle*, 2016
41. Alain SANDRIER, *Les Lumières du miracle*, 2015
42. Łukasz SZKOPIŃSKI, *L'Œuvre romanesque de François Guillaume Ducray-Duminil*, 2015
43. Magali FOURGNAUD, *Le Conte à visée morale et philosophique. De Fénelon à Voltaire*, 2016
44. Érik LEBORGNE, *L'Humour noir des Lumières*, à paraître
45. Stéphanie FOURNIER, *Rire au théâtre à Paris à la fin du XVIIIe siècle*, 2016
46. Catherine CESSAC, *La Duchesse du Maine (1676-1753). Entre rêve politique et réalité poétique*, 2016
47. Antonio TRAMPUS, *La Naissance du langage politique moderne. L'héritage des Lumières de Filangieri à Constant*, 2017
48. Olivier RITZ, *Les Métaphores naturelles dans le débat sur la Révolution*, 2016
49. Guillaume SIMIAND, *Casanova dans l'Europe des aventuriers*, 2016
50. Sadek NEAIMI, *La Superstition raisonnable. La mythologie pharaonique au siècle des Lumières*, 2016
51. David DIOP, *Rhétorique nègre au XVIIIe siècle. Des récits de voyage à la littérature abolitionniste*, à paraître
52. Jean GOLDZINK et Gérard GENGEMBRE, *Madame de Staël, la femme qui osait penser*, 2017
53. Andrew S. Curran, *L'Anatomie de la noirceur. Science et esclavage à l'âge des Lumières*, traduction de Patrick GRAILLE, 2017
54. Fabrice MOULIN, *Embellir, bâtir, demeurer. L'architecture dans la littérature des Lumières*, 2017

Achevé d'imprimer par Corlet Numérique,
à Condé-sur-Noireau (Calvados). N° d'impression : 144384
Imprimé en France